「家計調査」

マーケティングに使える

エコノミスト
吉本佳生

講談社

マーケティングに使える「家計調査」

——世界最大の消費者ビッグデータは「宝の山」だ

吉本佳生

はじめに

↓教育熱心な親に「ほうれんそう」を売る方法

テレビ番組が「ビタミン■を豊富にふくむ食品、◇◇◇を1日◆◆ずつ食べると、□□□がよくなる」といった情報を流すと、翌日からしばらく、その食品が飛ぶように売れる現象が、かつてはよくみられました。いまでも、「ダイエットに効く」などと話題になれば、売上に好影響を与えます。

また、「ねぎ」や「ほうれんそう」のように、栄養面から考えて子どもに食べさせたいけれど、苦手な子どもが多い野菜もあります。そして、人気アニメに登場する「ナガネギマン」や「ポパイ」が、子どもに「ねぎ」や「ほうれんそう」を食べさせたい母親の味方になっていました。

もしいま、「ほうれんそう」の販売を盛り上げたいなら、筆者は図表1のデータを使ってアピールするでしょう。

縦軸には、通称〝全国学力テスト〟――正式名称は『全国学力・学習状況調査』――でのテ

図表1　秋田が1位：小学生の学力とほうれんそうの消費

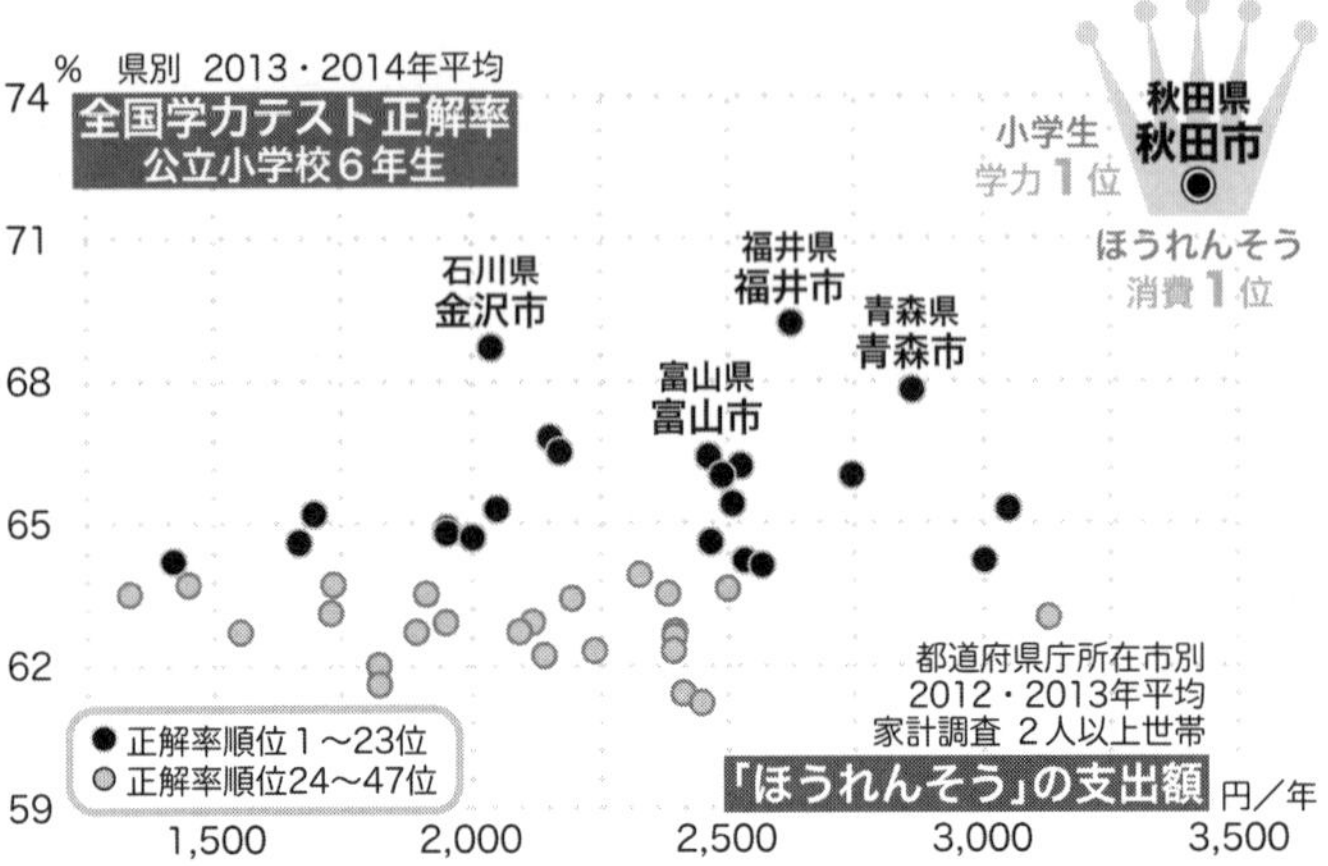

（出所）国立教育政策研究所ホームページ、総務省ホームページ

ストの正解率（公立小学校6年生の平均正解率）をとり、横軸には「ほうれんそう」への1世帯当たりの年間支出額をとっています。どちらも直近2年間の平均データで、テスト正解率のほうは都道府県別データです。ほうれんそう消費についてのデータは、都道府県庁所在市別です。

県と市の組み合わせになっているのは、後者の比較に使われる総務省の『家計調査』が、都道府県庁所在市を〝各都道府県代表の都市〟として選んで調査しているからです。その他、さらにくわしい説明は本文のなかで改めておこないます。

ぱっとみて、右上の「秋田県・秋田市」が突出しています。まず、近年おこなわれている全国学力テストは、２００７年度から続いていて、２０１４年度まで7回連続で秋田県が1位です。これがどれほどすごい経済価値につながっているかは、第1部第1章で解説するとして、表面だけをみても、秋田県は子どもの教育で〝強力なブランド力〟をもっていることがわかるでしょう。

他方で、秋田県庁所在市である秋田市は、『家計調査』の「ほうれんそう」の消費データで1位を続けています。２０１３年もまた、消費量でみても支出額でみても秋田市が1位――2位に1割ほどの差をつけての堂々の1位――でした。

また、全国学力テストで7回連続2位の福井県の県庁所在市、福井市でも、全国平均より多い量のほうれんそうを食べます。じつは、子どもの学力の高さで日本の1位、2位を争う2つの県の県庁所在市、秋田市と福井市で共通する食料品を、『家計調査』のなかから徹底的に探し、野菜の「ほうれんそう」と、魚の「かれい」をみつけていたのでした。

ほうれんそうについては、図表1のグラフから「ほうれんそうをたくさん食べている地域の子どもは、学力テストに強い（高い点数をとっている）」ようにみえます。なにより、ほうれんそう消費で〝ずっと1位の秋田〟が、全国学力テストも7連覇したという実績は強烈です。また、図表1のなかで県・市を明記した5つは、全国学力テストでトップ5に入ることが多かった常連組の5県（とその県庁所在市）です。

いまのほうれんそうは、親が料理の工夫をすれば、子どもが美味《おい》しく食べてくれる野菜です。いかにして親に買ってもらうかを考えれば、「往年のアニメのヒーローであるポパイのようにケンカに強く」よりも、「秋田の子どもたちのように学力テストに強い」ほうが、購買意欲をずっと刺激できるでしょう。

各種の受験前には、ネーミングで〝験《げん》をかつぐ〟だけの食品やグッズがたくさん売れます。「勝つ」にかけて豚カツを食べるとか……。「ほうれんそう」も受験に強そうです。実際に筆者も、このグラフを仕上げた日の夜、家族で鍋に大量のほうれんそうを入れて食べました。

➔世界で日本にだけあるマーケティングの武器――家計調査

不況でモノが売れないなかで、「どんな商品を、どこで、誰に、どうやって売るか?」を考えるときに、ほうれんそうの消費データのような「日本人の消費生活についての詳細なデータ」は、とても役に立ちます。そして、日本政府(総務省)が調べて公表している『家計調査』は、欧米先進国でもこれほど詳細な調査はおこなわれていない、世界的に価値の高い統計のひとつです。

実際に、地域振興に活用している事例もあり、宇都宮市と浜松市の「ぎょうざ消費日本一」をめぐる争いも、この『家計調査』に基づいています。2013年の結果が公表された2014年1月31日には、新聞やテレビの全国ニュースが「宇都宮市、ぎょうざ消費日本一の座を奪還」と報じました。とんでもない宣伝効果をもっています。

でも、この宇都宮と浜松のぎょうざバトルが実際にどんな内容か、真実を知らない人はたくさんいます。じつは、ぎょうざバトルは〝テイクアウト〟での消費だけを集計していて、お店で食べてしまうと、カウントされません。

他にも誤解されやすい点があり、第1部第5章で改めて説明します。ただ、実態は誤解されやすくても、地域振興には絶大な効果がありました。宇都宮市の成功に、他の地域も学ぶべきです。

たとえば、「納豆」と聞いて多くの人が思い浮かべる地名の「水戸」、その水戸市は2013年に「納豆消費日本一」でしたが、納豆バトルはぎょうざバトルよりもずっと激戦です。福島市と山形市が僅差で水戸市に迫っていて、さらに前橋市、盛岡市、仙台市も接近していました。これからも激戦は続くでしょうから、消費日本一を争う各地が「わが街の美味しい納豆の食べ方」をアピールして競えば、街おこしに使えそうです。

とにかく、『家計調査』は〝マーケティングの武器〟としてすごく使えます。とりわけ、食生活のデータは詳細で、ビジネスにも地域振興にも使えますから、本書の後半は「47都道府県庁所在市別　食生活データ編」として、すべての都道府県庁所在市の食生活の特徴を2ページずつで整理しています。消費日本一を誇れる品目もできるだけ紹介しています。

また、現実の消費者行動がよくわかりますから、経済や教育などの専門家が「理論上当然だと考えていた結論」を現実のデータの積み重ねで〝くつがえす〟こともできます。本書前半は、「経済理論をくつがえす　データ分析編」として5つのテーマを取り上げています。〝ビジネスに使える〟ことを意識して、『家計調査』からいろいろなデータを引用しました。分析の結果、どんな経済理論がどうくつがえったかについては、このあとの本文をお読みください。

いまの日本の消費者行動について、あなたが知らなかった真実をお伝えすることができれば、筆者として本書を書いた価値があったと考えます。大量のデータを調べて書くことが多い筆者ですが、今回の作業はとりわけたいへんでした。しかし、筆者自身が驚かされるデータがたくさんあり、楽しむことができました。みなさんにも楽しんでいただけるよう願っています。

私事ですが、本書の校正作業中に、私は大阪市内で脳出血で倒れ、最初は大阪で、続いて、家族の住む広島に移って、リハビリにはげむことになりました。そして、息子の小学校の卒業式に出るには、広島の家から地下道の階段をおりて上る必要があるという事情が、そのリハビリを支えてくれました。

２０１５年2月　妻智恵と息子考希に感謝しつつ

吉本佳生

はじめに 3
教育熱心な親に「ほうれんそう」を売る方法／世界で日本にだけあるマーケティングの武器
——家計調査

第1部
経済理論をくつがえす データ分析編 13

第1章
秋田の小学校教育がもつ投資価値の驚くべき高さ！ 14
——大学より小学校
7回連続1位の秋田への評価が割れている／就職率もふくめて評価すると、秋田・福井・石川の堅実さが光る／教育投資の効率という視点／奈良モデルvs.東京モデルvs.秋田モデル／いちばん有効な少子化対策／学歴獲得競争を通じて、親の経済格差が子どもに引き継がれる／低所得世帯の子どもが安いコストで高学歴を狙えるようにするには？／大学重視・小学校軽視という誤り

第2章 「スタバではグランデを買え？」いや「カフェでは紅茶を売れ！」の時代

基本図表の読み方――「消費に占める割合」がポイント／価格データを指数化／年収が低いほど支出が大きい商品／好ましい「感情」におカネを払う／高所得世帯への販売に安定して成功している食料品はあるのか？／自動車メーカーの利益の源泉／外見が気にならないテレビの消費行動／高所得世帯の消費が伸びそうな「教養娯楽サービス」／成功例としての外国パック旅行

第3章 冬服バーゲンに成功すると、顧客は前月より高い価格の服を買う！ 102

高所得世帯への販売が成功しているセーター／高所得世帯の考え方／バーゲンセールの効果／バーゲンセールとデフレ不況／帽子・ネクタイ・婦人用ストッキング

第4章 東京・京都のエンゲル係数が高いのはなぜ？ 食生活が豊かだから！ 122

エンゲル係数の論理／70歳以上の生活水準はじつは高い／生活水準の判定に使えない／代わりの指標

第5章
食パンの消費量が増えたのはなぜ？
食パンが値上がりしたから！ 151
いまやビールは「特別なときに飲む高級酒」だ！／お酒のビジネスでの勝ち組は焼酎／食パンやマーガリンのギッフェン財現象／外食にかぎれば、Vの世帯の対消費支出額シェアがいちばん高い！／産地より消費地のほうが盛り上がる時代／生鮮魚介消費は「太平洋側・東日本」と「日本海側・西日本」に分かれる／支出額での突出した1位は、「かつお」の高知市、「かき」の広島市

第2部
47都道府県庁所在市別 食生活データ編 191

おわりに――〝地産地消〟の光と影 288

第1部

TSUKAERU ★ KAKEICHOSA

経済理論をくつがえすデータ分析編

第1章

秋田の小学校教育がもつ投資価値の驚くべき高さ！
——大学より小学校

↓7回連続1位の秋田への評価が割れている

日本の子どもは、幼稚園・保育園に通う年齢から実質的な「学校教育」を受けはじめ、小学校で6年、中学校で3年、計9年の「義務教育」を経て、そのあとは「高等学校、大学、専門学校、大学院など」に進学するかどうかを選びます。このうち、義務教育のレベルを全国共通のテスト問題によって比較するという調査が、2007年度からおこなわれています。

文部科学省による『全国学力・学習状況調査』です。公立の小中学校の学力——国語と算数・数学の各A・B2段階の共通テストでの平均正解率が、都道府県別で比較できるかたちで実施されていて、報道などではこれを「全国学力テスト」とか「全国学力調査」などと呼びます。私立や国立の小中学校でも調査に参加するところがありますが、47都道府県のランキングとして注目されるのは、公立の小中学校について、全科目の平均点をさらに平均した数値で比べた順位です（図表2）。

２００７年度から２０１４年度まで、都道府県ランキングで連続1位を達成したのが「秋田県」です。東日本大震災直後の２０１１年度は順位が出せないために除くと、２０１４年度で7回連続の日本一で、それゆえに他の都道府県が参考にして目標にしているのが、秋田の義務教育です。

細かくみると、秋田県は小中学校のすべての科目で1位になっているわけではありません。中学校の数学ではA・Bともに福井県に次ぐ2位で、中学校の国語もBは僅差の2位です（しかし、国語A・Bの平均では1位です）。そのため、中学校だけでみると、秋田県は2位になります。

過去7回をふり返ると、秋田県は小学校で7回連続1位で、そのリードを活かして、小中学校をあわせた順位で1位の座を守っているという感じです。とはいえ、中学校の順位でも、２０１２年と２０１３年には秋田県が1位になっています。他の回は福井県が1位でした。

中学校にかぎれば秋田を上回り、小中学校での総合順位で7回連続2位の福井県も、すばら

図表２　全国学力テストの平均正解率の都道府県順位

2014年4月実施	総合*	小学・国語	小学・算数	中学・国語	中学・数学
秋田県	1	1	1	1	2
福井県	2	4	2	2	1
石川県	3	3	3	4	5
富山県	4	8	4	3	3
青森県	5	2	5	10	13
東京都	6	11	7	6	12
静岡県	7	15	16	7	4
山口県	8	13	12	8	6
広島県	9	7	6	19	16
群馬県	10	23	25	5	8
香川県	11	5	14	22	18
新潟県	12	10	9	31	22
愛媛県	13	20	26	8	9
茨城県	14	5	10	14	35
京都府	15	19	8	22	18
鳥取県	16	9	21	22	23
山形県	17	16	26	11	18
千葉県	18	14	20	18	24
兵庫県	19	29	24	19	11
岩手県	20	12	18	12	42
熊本県	20	33	17	28	14
大分県	22	17	11	29	36
長野県	23	21	12	34	32
奈良県	24	31	23	31	14

2014年4月実施	総合*	小学・国語	小学・算数	中学・国語	中学・数学
岐阜県	25	40	37	17	10
宮城県	26	24	36	12	34
神奈川県	26	36	26	22	18
埼玉県	28	27	32	21	29
愛知県	29	45	41	22	7
島根県	30	25	42	14	33
福島県	31	18	22	30	43
宮崎県	31	29	37	37	17
山梨県	33	39	33	16	26
栃木県	34	33	34	22	27
長崎県	35	38	29	36	28
福岡県	36	33	30	38	38
鹿児島県	37	28	37	39	37
徳島県	38	42	43	34	25
北海道	39	41	46	33	30
佐賀県	40	25	31	41	45
岡山県	41	36	35	43	44
高知県	42	22	19	44	46
三重県	43	47	45	40	30
滋賀県	44	43	47	42	39
大阪府	45	44	40	46	41
和歌山県	46	46	44	44	40
沖縄県	47	32	14	47	47

＊：全科目の平均正解率の単純平均での順位

（出所）国立教育政策研究所ホームページ

しい義務教育レベルです。今回で3回連続3位の石川県は、過去7回すべてで5位以内に入っています。富山県と青森県も、たいていは5位以内に入っています。東北地方の青森・秋田、北陸地方の富山・石川・福井、これら5県が全国学力テストのトップ5の常連といえます。

2014年も、これら常連組が5位までを占め、それに続く6位は東京都でした。あとで、東京都で2014年3月に高校を卒業した子どもたちの大学進学率をみると、全国1位になっているのですが、彼ら・彼女らが小学6年生として受験した2007年の全国学力テストでは、小学校のランキングで6位に入っていました。東京も、義務教育レベルが高い地域のひとつです。

このテストは、毎年4月に小学校6年生と中学校3年生になったばかりの児童・生徒が受験します。毎年、まったく異なるメンバーで競っているわけですから、連続で1位に居続けるなんて、困難なはずです。秋田の7連覇は〝偉業〟といえるでしょう（もし、2015年以降にライバルに抜かれることがあったとしても、この偉業の価値は薄れないと感じます）。この結果をみて、単純に秋田の教育を賞賛する人はたくさんいます。

ところが、つぎのように批判的な声もあります。

秋田の義務教育レベルがどれだけ高くても、大学などへの進学率はかなり低い。秋田

の教育レベルは途中までは高くみえるが、本当は高くない。

文部科学省のデータを図表3でみると、たしかに、秋田県の高校卒業者の大学などへの「進学率」は44％で、全国36位でしかありません。なお、ここでみている進学先は、大学以外のものも例外的にふくみますが、主に「大学・短期大学」ですから、ふつうはこれを「大学進学率」と呼んでいます。1位・東京都と2位・京都府では66％で、秋田はこれより20ポイントほど低いので、秋田では大学進学率がかなり低いといえます。

なお、２０１４年10月15日の朝日新聞（朝刊）が、別の計算で大学進学率を示し、事実とはまったく異なる報道をしていました。ただし、大学進学について考えるうえで検討すべき点をふくんでいますので、あとで紹介して論じることにします。

そもそも、教育の評価基準についてはいろいろな考え方がありえます。そのなかで、大学進学率を重視する人もいれば、しない人もいます。一般的には、大学進学率を気にする人が多そうです。日本では「最終学歴」が注目されやすく、「新卒者が、雇用条件のいい企業に就職するには、最終学歴は高いほうがいい」と信じている人が多いからです。

大学受験のための補習教育をビジネスにしている「受験産業」の関係者のなかには、大学進学率につながらない秋田の教育レベルは「本当は高くない」とまで主張する人がいます。なか

図表3　大学等進学率の都道府県順位

2014年3月 高校卒業者		大学等進学率（%）
1	東京都	66.1
2	京都府	65.6
3	神奈川県	61.0
4	兵庫県	59.9
4	広島県	59.9
6	愛知県	58.5
7	大阪府	58.3
8	奈良県	57.5
9	山梨県	56.9
10	埼玉県	56.7
11	滋賀県	55.8
12	岐阜県	55.5
13	石川県	54.1
14	千葉県	54.0
15	福井県	53.4
16	静岡県	53.1
16	福岡県	53.1
18	群馬県	51.8
18	香川県	51.8
20	富山県	51.7
21	三重県	51.5
22	岡山県	51.2
23	愛媛県	50.9
24	栃木県	50.8

2014年3月 高校卒業者		大学等進学率（%）
25	徳島県	50.5
26	茨城県	49.8
27	和歌山県	49.4
28	宮城県	48.3
29	長野県	47.9
30	新潟県	47.3
31	島根県	47.1
32	大分県	45.5
33	熊本県	45.1
34	山形県	44.7
34	高知県	44.7
36	秋田県	44.4
37	福島県	44.3
38	長崎県	43.5
38	宮崎県	43.5
40	青森県	42.8
41	岩手県	42.4
42	山口県	42.2
43	佐賀県	42.0
44	鳥取県	41.8
45	北海道	41.3
46	鹿児島県	41.0
47	沖縄県	37.7

（出所）文部科学省ホームページ

には、特定企業による模擬テストなどを根拠にして、全国学力テストの結果そのものを否定する意見もあります。

しかし、そうした「業者テスト」は受験者に偏りがあるため、ほとんど参考になりません。受験産業にとって都合のいいデータを恣意《しい》的に使っているだけです。受験産業の関係者がそこまでして秋田を批判したい理由については、あとで解説します。

なお、東京大学などの特定の大学の合格者数ランキングを参考に、東京都などと秋田県の比較をする意見もみましたが、馬鹿げた比較です。秋田県の人口は東京都の10分の1未満で、人口規模がまったく異なりますし、自宅から通えるかどうかも関わります。

他方で、全国学力テストについての批判はいろいろとありますが、比較調査を意識したかたちでおこなわれています。その調査結果と正反対の主張をしたいなら、しっかりとしたデータを使って分析すべきです。

➔就職率もふくめて評価すると、秋田・福井・石川の堅実さが光る

毀誉褒貶《きよほうへん》相半ばする秋田の教育レベルですが、この点での本書の結論を先に述べると、秋田の義務教育には〝きわめて高い経済価値〟があると筆者は考えています。

じつは、筆者の息子も2014年4月に小学6年生として全国学力テストを受けていて、小

学校から結果のプリントをもらったことをきっかけに、データを調べました。恥ずかしながら、それまでは秋田の全国学力テスト1位についてさほど評価していなかったのですが、教育費についての『家計調査』のデータなどを調べたことで、評価ががらりと変わりました。

その家計調査を使った分析の前に、大学進学率だけでなく、高校卒業段階での就職率もあわせてみるとどうなるかを、数字で示しておきます。日本にある大学の多くが、入学を希望しさえすればどんなに低い学力でも入学できてしまう〝フリーパスの学部〟をもっています。そうした大学に進学する子どももたくさんいますから、大学進学率は一般的な学力を示す指標としてはまったく使えません。

また、子どもには向き不向きがありますから、高校を卒業して就職するのも、ひとつの堅実な選択です。学歴は〝最終目標〟ではなく、社会に出て働くときのための〝手段〟だと思うべきです。そこで図表4で、「(大学などへの)進学率+就職率」についての都道府県ランキングをみてみましょう。

今度は、秋田県が8位に入っています。進学率トップ3の東京・京都・神奈川より上位に入りました。図表4のトップ10に入っている県のうち、1位・岐阜県、2位・三重県、4位・愛知県、7位・静岡県は、東海地方と呼ばれます。名古屋を中心として産業が強く、岐阜や三重からは名古屋に通勤しやすいので、相対的に就職しやすい地域です。

図表4　高校卒業者の進学率＋就職率の都道府県順位

2014年3月 高校卒業者		大学等 進学率 ＋ 就職率 （%）
1	岐阜県	78.7
2	三重県	77.5
3	**福井県**	**77.4**
4	愛知県	77.1
5	**石川県**	**76.0**
6	**青森県**	**75.5**
7	静岡県	74.6
8	**秋田県**	**74.5**
9	山形県	74.3
9	広島県	74.3
11	佐賀県	74.2
12	**富山県**	**73.9**
12	京都府	73.9
14	山梨県	73.5
14	兵庫県	73.5
16	徳島県	73.4
17	滋賀県	73.3
18	岡山県	73.2
19	栃木県	73.1
20	長崎県	73.0
21	愛媛県	72.9
22	福島県	72.6
22	宮崎県	72.6
24	岩手県	72.5

2014年3月 高校卒業者		大学等 進学率 ＋ 就職率 （%）
25	宮城県	72.3
25	東京都	72.3
27	大分県	72.0
28	山口県	70.8
29	茨城県	70.7
29	埼玉県	70.7
29	福岡県	70.7
32	群馬県	70.5
33	和歌山県	70.2
34	熊本県	70.1
35	香川県	70.0
36	大阪府	69.9
37	奈良県	69.3
38	島根県	69.0
39	神奈川県	68.8
40	鹿児島県	68.7
41	千葉県	67.2
42	鳥取県	66.8
43	新潟県	66.2
43	長野県	66.2
45	北海道	64.2
46	高知県	62.4
47	沖縄県	54.5

（出所）文部科学省ホームページ

全国学力テストで秋田に続く2位・福井県と3位・石川県は、進学率+就職率で3位と5位です。全国学力テストの5強の残りをみると、青森県が6位、秋田県が8位、富山県が12位です。東北・北陸地方は東海地方ほど経済基盤が強くないことを考えると、高い義務教育レベルが、堅実な進路選択につながっていると感じられます。

また、名古屋のある愛知県を差し置いて、1位になっている岐阜県の2014年3月の高校卒業者は、中学3年生だった2010年に全国学力テストで4位の成績でした。義務教育段階での学力の高さは、将来の進路選択を堅実にするという話は、進学率+就職率でトップの岐阜県にも当てはまるのです。

➔教育投資の効率という視点

さて、日本で少子化がなかなか止められないのは、子育てにおカネがかかりすぎるからです。裏づけとなるデータが、各種の白書などで示されていますが、子育ての費用のうちでいちばんバラツキが大きい項目は「教育費」です。〝教育投資〟という言葉もあり、教育は子どもの経済価値を高める効果をもちます。親としては、簡単に節約できるものではありません。

残念ながら、巨額のおカネがかかる教育を受けさせても、効果が小さいケースもあり、逆に、安上がりな教育が高い効果をもたらすケースもあります。日本はまだまだ〝学歴社会〟だと思われていますから、子育てに多額のおカネをかける余裕がある親は、子どもがより高い学歴を獲得できるのであれば、そのために必要な教育費をなんとかして捻出しようとします。

子どもへの教育投資は、失敗するリスクを恐れて、過大になりやすいのです。この「過大な部分」は、投資というより、リスクに備える（親が安心という感情を得るための）消費支出といえるかもしれません。

では、子どもの教育への投資は、どんなときに成功したといえるのでしょうか。このあとデータで検証するための準備として、教育への投資の評価基準を考えていますから、成果がわかりやすくて調べやすいものでないと困ります。筆者が、この目的に適した評価基準だと考えるものは、第1に、国公立大学への進学（率）です。国公立大学卒業の学歴は、相対的に価値が高いうえに、授業料が安いからです。

第2は、受験勉強などの補習教育にかかるコストの安さです。あるいは、学校の授業料や教材費などもふくめた教育費全体が、相対的にどれだけ安いかをみてもいいでしょう。教育費が長期的に高騰しましたので、平均的な年収の世帯にとっては、コストをある程度抑制することがとても大切になっています。

これら2つの面を同時に評価するわかりやすい指標として、「国公立大学授業料／教育費」（教育費に占める国公立大学授業料の比率）が考えられます。この比率は、子どもが国公立大学進学という成果を獲得するほど高まり、また、教育費を節約するほど高まるからです。『家計調査』を使って、47都道府県庁所在市の教育費を比較してみましょう。

ここでは、「国公立大学授業料」の都市ランキングのトップ5に注目します。家計調査は子どもがいる世帯と子どもがいない世帯を混ぜて調べていますし、サンプルとなる世帯を選んでの調査ですから、おおざっぱな部分があります。おまけに、47都道府県庁所在市に限定した比較です（ふつうの都道府県ランキングとは異なります）。

しかし家計調査のデータなら、「世帯の年間収入別」での比較と「地域別」での比較を組み合わせて分析ができます。どうしてもこの両面を考慮したいので、おおざっぱなデータ分析になることを覚悟でやや強引にすすめます。

なお、ある年の調査対象の世帯がたまたま偏ることを考えて、家計調査のデータについては２０１２年と２０１３年の２年間での平均をみます（２０１１年には東日本大震災がありましたので、２年間にしました）。他方で、全国学力テストの成績は十分な数の調査がなされていますので、最新の２０１４年データだけを載せています。

家計調査のデータを中心に分析しますので、都道府県庁所在市がその都道府県を代表すると考えます。まずは、基礎データを図表５で整理しましょう。進学率トップ３の東京（都区部）・京都・横浜（神奈川）、全国学力テストで２位と３位の福井・金沢（石川）のデータも載せま

図表５　大学進学などでの実績が目立つ10都市の比較①

2012・13年 家計調査 支出額	国公立大学授業料 平均＝100	順位	私立大学授業料 平均＝100	順位	都道府県の順位 大学等進学率	都道府県の順位 全国学力テスト
奈良市	**461**	1	**196**	3	8	24
鹿児島市	405	2	89	12	46	37
徳島市	368	3	53	24	25	38
秋田市	**345**	4	30	35	36	1
岐阜市	273	5	26	37	12	25
東京都区部	92	31	**220**	2	1	6
京都市	253	6	89	13	**2**	15
横浜市	146	20	152	4	**3**	26
福井市	106	29	52	25	15	**2**
金沢市	76	34	97	9	13	**3**

（出所）総務省ホームページ：『家計調査（２人以上世帯、2012・2013年）』

した。

２０１２年と２０１３年に家計調査の対象となった世帯でみて、国公立大学授業料の支払いが多く、国公立大学への進学者が多かったのは、１位が奈良市、２位が鹿児島市、３位が徳島市で、４位に秋田市が入ります。ここで特に注目したいのは、１位の奈良と４位の秋田です。

図表５のなかで支出額を比較しているところは、その項目での全国平均を１００としたときの大きさを示しています。奈良と鹿児島の国公立大学授業料は４００を超えていますから、全国平均の４倍を超えているとわかります。徳島と秋田は３倍を超えています。５位の岐阜市、６位の京都市も２・５倍を超えています。

私立大学授業料の大きさは、高校生の学力レベルよりも、自宅から通学可能な範囲に所在する私立大学の数と質に強く影響されます。国公立大学授業料の大きさからみて、高校生の学力は十分に高いはずなのに、私立大学授業料の支出額が全国平均より小さく、県全体での進学率も5割そこそこか5割を切っている鹿児島、徳島、秋田は、私立大学への進学には不利なところにあるため、自然にこのような結果になっていると考えられます。

逆に、図表5のなかにある都市のうち、その都市がある都道府県が進学率でトップ10に入っている、奈良、京都、東京（都区部）、横浜は私立大学の選択肢に恵まれた関東・関西地方にある都市です。進学率のデータは都道府県単位のもので、国公立大学・私立大学授業料のデータは都道府県庁がある都市単位のものですから、ときに大きなずれがあります（たとえば、京都市の私立大学授業料と京都府の進学率）。それでも全体的に、進学率の高さは、国公立大学あるいは私立大学への授業料の大きさにつながっているようにみえます。

➜奈良モデル vs. 東京モデル vs. 秋田モデル

子育て世帯の教育費負担がかなり重く、しかもバラツキが大きいことを考えると、教育投資の効率が気になります。図表5にデータを加えて、「国公立大学授業料／教育費」を計算したのが、図表6です。追加した項目を順に読んでいきましょう。

ただし、富裕層が多いうえに、名門私立大学がいくつもあって、国立大学は特に入試難易度が高い東京では、他地域の国公立大学に行くよりは東京の名門私立大学という選択が多そうです。データもそれを裏づけていて、したがって、国公立大学授業料で教育投資について論じるのは、東京には当てはまらない気がします。

さて、親が子どもの受験勉強におカネをかけようとすると、「補習教育」をおこなう塾などへの支出額が大きくなります。補習教育への支出額が1位の奈良市は、国公立大学授業料でもトップで、豊富な資金を投じて好成績を勝ち取るプロスポーツチームに近い感じです。

補習教育を「幼児・小学校補習教育、中学校補習教育、高校補習教育・予備校」の３つに分けると、奈良市は、幼児・小学校補習教育への支出額で17位、高校補習教育・予備校で1位になっています。プロスポーツチームでいえば、育成よりも即戦力の獲得におカネをかけるというイメージです。

なお、２０１４年度の全国学力テストでの奈良県の順位は、ちょうど中間の24位です。公立小中学校での全科目の平均正解率も、全国平均とほぼ同じです。巨額の補強をしながらも成績につながらないスポーツチームもあることを考えると、公立での義務教育レベルが全国平均並みの状態から、高校段階での補習教育に多額のおカネを投じて結果を出している「奈良モデル」は、有効なやり方にみえます。

図表6　大学進学などでの実績が目立つ10都市の比較②

2012・13年 家計調査 支出額	国公立大学授業料 平均100	順位	私立大学授業料 平均100	順位	補習教育 平均100	順位	幼児・小学校補習教育 平均100	順位
奈良市	**461**	1	**196**	3	**181**	1	115	17
鹿児島市	405	2	89	12	164	4	113	19
徳島市	368	3	53	24	169	2	167	3
秋田市	**345**	4	30	35	58	43	50	39
岐阜市	273	5	26	37	145	7	100	24
東京都区部	92	31	**220**	2	148	6	**190**	2
京都市	253	6	89	13	128	13	157	5
横浜市	146	20	152	4	132	10	94	25
福井市	106	29	52	25	79	33	79	31
金沢市	76	34	97	9	107	19	114	18

2012・13年 家計調査 支出額	中学校補習教育 平均100	順位	高校補習教育・予備校 平均100	順位	国公立大学授業料／教育費	順位	都道府県の順位 大学等進学率	都道府県の順位 全国学力テスト
奈良市	191	2	**238**	1	**9.7%**	4	8	24
鹿児島市	197	1	171	7	8.7%	5	46	37
徳島市	154	8	194	5	10.2%	3	25	38
秋田市	89	31	**19**	47	**13.3%**	1	36	1
岐阜市	142	13	200	3	8.2%	9	12	25
東京都区部	118	19	145	10	1.9%	39	1	6
京都市	175	4	25	45	8.4%	8	**2**	15
横浜市	112	20	201	2	3.6%	29	**3**	26
福井市	71	41	90	21	3.8%	28	15	**2**
金沢市	131	15	66	31	1.9%	38	13	**3**

（出所）総務省ホームページ：『家計調査（2人以上世帯、2012・2013年）』

鹿児島・徳島・岐阜も、奈良モデルに分類できそうです。補習教育にかけるおカネが大きく、それを国公立大学への進学につなげています。ただし、奈良は私立大学授業料でも3位、進学率でも8位に入っているのに対して、鹿児島・徳島・岐阜がその2つの指標でトップ10に入っていないのは、鹿児島・徳島は私立大学への進学に不利なところであり、岐阜は就職に有利な位置にある（名古屋に近い）ことが効いていそうです。

高校段階での補習教育ではなく、義務教育段階での補習教育におカネをかけることで、大学進学率を高め、国公立大学への進学でも成果をあげているのが、京都です。子どもの年齢が低い「幼児・小学校補習教育」に大きなおカネをかけて、エスカレーター式での有名私立大学進学コースに乗せるやり方がめだつのは、東京です。東京は、京都よりもさらに低年齢での教育に重点を置いて資金配分をしている感じで、その結果、公立の小中学校に通う子どもたちも、全国学力テストで上位（2014年は6位）に入る成果を出しています。

東京や京都の大学進学率が高い理由のひとつが、ここにはっきりと示されています。早期の教育投資を重視することで、小学校や中学校の段階から、将来の大学進学が有利になるようにしているのです。本書では、これを「東京モデル」と呼ぶことにします。

教育関係者はもちろん、実際に難関大学に進んだ実績をもつ親の多くは、早期の教育投資の重要性を痛いほど知っているはずです。奈良モデルのような追い込み勉強で成果をあげる受験生はたくさんいます。でも、義務教育段階でリードして逃げ切るパターンのほうが、受験勉強が子どもに与える負荷を小さくできます。

子どもへの教育投資を戦略的に考える親であれば、このあたりをどう考えるかによって、奈良モデルと東京モデルのどちらを選ぶかを決めているはずです。もちろん、教育投資に湯水のようにおカネを使うことが可能な親なら、すべての段階で〝子どもの学歴はおカネで買う〟というやり方を選ぶかもしれません。……実際に、子どもの学歴はおカネで買えるという状況になってきたことを、あとで示します。

➔いちばん有効な少子化対策

子どもを1人育てるときの教育費は、幼稚園から大学まで、すべて国公立なら800万円ほどと予想されます。ただし、子どもの生活費などをふくんでいませんし、これからの授業料上昇を考慮していません。もしすべて私立なら、2000万円を軽く超えると予想されます。

これに塾などの補習教育のコストも加え、下宿して通うときのコストまで加えると、3000万円とか4000万円を超えそうです。私立大学の医科歯科系の学部なら、5000万円を超えてもおかしくありません。子どもの進学パターンに応じて、数千万円の差が出ます。

では、子どもへの教育投資にさほどおカネをかけられない親は、どうすればいいのでしょうか。「おカネがないと子どもの教育にはとても不利だ」と痛感している日本人が多いからこそ、「本当はほしい人数よりも少ない人数の子どもしかつくらない」という行動が定着してしまい、少子化の大きな原因となっています。

筆者は、少子化対策としていちばん必要でいちばん有効なのは、「おカネをかけなくても高学歴が獲得できる可能性を高めること」だと考えます。図表6（29ページ）でみると、これを見事に実現しているのが〝秋田県（秋田市）〟です。

2012年と2013年の家計調査でみて、大学受験のための「高校補習教育・予備校」への支出額が全国最下位の秋田が、国公立大学授業料の支出額では4位に入っています。秋田市の世帯の高校補習教育・予備校への支出額は、全国平均の5分の1でしかなく、いちばんおカネを使う奈良と比べると、10分の1よりずっと小さいのです。

秋田は、私立大学授業料の支出額がかなり小さく、大学進学率は低いのですが、進学率＋就職率は高く、大学に進学する場合の国公立大学比率が高い。国公立大学の受験競争では、高い競争力をもち、成果をあげています。この成果を補習教育などにさほどおカネを使わずに達成していますから、「国公立大学授業料／教育費」で教育投資効率をはかると、大差で全国トップの値になっています。

奈良モデルで国公立大学への進学を増やすのに成功している、奈良・鹿児島・徳島の「国公立大学授業料／教育費」の値も、トップ5に入る高さで、投資効率は高いといえます。しかも、高学歴は将来の年収を高めやすいので、奈良モデルでの教育投資は有効な選択肢です。ただし、奈良モデルの教育投資を選べるのは、親などの保護者か子ども自身が経済的にかなり豊かな場合だけです。授業料だけなら奨学金や教育ローンの利用で解決できる可能性がそれなりにありますが、塾などでの補習教育に多額の資金を使えるかどうかという話ですから、経済的なハードルがかなり高いのです。

あとで、日本の勤労者世帯を年収の高さで5つに分けたうえでの分析を示しますが、そのうちの最上級の年収を稼げるグループに入っていないと、奈良モデルでの成功はむずかしいといえます。10年前（２００２年と２００３年）にはそうなっていませんでしたから、近年の変化の結果、経済的なハードルが上がったといえます。

「秋田モデル」は、そうした変化が起きてきたなかでも、連続して全国トップに君臨してきた（ハイレベルな）公立の義務教育を活かして、補習教育におカネをかけずに国公立大学に進学するパターンを確立しています。東京モデルの〝早期教育重視〟と共通するところがありますが、教育費を大幅に節約できる点が秋田モデルの魅力です。

学歴獲得競争を中心とした教育投資について、投資効率というモノサシで評価をすると、「秋田の公立の義務教育には大きな経済価値がある」とわかります。秋田市で子育てをする世帯は、公立の小中学校で、国公立大学卒といった高学歴の獲得競争にかなり有利な義務教育を受けながら、大幅に教育費を節約できます。子育て世帯にとって「日本でいちばんお得な都市」だといえます。

もし筆者が、優秀な若者を集めたい企業の経営者なら、本社や工場を秋田に移し、就職活動中の学生に秋田の義務教育レベルの経済価値をアピールするでしょう。「将来、子どもを育てるなら、秋田が最高だよ」と。都市のこうした価値に魅力を感じるような若者は、人生設計を真剣に考えていて、まじめに働きそうだと考えるからです。

地方からの若者離れを憂い、若者を呼び戻したいと考える自治体が、付け焼き刃の対策に税金を投入しても、長期的な効果は期待できません。もっと子どもを産んでもらおうとする場合も同じです。秋田の義務教育レベルを目標にして、公立の義務教育にもっとおカネをかけて、全国学力テストなどで実際に成果をあげてから、子育てに有利な地域であることをアピールするぐらいでないと、人を動かすことはできないでしょう。

いまの日本では、それほどまでに、子どもの教育におカネがかかり、子育て世帯の家計を圧迫する要因となっています。実際に、子育てのなかで教育に苦労した経験をもつ親がここまでのデータをみれば、全国学力テストの連続1位で注目される秋田の義務教育には、たいへん大きな経済価値があると強く感じたはずです。

↓学歴獲得競争を通じて、親の経済格差が子どもに引き継がれる

筆者のようなエコノミストの多くは、「大学進学」の価値をつぎのように考えます。大学教育の内容そのものにも一定の価値はありますが、企業に就職して給料をもらって働くのであれば、「学歴」が自動的に賃金を高める効果のほうが大きい。だから、学歴のいちばんの価値は〝就職活動を有利にすること〟にあります。たとえば、大学卒という学歴での基本的な賃金が、高校卒より高いというだけでも、より高い賃金体系での就職につながりますから、学歴の価値が発揮されたといえます。

実際に、人気企業の多くは、特定の大学を卒業する予定の学生を対象にして採用活動をします。そして、日本で高い賃金を稼ぎたければ、最初の就職活動で成長力がある大企業に正社員として採用され、長年働くというのが、いちばんわかりやすいパターンです。そして、多くの学生が最初はこのパターンをめざして就職活動をします。

そんな状況で、人気が集中する企業がまじめに採用活動をしようとすると、十分な面接などをする時間を取るために、選考対象となる学生を制限する必要が生じます。具体的には、最初の段階で対象大学を絞ることになりやすく、いくら実力があっても、学歴で劣ると、好条件の就職がむずかしくなります。

例外はいくらでもありますが、平均的には「高学歴が就職を有利にすることで、賃金を高める」というメカニズムが働きます。これが学歴社会の本質です。若者の多くはこのメカニズムをよく理解していて、教育内容よりも学歴による格付け（受験での偏差値や、大学名や学部名のネームバリュー）を〝買う（親に買ってもらう）〟ために入学します。

昔は、おまけに社内での学閥が強い大企業が多くありましたが、いまは、入社してしまえば、相対的に評価の低い大学の出身者でも実力で出世できたりします。経営環境がきびしいなかでは、かつてよりはずっと、実績に裏づけられた実力が評価されやすいからです。

人気企業の多くは、入試難易度（偏差値）が高い大学の学生を好んで採用しますが、地方にある国公立大学の学生も十分に採用対象だと考えています。しかも、難関の私立大学は学生数が多いため、人気企業を狙うライバルが学内に大量にいます。就職活動での学内競争は、国公立大学内のほうが相対的にゆるい（難関の私立大学内のほうがきびしい）といえます。

教育投資の効率を考えるのであれば、授業料が安く、就職活動での学内競争がゆるい国公立大学への進学が、圧倒的に有利です。そして、わかりやすいパターンでいうと、昔は低所得世帯の子どもが国公立大学への進学をめざし、それが無理なら高校を出て就職をする（私立大学には行かない）一方で、高所得世帯の子どもの多くは、地元の国公立大学に行くよりも、都市部の私立大学を選ぶ傾向が強いという感じでした。

みんな、高賃金をめざして学歴獲得競争をするのですから、学歴が賃金格差につながるのは仕方がありません。それがいいか悪いかはさておき、企業と個人が合理的に行動すると、そうなってしまうわけです。

問題は、「親の経済格差が子どもに引き継がれやすいかどうか」です。これも、高学歴でかつ経済力がある親のほうが、子どもへの教育投資に成功しやすいという事実がありますから、ある程度は、親の経済格差が子どもに引き継がれます。

21世紀に入ってから、リーマンショックなどをふくむ10年ほどの間に、子どもの教育投資の成功パターンも激変しました。社会にとって大きな問題となるのは、「低所得世帯の親が、安上がりな教育投資だけで子どもを国公立大学に進学させるのに成功し、親を低賃金にしている学歴要因（低学歴）が子どもに引き継がれるのを防ぐ」というパターンが、極端にむずかしくなったことです。

家計調査のデータで確認してみましょう。図表7では、「世帯人数が2人以上の勤労者世帯」を所得（年収）の高さによって5つのグループに分けています。全体で100世帯あるとして、20世帯ずつの5グループに分けるのですが、いちばん所得が低いのが「Ⅰ」、中間が「Ⅲ」、いちばん所得が高い20％の世帯が入るのが「Ⅴ」のグループです。2013年では、年収924万円がⅤとⅣのグループの境界値でした。ⅣとⅢの境界値は714万円、ⅢとⅡの境界値は

566万円、ⅡとⅠの境界値は433万円でした。

図表7で、教育関係の各種支出項目をみるときも、先ほどの図表6と同じように、平均の支出額を100として指数化しています。また、2012年と2013年の値の平均を現状を示すデータとして、10年前の2002年と2003年の値の平均と比べています。その際に10年での変化がわかりやすいようにしたい部分では、10年前の全体での平均を100として、2012年と2013年の各グループの支出額を表示しています（なお、比率の値はこの調整の影響を受けません）。

まず1段目で「教育費」そのものをみると、10年前より4・2％増えています。この調査期間で、各世帯の18歳未満人数はほとんど変化しておらず、2002年と2003年の平均が1世帯当たり0・975人、2012年と2013年の平均が0・965人です。つまり、子どもは1％だけ減っていますが、ほぼ変わっていないと考えましょう。

他方で、1世帯当たり約4％の支出額増加ですから、子どもにかける教育費は少し上がったように思えます。2010年施行の高校無償化政策は例外として、基本的に、教育費の主要項目はデフレが続くなかでも値上がりしてきたからです。

また、以前から、所得が高い世帯ほど教育におカネをかける傾向があり、それがいっそう顕著になりました。いちばん所得が高いⅤのグループの世帯は、Ⅲの世帯の2倍超のおカネを教

図表7　年収階級別の教育投資効率（10年前との比較）

家計調査支出額	教育費		補習教育		高校補習教育・予備校	
勤労者世帯	02・03年	12・13年	02・03年	12・13年	02・03年	12・13年
年収階級	変化：+4.2%		変化：+19.7%		変化：+39.3%	
V 924万円	**159**	**187**	**169**	**227**	**219**	**310**
IV 714万円	139	131	154	166	165	214
III 566万円	96	90	103	105	77	74
II 433万円	65	67	48	62	25	57
I	41	47	27	38	14	41
境界値は2013年	2002・03年平均=100		2002・03年平均=100		2002・03年平均=100	

家計調査支出額	国公立大学授業料		**国公立大学授業料／教育費**		国公立大学授業料年収階級別シェア	
勤労者世帯	02・03年	12・13年	2002・2003年	2012・2013年	2002・2003年	2012・2013年
年収階級	変化：+20.6%					
V 924万円	**158**	**253**	**2.8%**	**4.7%**	**31.6%**	**50.5%**
IV 714万円	162	127	3.3%	3.4%	32.3%	25.4%
III 566万円	87	65	2.6%	2.5%	17.4%	12.9%
II 433万円	70	36	3.1%	1.9%	14.1%	7.3%
I	23	19	1.6%	1.4%	4.6%	3.8%
	各２年での平均=100					

家計調査支出額	私立大学授業料		私立大学授業料年収階級別シェア		国公立大学授業料／私立大学授業料	
勤労者世帯	02・03年	12・13年	2002・2003年	2012・2013年	2002・2003年	2012・2013年
年収階級	変化：+16.6%					
V 924万円	**224**	**232**	**44.7%**	**46.3%**	**9.0%**	**14.4%**
IV 714万円	137	134	27.3%	26.8%	15.1%	12.5%
III 566万円	72	62	14.3%	12.3%	15.5%	13.9%
II 433万円	44	43	8.9%	8.6%	20.3%	11.2%
I	24	30	4.8%	6.0%	12.3%	8.5%
	各２年での平均=100					

（出所）総務省ホームページ：『家計調査（２人以上世帯、2002・03・12・13年）』

育に使います。そのⅢの世帯さえ、Ⅰの世帯の2倍を教育に使っています。この10年でⅤの世帯だけが突出して教育費を増やしており、ⅣとⅢの世帯は教育費を少し切り詰めました。

問題は、教育費のうちの「補習教育」への支出額です。10年で2割増えました。そのため、どの世帯でも補習教育の負担がかなり重くなりました。また、Ⅴと他の世帯との差が大きく開きました。

そのなかで「高校補習教育・予備校」への支出額に注目すると、これは10年で4割も増えていて、やはりⅤの世帯での伸びがめだちます。高所得層が大学受験のマネーゲーム化を主導しているわけです。他の世帯も対抗して塾や予備校への支払いを増やしていますが、教育費全体を増やさないように苦労していて、結局は、Ⅴの世帯がおこなう激しいマネーゲームについていけない感じです。

図表7の中段をみると、そうした教育投資がどんな成果につながったかがわかります。「国公立大学授業料」をみると、10年前はⅤとⅣの世帯の支出額がほぼ同じで、国公立大学に進学する子どもはⅤとⅣの世帯で同じぐらいいたと思われます。ところがいまは、Ⅴの世帯のほうには、Ⅳの世帯の2倍いるようです。そして、全世帯に占めるそのグループの「国公立大学授業料シェア」をみると、Ⅴの世帯のシェアが5割を超えています。

上から2割に入る高所得グループの親が大学受験を巡るマネーゲームを制して、その子どもたちが、国公立大学進学者の半分を占めるようになったわけです。結果として、教育投資の効率をみる指標の「国公立大学授業料／教育費」は、10年で劇的に変化しました。10年前は、Ｖの世帯の投資効率がさほど高くなく、ⅣやⅡの世帯に負けていました。いまや、Ｖの世帯の投資効率がいちばん高く、かなり差をつけています（全体での投資効率の１・７倍の高さです）。

図表７の３段目をみると、「私立大学授業料」への支出額は２割弱増えたものの、５つの所得階級の間の差はさほど変わっていません。私立大学の学生に占める高所得世帯の子どもの比率はあまり変わっていないのです。

他方で、「私立大学授業料シェア」と先ほどの「国公立大学授業料シェア」を比べると、国公立大学の学生に占めるＶの世帯の子どものシェアのほうが高くなっています。授業料の「国公立大学／私立大学」比率をみると、10年前は、Ｖのグループがいちばん低く、高所得世帯の子どもは私立大学に行きやすいといえました。いまや、高所得世帯の子どもがいちばん、国公立大学に進学しやすいのです。

国公立大学卒の学歴までもが、マネーゲームで獲得するものになりつつあります。こうしたマネーゲームは、大国の軍拡競争と同様にエスカレートしやすいというのが、経済学者の結論です。実際にエスカレートしてきたのですが、過熱すればするほど、高所得世帯に有利になります。マラソンで上位グループがスパートして残りのランナーを引き離したといった状況が、国公立大学への進学競争で起きています。こちらはマネーゲームでのスパートです。

国公立大学は、10年前までは、低学歴であるがゆえに低所得の親が、それを子どもに引き継がせない役割をある程度果たしていました。Vの世帯の子どもが私立大学に流れやすく、他の世帯の子どもがおカネをかけずに国公立大学に進学するチャンスが大きかったからです。

しかし、いまや、高所得世帯の子どもほど国公立大学に進学しやすくなり、高賃金につながりやすい高学歴を安い授業料負担で入手するようになりました。

IIやIの世帯に注目して、改めて図表7をみると、高校補習教育・予備校への支出額を2倍以上に増やし、子どもを大学に進学させるための教育投資に力を入れています。それなのに、10年前よりもずっと国公立大学に進学できなくなっています。IとIIの世帯をあわせて考えると、私立大学への進学はそれほど減っていません。しかし、国公立大学への進学はおおまかにいって半減しました。

あくまで傾向としての話で、個々の親や子どもにはまだまだチャンスがあります。ただ社会全体でみると、国公立大学が、親の経済格差をむしろ子どもに引き継がせる方向で機能するように変わりました。残念なことですが、このあともマネーゲーム化がさらに進み、格差問題をより深刻にすることが心配されます。

↓低所得世帯の子どもが安いコストで高学歴を狙えるようにするには？

なお、他の要因での賃金格差については、拙著『日本の景気は賃金が決める』（講談社現代新書、２０１３年）のなかで解説しています。学歴による賃金格差とは別に、日本の労働者の賃金には、構造的に、①男女間の格差、②企業規模による格差、③正規雇用か非正規雇用かによる格差、④勤続年数の長さによる格差があり、これらのどの格差も欧米の主要先進国に比べてきわめて大きいという問題があります。

これらに、学歴要因が悪いほうに強まってきたという問題が加わったわけです。結果としての経済格差について、日本はまだ経済格差が小さいと主張する人がいますが、日本の経済格差は、性別が男か女か、たった数ヵ月の就職活動の結果で、たまたま大企業に正社員として入れたかどうか、親の年収がいくらか、といった〝属性〟による賃金格差が人生全体に強く影響する――働きはじめてからの努力で挽回しにくい――ことが、きわめて大きな問題なのです。

そのなかで、不利な環境に生まれた子どもでも、がんばって勉強すれば安いコストで高学歴を得て、高賃金を狙えたはずが、それがむずかしくなっていることが問題なのです。属性による格差がひっくり返しにくく、親の低学歴・低賃金属性を引き継ぎやすいとなると、経済社会の活力が低下します。日本全体にとって、弊害が大きいといえます。

図表8　日本での所得格差の拡大

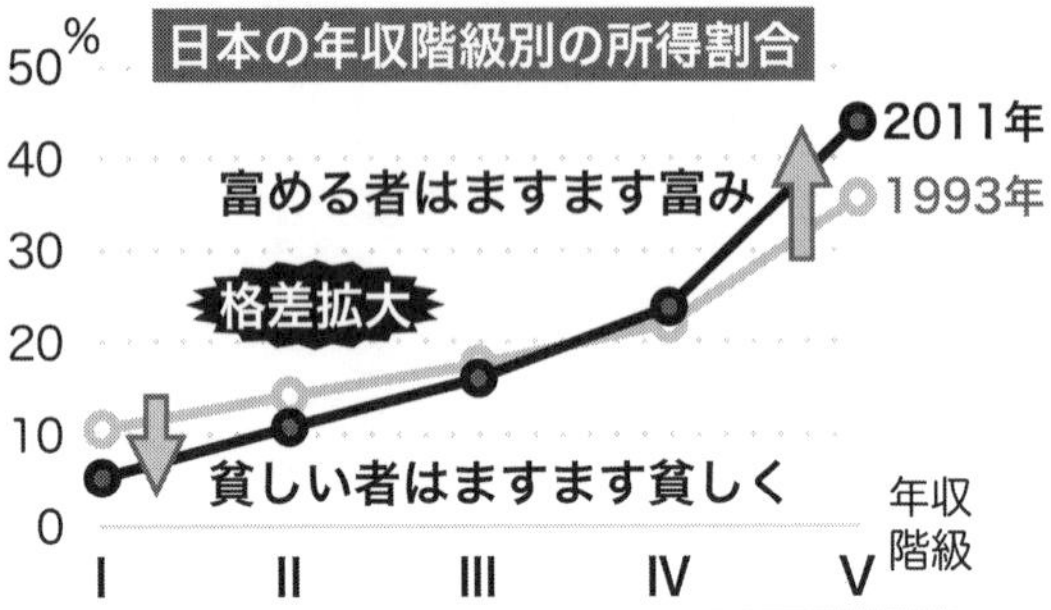

年収階級別の各世帯に回った所得の比率					
低	Ⅰ	Ⅱ	Ⅲ	Ⅳ	Ⅴ 高
1993年	10.6%	14.2%	17.6%	22.0%	35.7%
2011年	5.3%	10.8%	16.1%	23.8%	43.9%

（出所）労働政策研究・研修機構ホームページ

実際に、日本で所得格差が拡大していることは、図表8のデータで確認できます。ここまでの分析と同じようにⅠ～Ⅴの5グループに世帯を分けていますが、勤労者世帯に限定してはいません。それぞれの年で2割ずつの世帯に分けられた各グループが受け取った所得が、全体のなかでどのくらいの割合になるかを、1993年と2011年とでみています。

両者を比較すると、約20年間で、Ⅰの世帯が受け取った所得の割合は半分に減っています。ⅡとⅢの所得の割合も減り、計1割ほどの所得が高所得世帯のⅤとⅣに回りました。中心的な流れは、ⅠからⅤの世帯への移動で、もっと細かく調べると、全世帯を1割ずつの10グループに分けたうえでの、最高所得世帯への移動が中心になっています。しかもこの変化は、リーマンショックで不況がひどくなった２００９年の前に起きています。

この格差拡大は、日本の景気に明らかに悪影響を与えています。わかりやすく、おおざっぱな金額で説明するために、日本の1年間の経済規模を５００兆円として、その6割の３００兆円が賃金所得として分けられるとしましょう。所得格差の拡大によって、そのうちの20兆円ほどがⅠの世帯から、Ⅴのなかのさらに高所得の世帯に回るようになりました。

Ⅰの世帯なら、その20兆円のうちの16兆円を消費に回すところを、最高所得世帯なら10兆円しか消費に回しません。こうして、年6兆円も消費が減る構造になってしまったことが、格差拡大が引き起こした大きな問題点のひとつです。6兆円は５００兆円の１・２％で、かなり長い年数をかけてこのマイナス効果が働きましたから、日本経済の規模を少なくとも１〜２割は縮小させてしまったと思われます。

おまけに、学歴獲得競争が先の図表7（39ページ）が示す状況になってしまった日本で、低所得世帯の子どもが安いコストで高学歴を狙えるチャンスを増やすには、どうすればいいのでしょうか。筆者は、今回の家計調査に基づく分析をおこなうまで、「効果的な解決策はない」と思い込んでいました。

しかし、現実に、データをみると、大学受験のマネーゲーム化に巻き込まれずに、きわめて安いコストで受けられる教育を中心に、国公立大学への進学で成果を出している地域がありました。何度もくりかえしますが、秋田県の公立の義務教育は高い経済価値をもっています。

また、秋田モデルの威力をみていると、義務教育段階でどのような教育を受けさせるかが、本当に重要だとわかります。29ページの図表6で、子どもの大学進学競争の勝ち組として紹介した7都市――国公立大学への進学に強い奈良・鹿児島・徳島・秋田・岐阜と、大学進学率トップを争う東京・京都――は、よくみると、どこも早期教育を重視しています。

徳島・東京・京都は、幼児・小学校補習教育に、奈良・鹿児島・徳島・京都は、中学校補習教育に多額のおカネを使っています。秋田は公立の義務教育レベルが全国1位で、岐阜も、2014年春に高校を卒業した子どもたちが中学3年生のときには、全国学力テストで4位に入っていたことを、先ほど紹介しました。

奈良モデルの成功によって、「国公立大学授業料／教育費」比率でみてトップクラスの（ただし、秋田には劣る）投資効率を達成していた奈良・鹿児島・徳島は、高校補習教育・予備校への支出額が大きいだけでなく、義務教育段階での補習教育にも大きな金額を支出しています。早期教育も重視していて、その成功例ともいえます。

子どもへの教育投資の成果を高めたいなら、小中学校（特に小学校）での義務教育がなにより大切なのです。ここまでのデータをみれば、実際に、義務教育段階での教育投資におカネをかける親の子どもと、公立の義務教育レベルが高い地域に住む子どもは、高学歴獲得競争の勝者になりやすいことが明らかです。高校以降の教育投資にも効果がありますが、早期の教育投資の効果はさらに大きいのです。

経済格差が教育機会に悪影響をおよぼす問題を解決したいなら、政府は大学におカネをかけるべきではありません。日本政府が国公立大学にさらにおカネをかければ、そうしてより教育投資の効率面で有利になった国公立大学で、高所得世帯の子どもが中心となって恩恵を受けることになります。格差の問題をより深刻にするだけです。

根本的な解決をめざすなら、低所得世帯の子どもが安いコストで高学歴を狙うための武器を提供することが必要です。実際に、いまのマネーゲーム化した大学受験のなかでも十分に通用しているという実績がある〝最強の武器〟は、秋田モデルの義務教育です。公立の小中学校での優れた義務教育は、低所得世帯の子どもにとって、唯一ともいえる希望の光です。

全国学力テストには弊害も指摘されており、批判も多いようです。しかし、全国学力テストがあることで、日本各地の小中学校の先生たちが、秋田県を参考にして義務教育の質を高めることは、親の経済格差が子どもに引き継がれやすいという問題を解決するための、きわめて有力な対策です。

↓大学重視・小学校軽視という誤り

それでもなお、受験産業の人たちや、そのお先棒を担ぐ人たちは、「大学進学率」を絶対的な教育評価のモノサシであるかのようにふりかざし、義務教育を軽視した発言をくりかえしています。「全国学力テストでみて義務教育レベルが高いとしても、大学進学率が低ければ価値がない」と。その際に恣意的なデータを示し、まじめな親や子どもの不安をいたずらに煽《あお》ったりするのが、迷惑なところです。それを増幅させるような新聞記事もありました。ポイント部分と掲載データを引用し、正しいデータと比較してみます（図表9）。

「大学進学率の地域差　地域格差広がる／東京72％・鹿児島32％　地方伸び鈍く」

大都市と地方で高校生の大学進学率の差が広がっている。今春の文部科学省の調査から朝日新聞が算出すると、都道府県別で最上位と最下位の差は40ポイント。20年で2倍になった。家計状況と大学の都市集中が主因とみられる。《中略》文科省の学校基本調査（速報値）から、4年制大学に進んだ高卒生の割合を、高校がある都道府県別に算出した。今春は全国で110万1543人が高校（全日・定時・通信制と中等教育学校）を卒業。大学には浪人生を含む59万3596人が入学（帰国子女など除く）。進学率は53・9％

だった。
都道府県別では東京の72・5%が最高で、次いで京都（65・4%）、神奈川（64・3%）、兵庫（61・7%）など。最低は鹿児島の32・1%で、低い順に岩手（38・4%）、青森（38・6%）など。40%未満は5県だった。」

（2014年10月15日の朝日新聞・朝刊より）

この記事にある「大学進学率」は〝やってはいけない〟計算に基づくものです。そもそも、文部科学省自体が大学進学率を公表しています。19ページの図表3で紹介したものです。それなのに、この記事では「今春の文部科学省の調査から朝日新聞が算出」しています。

記事には、「今春は全国で110万1543人が高校を卒業。大学には浪人生を含む59万3596人が入学。進学率は53・9%だった」とあります。2つの人数の比率を求めると、たしかに53・9%になります。しかし、分母になる今年春の卒業者には、それより1年以上前に卒業して浪人し、今年春に大学に入学した人数は絶対にふくまれません（浪人生ですから）。それなのに、分子の入学者には浪人生をふくめています。

これだけでも、まちがった記事だといえますが、もっとおかしなことがあります。大学進学率が低いとされた県の数字を中心に、浪人生の合格者をふくまずに文部科学省が公表している

図表9　朝日新聞と文部科学省が公表した大学進学率の比較

2014年3月高校卒業者	大学進学率（%）	
	朝日新聞公表	文部科学省公表
北海道	40.1	41.3
青森県	38.6	42.8
岩手県	38.4	42.4
宮城県	50.6	48.3
秋田県	42.1	44.4
山形県	41.7	44.7
福島県	41.5	44.3
茨城県	46.3	49.8
栃木県	50.0	50.8
群馬県	51.0	51.8
埼玉県	58.7	56.7
千葉県	57.4	54.0
東京都	72.5	66.1
神奈川県	64.3	61.0
新潟県	46.9	47.3
富山県	50.0	51.7
石川県	51.8	54.1
福井県	49.5	53.4
山梨県	53.1	56.9
長野県	46.6	47.9
岐阜県	50.9	55.5
静岡県	52.9	53.1
愛知県	58.1	58.5
三重県	48.6	51.5

2014年3月高校卒業者	大学進学率（%）	
	朝日新聞公表	文部科学省公表
滋賀県	54.2	55.8
京都府	65.4	65.6
大阪府	58.1	58.3
兵庫県	61.7	59.9
奈良県	59.3	57.5
和歌山県	49.0	49.4
鳥取県	41.8	41.8
島根県	44.1	47.1
岡山県	50.1	51.2
広島県	59.9	59.9
山口県	41.7	42.2
徳島県	49.7	50.5
香川県	54.4	51.8
愛媛県	48.0	50.9
高知県	42.0	44.7
福岡県	52.8	53.1
佐賀県	41.4	42.0
長崎県	41.9	43.5
熊本県	44.4	45.1
大分県	38.7	45.5
宮崎県	39.7	43.5
鹿児島県	32.1	41.0
沖縄県	41.2	37.7

注：文部科学省の用語は「大学等進学率」
朝日新聞の数字は計算に疑問が残る

（出所）朝日新聞（2014年10月15日朝刊）、文部科学省ホームページ

数字より極端に小さくなっているところがあちこちあります。両者が計算に使っている数値には少しずれがありますが、それでも、浪人での合格者を分子にだけ加えているのですから、文部科学省の公表数字より数ポイントも小さいのはおかしいと感じます。原則として文部科学省の調査に基づいて計算しているはずなのに、そうなっていないのです。

そもそも、沖縄県の数字が41・2％で4割を超えているのに、青森県の数字が4割を切って、沖縄県より低いなんて、どこかおかしな結果だと気づくべきです。青森県は、すでに述べたように全国学力テストでトップ5に入るのがふつうの県です。たしかに大学進学率を高めるのには不利な経済基盤と場所ですが、沖縄県はもっと不利です。実際に、文部科学省の公表データでは、沖縄県の大学進学率だけが4割を切っての最下位です。

おそらく、整合性がないデータを使って比率を求めるといった計算をしてしまったのだと思われます。単純ミスかもしれませんが、社内でのチェックが杜撰《ずさん》なのも明らかです。

また、朝日新聞のこの記事は、専門家のコメントを紹介するかたちで、つぎの3点を主張しています。①大学の大都市集中が問題。②家計負担軽減には給付型奨学金の充実が急務。③地方の短大や専門学校の活用も有効。

①についていえば、関東・関西の大学に学生が集まりやすくなった原因は、大学よりも企業にあります。人気企業の採用活動が東京と大阪にかぎられやすいことが、かなり効いているの

です。高校生とその親、高校教師もよく認識していることです。

全国区の人気企業の多くが、採用活動を東京・大阪でだけ、ひどい場合には東京でだけおこなうため、3大都市圏のはずの名古屋の大学生でさえ、就職活動中は東京か大阪にウイークリーマンションを借りるとか、親戚の家に泊まるとかして、人気企業を回っています。「関東か関西の大学に進学しないと、就職活動に不利だ」という理由で、地元の大学に進学しなかった学生はたくさんいるはずです。

ですから、③の指摘のように地方の大学・短大・専門学校を整備しても、地域格差の解消はむずかしいと思われます。大学ではなく、人気企業が、全国のあちこちで採用活動での面接を最初から最後まで受けられるようにしてくれないと、問題は解決しないでしょう。

②の「奨学金」についての指摘は、大学進学の問題を親の経済格差とむすびつける感覚はまちがっていないのですが、「家計不況が主因だから、奨学金の充実を」という分析はまちがっています。39ページの図表7でみたように、ⅡやⅠの世帯さえ、受験勉強にかけるおカネを増やしています。不況が原因で大学の授業料が払えないから、低所得世帯の親が子どもの大学進学をあきらめやすくなったというのなら、そもそも、ⅡやⅠの世帯は高校補習教育・予備校への支出額をこんなに増やさなかったはずです。

実際には、低所得世帯の親は10年前よりも子どもの大学進学に積極的になっているのに、大学受験のマネーゲーム化が主因で、ⅡやⅠの世帯の子どもは、通う価値が高い大学に合格するのがむずかしくなっています。これが経済問題としてみた大学受験の真実です。政策対応をするなら、奨学金（＝大学に合格してからの支援）の充実の前に、マネーゲームが激化した大学受験で、低所得世帯の子どもが塾などに通わなくても勝てるようにする支援が必要です。

朝日新聞の記事は、大学進学についての地域格差が「東京と北海道・東北・九州の間」で大きいと主張していますが、そもそもこれがまちがっています。低コストで国公立大学への進学が狙えるレベルの義務教育を、公立の小中学校が提供してくれる秋田などの県と、他の県との間の地域格差を問題視すべきです。

誰でも入れる大学はたくさんあり、それらへの進学者も大量にいます。いまや、大学進学率という数字にはさほど意味がないのです。他方で、２０１２年と２０１３年の家計調査で国公立大学への進学についてのデータを確認すると、大学進学率が４割を切っているとして朝日新聞が問題視した「青森・岩手・大分・宮崎・鹿児島」の５県の子どもたちは、国公立大学への進学において全国平均よりもずっと成功しており、教育投資の効率は高いのです。

こうして記事をよく読むと、有用なかたちで大学進学率を計算するのはむずかしいと、改めてよくわかります。だからこそ、実際に計算できる程度の大学進学率の数字には、さほど意味がないのです。

根本的な問題は、相対的に大学教育を重視しすぎ、他方で小学校教育を軽視しすぎていることにあります。国も地方自治体も、大学での教育におカネを回すより、小中学校の教育にもっと重点的に資金配分をするほうがいいでしょう。

第2章

「スタバではグランデを買え？」いや「カフェでは紅茶を売れ！」の時代

↓基本図表の読み方――「消費に占める割合」がポイント

本章では、高所得世帯への販売に成功している商品と、そうでない商品とでなにが異なるかが確認できるデータを示します。ただ、データの読み方にはコツがあります。本書が参考にしている『家計調査』のデータは、誰でも総務省のホームページで読むことができるものですが、実際に読みこなすのはたいへんです。本書では、できるだけわかりやすく整理していますが、それでも、読み方のコツを最初につかんでおいていただく必要があります。

ここから数ページの説明はそのためのもので、おもしろくないかもしれませんが、しっかり読んでいただくと、本書に登場する図表のおもしろさがわかるようになります。あとで図表の読み方に悩んだときには、またこのページに戻ってください。

第1章の図表8で解説したように、日本は、上位1〜2割の高所得世帯に、より多くの所得が集まるような経済構造に変化してきました。このような状況でビジネスに成功したければ、相対的な高所得世帯の人たちに、いかにたくさんのおカネを支払ってもらうかが、重要なポイントになります。単純な話ですが、実際におこなうのはむずかしいといえます。

もともと、たいていの商品では、年収500万円の世帯がその商品に対して1年間で支払ってくれる金額より、年収1000万円の世帯が1年間で支払ってくれる金額のほうが大きいはずです。ただし例外もあって、その実例は少しあとで紹介します。

大切なのは、所得の高さに応じて消費支出額がただ大きくなるだけでなく、消費支出全体に占めるシェア（比率、割合）がより高くなるかどうかです。

年収500万円の世帯が年間400万円を消費に回し、残りの100万円を貯蓄するとしましょう。400万円の消費支出額のうち、1万円を商品Xの購入に使っていれば、商品Xの「対消費支出額シェア」は0・25％（＝1÷400）です。このとき、年収1000万円の世帯が、同じ商品Xにどれだけ支出するかを考えてみましょう。

まず、年収が上がると、所得のうちで消費に回す比率が下がるのがふつうで、年収500万円の世帯がその8割の400万円を消費に回しているのなら、年収1000万円の世帯はその6割の600万円を消費に回すといった感じになります。ここでの数値は、わかりやすく説明するための架空の数値です。

もし、600万円のうちの1万2000円を商品Xの購入に使ってくれるなら、商品Xは高所得者に対してうまく販売しているようにみえるかもしれません。相対的に低所得（500万円）の世帯に支払ってもらっている1万円と比べて、2割大きな1万2000円を支払ってもらったからです。

しかし、本当に高所得世帯にうまく売っているとはいえません。年収1000万円の世帯が年間600万円を消費に回しているとして、1万2000円はその0・2%でしかなく、年収500万円の世帯では0・25%だった対消費支出額シェアが、高所得世帯への販売では「0・2%へと下がってしまった」からです。

家計調査をみると、高所得世帯になるほど対消費支出額シェアが下がる品目はたくさんあります。もちろん、シェアが上がっている商品もあります。後者であってこそ、本当に〝高所得世帯にうまく売るのに成功している〟といえます。筆者は、2013年の家計調査のデータでみて「高所得世帯になるほど対消費支出額シェアが上がる品目」を、すべて抜き出しました。

家計調査では、「食料」や「衣料（被服及び履物）」を中心に、消費支出額（金額）だけでなく、数量と購入価格も調べている品目がたくさんあります。膨大な品目の消費を原則としてすべて集計していて、数量と購入価格まで調査している品目はその一部でしかありませんが、数としてはかなり多いのです。

そうした品目では、「支出額」を「数量」と「価格」に分解して分析しています。この3つには、つぎの関係があります。

支出額（金額）＝数量×価格（購入価格）
支出額の変化　＝数量変化を要因とする部分＋価格変化を要因とする部分

家計調査で調べている価格は、デフレの深刻さをみるときに注目されてきた「消費者物価指数」とは、根本的に異なるものです。消費者物価指数は細かな工夫をして計算された「指数」で、ある時点の物価が「1」とか「100」とかであるとして、時間の経過とともにそれがどう変化してきたかをみるものです。

消費者物価指数の計算に使うために、「小売物価（小売価格）」が調べられていて、これも家計調査との関係が深いのですが、小売物価や消費者物価指数でみているのは「企業やお店が販売するうえで設定している価格」です。他方で、家計調査は「消費者が購入した商品の価格」

を記録・集計しています。

家計調査の用語としては「平均価格」と表記されていますが、こうした調査で集計をおこなうときに〝平均を計算して使う〟のは、ごく自然なことです。意味としては「購入価格の平均値」で、本書では単に「価格」と表記しますが、家計調査のデータで出てくる価格は、購入価格の平均値だと覚えておいてください。

たとえば、〝同じ性能のパソコン〟についてお店での販売価格がどう変化してきたかをみるのが、消費者物価指数です。同じ性能のパソコンで比べれば、時間が経つと値下がりするのがふつうです。

家計調査が調べている価格は、各世帯が実際に買ったパソコンの価格ですから、高性能で高価なパソコンもあれば、廉価モデルをバーゲンセールでさらに安く買ったケースもふくまれます。このように、品質（性能など）にバラツキがある商品の購入価格を平均しています。

そのため、たいていの場合で「家計調査で調べた価格が高いほど、品質が高いために定価が高く設定された〝高級品〟が多くふくまれている」と考えられます。同じメーカーの同じ商品名のモノのように、まったく同じ商品を買うときでも、「激安スーパーなどではなく、デパートなどで買っている」ために、家計調査での価格が高くなることもあります。

つまり、家計調査の価格データが高いときには、その価格で買った世帯が〝高級品を買っている〟あるいは〝高級なお店で買っている〟と考えられます。この点をきちんと意識して、本書を読み進めてください。

なお、家計調査の価格や数量のデータと消費者物価指数を組み合わせて分析すると、興味深い分析ができます。婦人用コート・セーター、食パン・他のパン・米を題材とした分析例を、あとの章で紹介することにします。

どちらでも「価格が高くなりながら購入量が増える」という（ビジネスのうえで参考になる）現象が起きていますが、内容はまったく異なります。購入価格のデータをみていると、ときどきそうした珍しい現象が発見できるのですが、理由を読み解くには、消費者物価指数をあわせてチェックするのが有効です。

とはいえ、まずは家計調査のデータを読むことに慣れていただくために、本書でよく出てくる基本図表を実際にみながら、読み方を解説します。

➜価格データを指数化

家計調査は、いろいろな世帯を対象に調査をおこなっています。そんな家計調査の結果を読み解こうとする専門家は、調査対象のすべての世帯について集計したデータをみることもありますが、たいていは「(世帯員数が）2人以上世帯」のデータにまず注目します。さらに、2

人以上世帯のうちの「勤労者世帯」に注目する場合もよくあります。
とりわけ、世帯の年収でグループ分けして比較したいときには、この「2人以上の勤労者世帯」のデータがよく使われます。家計調査では中心となる世帯ですから、データ量も十分にあります。本書もそのやり方にならっています。

実際の金額・数量・価格・シェアなどの数値を示すと、個々の商品の消費をイメージしやすいのですが、その半面で、別の商品との比較がわかりにくくなります。本書では、高所得世帯の人たちにうまく売るのに成功している商品（モノやサービス）を、できるだけ多く紹介したいので、比較を優先した図表にしています。

原則として、対象世帯（たとえば、2人以上の勤労者世帯）全体での平均を100として、各グループごとでの金額・数量・価格・シェアを示しています。つまり〝指数化〟しています。ちょっとややこしいのですが、家計調査の価格データそのものは消費者物価指数と異なり、ふつうに「325円」といったデータです。これを本書で示すときには、比較しやすいように指数化した価格データを図表に載せているということです。

図表10が、基本パターンのひとつになります。上・中・下段で3つの品目を取り上げています。「食料」は、もっと細かく分けて調べたデータもあり、食料に分類される品目をすべて合計したものです。「被服及び履物」も「教育」も、同様に大きな分類のなかで合計したもので

す。

各段の図表は、右側の表にまとめたデータのうちで「支出額」だけを、左側でグラフ化しています。2人以上の勤労者世帯を年収の高さで順に並べ、世帯数が2割ずつになるように5つのグループに分けるという、第1章の図表7でもおこなっていた分類を、ここでも採用しています。毎年区切りが異なりますが、2013年のグループ分けでは、年収433万円までの世帯を「Ⅰ」、566万円までの世帯を「Ⅱ」、714万円までの世帯を「Ⅲ」、924万円までの世帯を「Ⅳ」、最上位の高所得世帯を「Ⅴ」としています。

本書では、このⅤのグループに売るのに成功しているかどうかを、家計調査の「支出額・対消費支出額シェア・数量・価格」でチェックして、格付けをしています。

数量と価格に分解したデータがないときは、原則として、Ⅴのグループがいちばん大きな支出額になっていれば、★を1個、さらにその値が120を超えていれば（平均より2割以上大きな支出額になっていれば）、★をさらに1個つけます。対消費支出額シェアでもⅤのグループが最高値になっていれば、★は計3個になり、Ⅴの世帯への販売成功を示す格付けになります。

このパターンの表のなかでは、各項目の最大値あるいは最高値の数字を白抜きにしてあります。グラフの縦軸は、品目によって目盛りの間隔を変えて表示するしかありませんので、この

図表10　年収階級による消費支出額の差［1］

食料

年収階級	支出額	対消費支出額シェア	格付け ★★☆ 数量	価格
V	129	90	調査対象外	調査対象外
IV	111	97		
III	96	101		
II	88	105		
I	76	107		

※２人以上の勤労者世帯、平均=100、白抜き数字はその項目の最大・最高値

被服及び履物

年収階級	支出額	対消費支出額シェア	格付け ★★★ 数量	価格
V	168	123	調査対象外	調査対象外
IV	113	104		
III	87	96		
II	73	91		
I	58	85		

※２人以上の勤労者世帯、平均=100、白抜き数字はその項目の最大・最高値

教育

年収階級	支出額	対消費支出額シェア	格付け ★★★ 数量	価格
V	185	140	調査対象外	調査対象外
IV	125	118		
III	82	93		
II	66	85		
I	42	64		

※２人以上の勤労者世帯、平均=100、白抜き数字はその項目の最大・最高値

（出所）総務省ホームページ：『家計調査（２人以上世帯、2013年）』

点に注意して読んでください。100を中心に50ずつで水平の点線（グリッド線）を入れていますので、線の間隔が広いか狭いかを意識してください。

図表10の上段の「食料」は、高所得世帯ほど支出額が大きくなっていて、平均より2割以上（29％）大きいのですが、対消費支出額シェアはVのグループが最低になっています。したがって、格付けは「★★」です。

食料への支出額が消費支出額のなかでどれだけのシェアかを、ここでは指数化して表示していますが、シェアそのものの数字は「エンゲル係数」と呼ばれていて、家計調査に基づいた計算がよく使われています。ただし、家計調査でのエンゲル係数の計算には、じつは2通りの方法があり、またエンゲル係数をどう評価するかの解説がまちがっていることが多いので、第4章できちんと解説することにします。また、食料のなかには「★★★」を獲得した品目がいくつかありますので、本章のなかで取り上げます。

図表10の中段の「被服及び履物（わかりやすくいえば、衣服・靴など）」は、いまでもしっかりと高所得世帯への販売に成功しています。対消費支出額シェアでもVの世帯がトップですから、格付けは「★★★」です。しかし、家計調査の他のデータをみると、衣服の売り方にはまだ課題もあって、このあたりの話は第3章でおこなうことにします。

単に支出額だけをみていると、食料も衣料も、高所得世帯のほうがたくさんのおカネを支払っている点で共通していますが、対消費支出額シェアをみると、食料と衣料のビジネスには大きな差があると感じられます。

図表10の下段の「教育」は、第1章で取り上げたテーマです。近年は、高所得世帯の親が子どもの〝学歴獲得競争〟におカネをかける傾向が強まり、支出額はⅣ以下のグループを大きく引き離し、対消費支出額シェアも平均より4割高くなっています。格付けは当然「★★★」です。

関東・関西（近畿）以外の子どもが実家から離れて、就職活動時に東京や大阪の企業を訪問しやすい地域の大学に進学する傾向は、たしかに強まっていそうです。横浜・京都・神戸などもふくむ、関東・関西の都市部にある大学です。しかし、入学試験に合格できて、かつ生活費を支払えることが条件になります。

図表11にある「国内遊学仕送り金」は、表記は〝遊学〟ですが、「学校教育法に定める学校および国内の予備校在学者に対する仕送り金」のことです。大学はもちろん、実家から離れて高校や予備校に通う場合も、その生活のための仕送りはこの品目に入ります。それぞれの授業料は別に集計されています。

授業料などよりもこうした仕送り金の負担のほうが大きいケースが一般的で、それゆえ、Ⅴのグループに入る親でないと、負担しにくいと思われます。実際に、Ⅴの世帯は平均の2・7

図表11　年収階級による消費支出額の差［2］

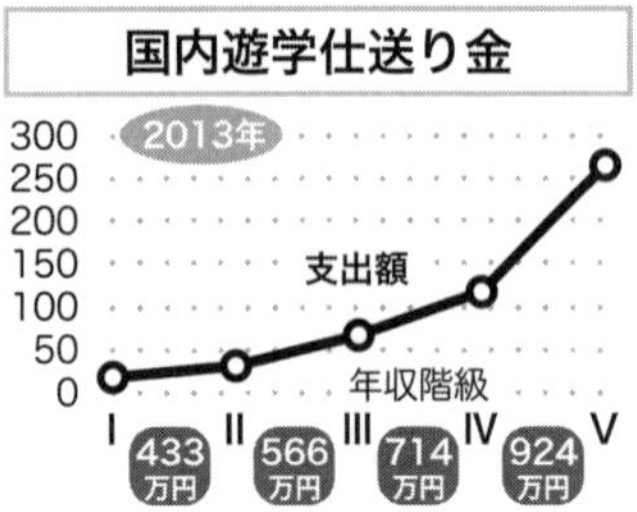

年収階級	支出額	対消費支出額シェア	数量	価格
V	266	219	調査対象外	調査対象外
IV	117	122		
III	67	84		
II	32	45		
I	18	30		

格付け ★★★

※２人以上の勤労者世帯、平均=100、白抜き数字はその項目の最大・最高値

（出所）総務省ホームページ：『家計調査（２人以上世帯、2013年）』

倍弱の支出額で、対消費支出額シェアも平均の２・２倍の高さです。

大人も通う学習行動として、「語学月謝」をみると、Ｖの世帯は、世帯員全員の学習におカネをかけていると確認できます。幅広い年齢層の人たちが、英語などの学習に月謝を支払っていますが、Ｖのグループがいちばんおカネをかけています。

➜年収が低いほど支出が大きい商品

２人以上の勤労者世帯を年収で５つのグループに分けたとき、ＩやⅡのグループがいちばん大きな支出額になるような商品も、じつは存在します。典型的な商品として「たばこ」があります。図表12の上段でデータを確認しましょう。

たばこへの支出額は「年収が低い世帯ほど大きい」という、はっきりとした傾向が確認できます。特に、所得がいちばん低いⅠのグループが、平均の1・5倍消費しているのがめだちます。逆に、高所得のⅤの世帯は、対消費支出額シェアが平均の半分にも達しない低さで、いまや、たばこは高所得世帯には売りにくい商品になっています。

全体的に、高所得世帯は「外見・体面」に対しておカネをかけます。だから、「被服及び履物」は高所得世帯への販売に成功しています。「教育」も、子どもの学歴が親の体面にもつながるからこそ、豊富な資金を子どもの学歴獲得競争のために注ぎ込むという高所得者がたくさんいます。

たばこは、かつては〝格好いい〟ものでした。古い映画には俳優がたばこを吸うシーンがよく出てきます。いまも、昔の時代を描く映画では、たばこが粋な小道具として登場します。しかし最近は、たばこのイメージが悪くなっていて、外見上マイナスだと感じられるからこそ、外見・体面を気にする高所得世帯の大人たちは、たばこを吸わなくなったと思われます。外見のなかには「健康的にみえるかどうか」もふくまれますから、健康的にみえないたばこを控えるのは、自然なことです。

図表12の中段の「砂糖」は、数量・価格のバラツキが小さく、どちらかといえば、低所得世帯（Ⅰ・Ⅱ）のほうが多めの量を買い、逆に、価格は高所得世帯（Ⅳ・Ⅴ）のほうが高めの砂糖を買うので、どの世帯でも同程度の支出額になっています。そうなれば、対消費支出額シェ

図表12　年収階級による消費支出額の差［3］

たばこ

年収階級	支出額	対消費支出額シェア	格付け☆☆☆ 数量	価格
V	72	45	調査対象外	調査対象外
IV	85	68		
III	96	91		
II	98	106		
I	149	189		

※２人以上の勤労者世帯、平均=100、白抜き数字はその項目の最大・最高値

砂糖

年収階級	支出額	対消費支出額シェア	格付け☆☆☆ 数量	価格
V	103	69	97	105
IV	102	86	95	107
III	91	92	94	97
II	107	122	105	101
I	97	131	109	89

※２人以上の勤労者世帯、平均=100、白抜き数字はその項目の最大・最高値

ストーブ・温風ヒーター

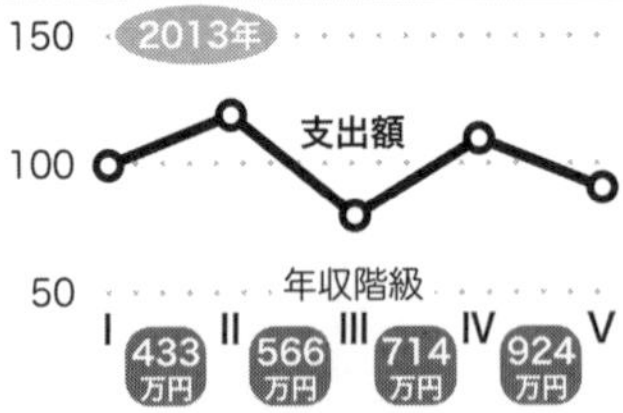

年収階級	支出額	対消費支出額シェア	格付け☆☆☆ 数量	価格
V	91	60	107	85
IV	110	92	109	102
III	80	80	83	97
II	119	135	111	108
I	100	133	90	111

※２人以上の勤労者世帯、平均=100、白抜き数字はその項目の最大・最高値

（出所）総務省ホームページ：『家計調査（２人以上世帯、2013年）』

アの計算では分母となる消費支出額の大小が影響するので、低所得世帯のほうが高くなります。

砂糖の場合、Vの高所得世帯が好んで買ってくれるような高級砂糖がなかったことが、大きな問題でした。最近は「希少糖」と呼ばれる商品が注目されつつあり、高所得世帯にうまくアピールすることが期待されています。

図表12の下段の「ストーブ・温風ヒーター」は、高所得世帯であるVがいちばん安い価格で買っていて、数量も平均に近いので、支出額は平均を下回っています。この価格データは、筆者にとって意外でした。

空調機器は、エアコンがかなり高価だった時期には、高所得世帯はエアコンを買いやすく、低所得世帯がストーブや扇風機を買いやすいという傾向があったと思われます。しかし、いまはエアコンの価格が大幅に安くなっていて、世帯年収がどの空調機器を選ぶかに与える影響は、かなり小さくなったと思われます。

ただし、エアコンなどの買い替え頻度には、影響を与えていると考えられます。あくまでひとつの仮説ですが、高所得世帯は、相対的にみて、こうした機器の買い替えをひんぱんにおこないやすいので、最高機能の商品には手を出さず、技術進歩の恩恵は、買い替えサイクルを他の世帯より短くすることで受け取る方針かもしれません。そう考えれば、価格と数量の特徴がうまく説明できます。

じつは、「エアコン（家計調査の品目名は、エアコンディショナ）」でも、Ⅴの世帯の支出額・対消費支出額シェア・数量・価格はどれも1位ではなく、価格は平均並み（たった3％高いだけ）です。エアコンについても、高所得世帯は「いまの最高機種を買うより、平均的な機種を買うほうがいい」と考えているようにみえます。

↓好ましい「感情」におカネを払う

外見や体面を気にすることもふくめて、高所得世帯がよりおカネをかけようとするのは、機能の高さをアピールする商品ではなく、なんらかの感情にアピールする商品です。いくつかの事例を挙げましょう。

図表13の「感冒薬」は、いわゆる風邪薬です。解熱鎮痛剤もふくみますが、単なる鎮痛剤、せき止め薬はふくみません。Ⅴの世帯の支出額はさほど大きくなく、Ⅳの世帯より小さくなっています。

薬局でこうした薬を買うとなると、かなり価格差がありますから、高所得世帯の支出額はもっと大きいのではないかと予想していましたが、見事に裏切られました。「外傷・皮膚病薬」でも、Ⅴの世帯は支出額でⅣに負けています。これも商品によって価格差があります。高所得

図表13　年収階級による消費支出額の差［4］

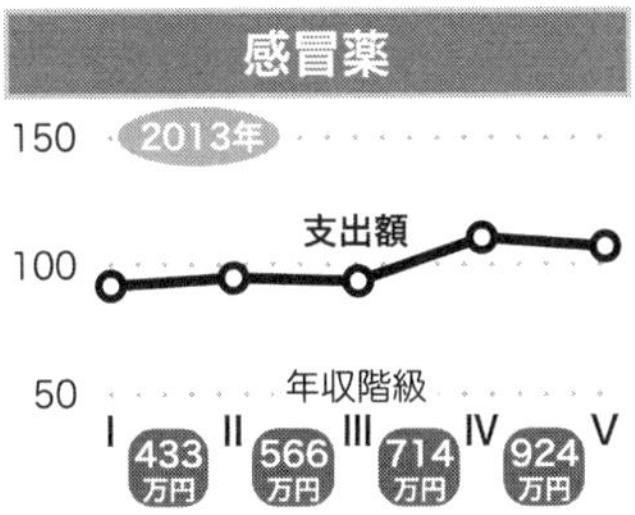

格付け ☆☆☆

年収階級	支出額	対消費支出額シェア	数量	価格
V	107	73	調査対象外	調査対象外
IV	111	95		
III	94	96		
II	95	111		
I	92	125		

※２人以上の勤労者世帯、平均=100、白抜き数字はその項目の最大・最高値

（出所）総務省ホームページ：『家計調査（２人以上世帯、2013年）』

世帯はこうした薬が高機能でも、さほど価値を見出さないようです。

ちなみに、「栄養剤」への支出額はVの世帯が最大で、平均より4割大きくなっています。総合保健剤、ビタミン剤、肝油、カルシウム剤、薬用酒などがふくまれます。医薬品のなかで、高所得世帯にいちばんうまくアピールできているのは、この栄養剤です。

医薬品にはふくまれないものの、栄養剤と同じ感覚で飲むものとして「健康保持用摂取品」があります。サプリメントなどといわれるものです。家計調査の栄養剤の説明には「健康保持用摂取品は除く」と書いてあり、似たものだと思われています。

健康保持用摂取品のほうがさらに高所得世帯にうまく販売していますので、図表14にデータを載せました。支出額だけでなく、対消費支出額シェアでも、Vの世帯がトップです。栄養剤の場合は、対消費支出額

図表14　年収階級による消費支出額の差［5］

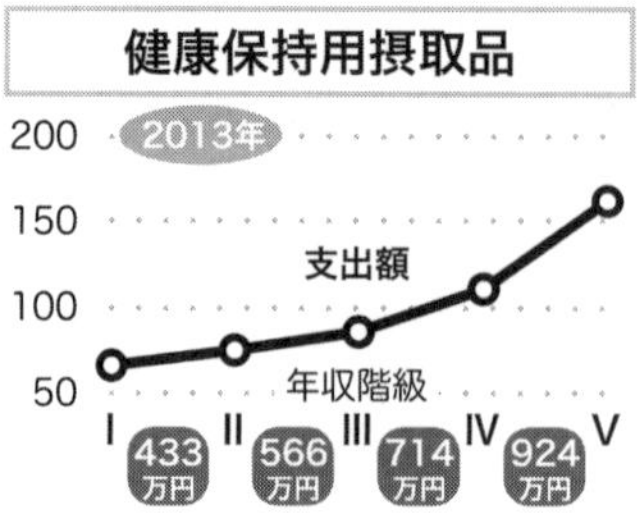

格付け ★★★

年収階級	支出額	対消費支出額シェア	数量	価格
V	162	117	調査対象外	調査対象外
IV	111	101		
III	86	94		
II	75	93		
I	66	96		

※２人以上の勤労者世帯、平均=100、白抜き数字はその項目の最大・最高値

（出所）総務省ホームページ：『家計調査（２人以上世帯、2013年）』

シェアが平均並みで、Iの世帯に負けていました。

Vの世帯が他の世帯よりも健康そのものを気にしているのなら、このようなデータにはならないと思われます。感冒薬は高価格のものほど成分の点で高機能だと思われますし、諸症状をきちんと緩和させる機能に期待して買う商品です。

他方で、健康保持用摂取品や栄養剤で価格差に見合った効能差があるかどうか、きちんとわかって買っている消費者は少ないと思われます。でも、だからこそ、「価格が高いほうが効きそうな気がする」という論理が働きます。いまの高所得世帯は、感冒薬の〝専門的には明確なはずの機能差〟ではなく、健康保持用摂取品や栄養剤の〝感情的な評価での差〟におカネを支払うのです。

健康に関連していて、しかし明確な治療ではないサービスにおカネを支払うものとして「マッサージ料

図表15　消費の満足感を分解

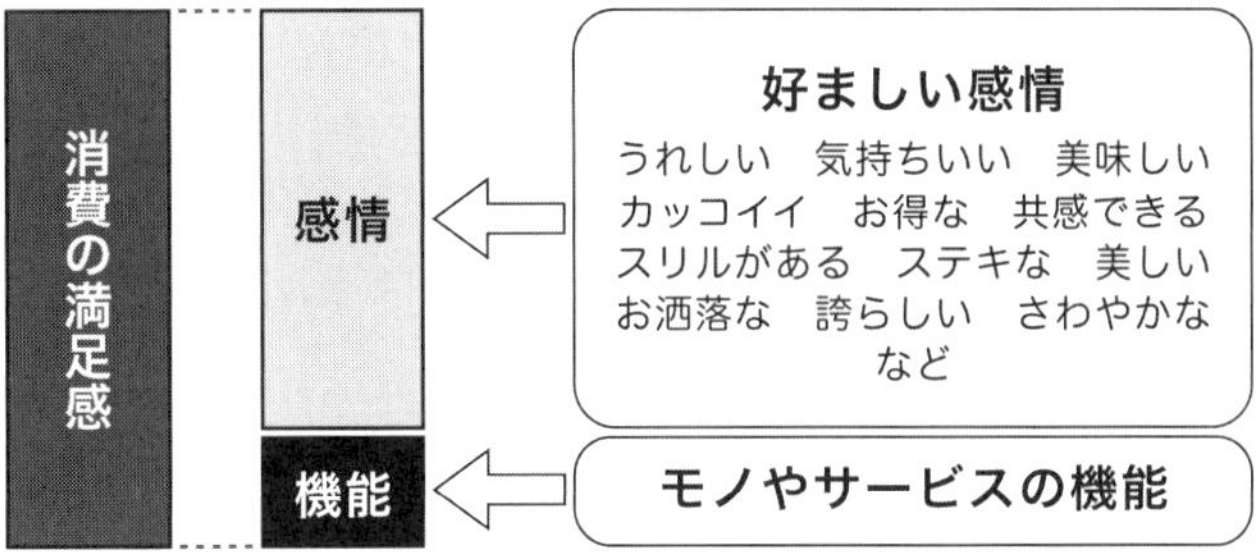

（出所）吉本佳生・阪本俊生『禁欲と強欲　デフレ不況の考え方』講談社、2010年

金等（診療外）」があります。Vの世帯が平均の2・6倍の支出額で、対消費支出額シェアも平均の2倍です。疲れがとれたというスッキリ感は、高所得世帯にしっかりとアピールしていて、「★★★」のなかでもより上位の格付けをつけたいぐらいです。

筆者は、現代の消費者がモノやサービスを消費して得る「満足感」について、図表15のように分解してとらえています。おおざっぱな分け方ですが、「機能」と「感情」の2つに強引に分けると、第2次世界大戦での敗戦から復興した時期のように、生きていくこと自体がたいへんだった昔は、機能が満足感を決める部分が大きかったのでしょう。

しかし、いまや、満足感の大部分は「感情」で決まると考えたほうが、消費行動の分析はやりやすいといえます。とりわけ、平均的な生活をするには十分すぎるおカネを稼いでいる高所得世帯は、そうした満足感の構造を前提に、消費行動をします。

自分の健康を維持するための消費でさえ、深刻な病気やケガでなければ、「風邪の諸症状を緩和するための機能」が高いことにはさほど価値を感じず、「好ましい感情」がどれだけ強いかのほうに、より大きなおカネを支払います。うれしい、気持ちいい、美味しい、カッコイイ、お得な、共感できる、スリルがある、ステキな、美しい、お洒落な、誇らしい、さわやかな、……といった感情こそに、おカネを支払うのです。

家計調査のデータから、さらに事例をみてみましょう。図表16は上段で「眼鏡」、中段で「コンタクトレンズ」の消費行動についてみています。どちらも、支出額ではVの世帯がトップで、高所得世帯にうまく販売するのに成功しています。

商品の品質に大きな幅をもたせて、多段階の品質（高・中・低品質）の商品のなかから消費者に選んでもらうことで、高所得世帯にはできるだけ大きな金額を支払ってもらおうとする戦略が、きちんと機能しているからです。〝価格差別戦略〟といわれるものです。

しかし眼鏡であれば、対消費支出額シェアも、Vの世帯がいちばん高い数値になっていますが、コンタクトレンズのほうは、Vの世帯の対消費支出額シェアがⅣの世帯より低いため、本書での原則にしたがうと、格付けは「★★」にしかならず、眼鏡の「★★★」より劣ります。

筆者は、大学を卒業するまで両眼とも視力2・0以上でしたので、眼鏡をかけるようになっ

図表16　年収階級による消費支出額の差［6］

眼鏡

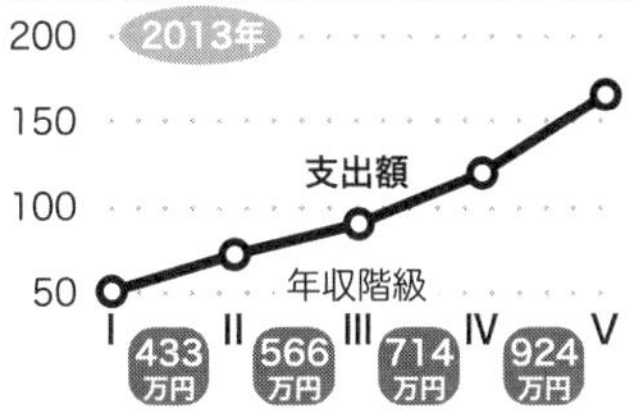

格付け ★★★

年収階級	支出額	対消費支出額シェア	数量	価格
V	166	122	調査対象外	調査対象外
IV	120	111		
III	90	100		
II	73	91		
I	51	75		

※２人以上の勤労者世帯、平均=100、白抜き数字はその項目の最大・最高値

コンタクトレンズ

格付け ★★☆

年収階級	支出額	対消費支出額シェア	数量	価格
V	154	112	調査対象外	調査対象外
IV	131	121		
III	92	101		
II	67	84		
I	56	82		

※２人以上の勤労者世帯、平均=100、白抜き数字はその項目の最大・最高値

歯科診療代

格付け ★★★

年収階級	支出額	対消費支出額シェア	数量	価格
V	183	135	調査対象外	調査対象外
IV	102	95		
III	87	97		
II	71	90		
I	57	84		

※２人以上の勤労者世帯、平均=100、白抜き数字はその項目の最大・最高値

（出所）総務省ホームページ：『家計調査（２人以上世帯、2013年）』

たのは30歳ごろからでした。そのため、眼鏡のフレームがとにかく邪魔に感じました。体質的にコンタクトレンズが合わないので、いまも眼鏡を使いますが、機能的には、フレームが不要なコンタクトレンズのほうが優れているように感じます。しかし、ファッション性を考えると、眼鏡のフレームを選ぶことで個性が発揮できて、お洒落が楽しめることに価値を感じています。

生活や仕事をするうえできわめて重要な機能性をもつ商品でも、高所得世帯により高いおカネを支払ってもらおうとすれば、機能よりもデザインなどのほうがアピールしやすいのです。消費の満足感に占める感情の部分が大きいからこそ、眼鏡とコンタクトレンズの消費行動に、図表16でわかるような差が出ているといえます。

さらに、「医科診療代」全体をみると、支出額そのものはVの世帯がいちばん大きいのに、対消費支出額シェアは所得が高いほど低くなっています。図表10（63ページ）の「食料」と似たパターンです。

ところが、外見上も重要な〝歯〟を治療する「歯科診療代」について、図表16の下段でデータをみると、支出額だけでなく、対消費支出額シェアでもVの世帯がトップの数字で、しかもⅣ以下のグループとは大差をつけています。まとまった費用がかかる「歯並びの矯正」など、外見の改善におカネをかける治療が、高所得世帯向けの医療サービスとしてビジネス的に成功していることがよくわかります。

↓高所得世帯への販売に安定して成功している食料品はあるのか？

食料品の多くは、第1に、所得が高い世帯ほど支出額が大きくなります。第2に、所得が高い世帯ほど、対消費支出額シェアが低くなるのがふつうです。ところが、個々の食料品のなかには、たしかに例外的な存在ではありますが、Vの世帯の対消費支出額シェアがいちばん高いという品目もあります。

では、どういった食料品で、Vの世帯の対消費支出額シェアがいちばん高くなっているのでしょうか。図表17と図表18で紹介します。

図表17の上段の「かき（貝）」は、支出額・対消費支出額シェア・数量の3項目で、Vの世帯がトップです。数量でみて「かき（貝）」が平均より多く売れる月は、11月から3月までで、そのなかでもいちばん売れるのは12月です。世帯主年齢別では、60歳代世帯がいちばん多い数量を買い、70歳以上世帯がいちばん高く買います。

図表17の中段は野菜類のなかにふくまれる「れんこん」です。似たパターンは「さやまめ」でもみられます。さやまめには「さやいんげん、さやえんどう、枝豆、そら豆、グリンピース」などがふくまれます。高所得世帯は「れんこん」と「さやまめ」をとても好んでいて、支

図表17　年収階級による消費支出額の差［7］

かき（貝）

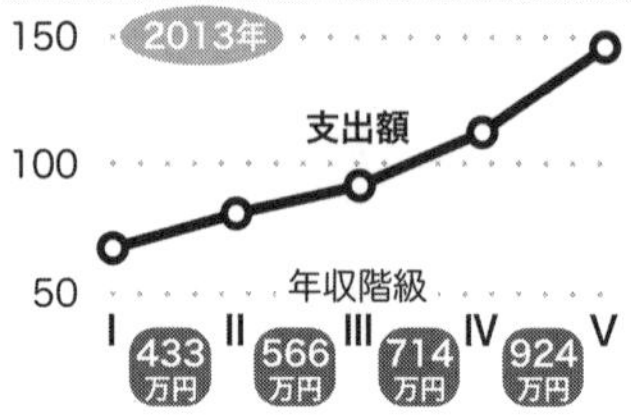

格付け ★★☆

年収階級	支出額	対消費支出額シェア	数量	価格
V	146	104	132	109
IV	113	101	98	113
III	92	99	77	118
II	81	99	117	68
I	68	97	76	88

※２人以上の勤労者世帯、平均=100、白抜き数字はその項目の最大・最高値

れんこん

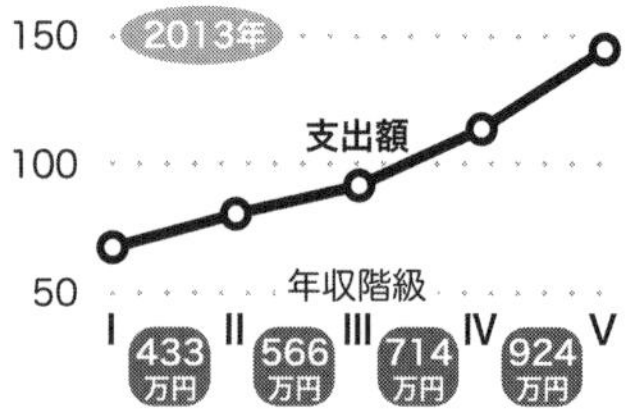

格付け ★★★

年収階級	支出額	対消費支出額シェア	数量	価格
V	145	103	138	105
IV	114	102	116	98
III	92	99	92	100
II	81	99	82	100
I	68	97	73	93

※２人以上の勤労者世帯、平均=100、白抜き数字はその項目の最大・最高値

もも

格付け ★★☆

年収階級	支出額	対消費支出額シェア	数量	価格
V	157	113	153	102
IV	112	102	105	107
III	82	89	80	101
II	88	108	95	92
I	62	89	66	94

※２人以上の勤労者世帯、平均=100、白抜き数字はその項目の最大・最高値

（出所）総務省ホームページ：『家計調査（２人以上世帯、2013年）』

出額・対消費支出額シェア・数量・価格のすべてで、Ｖの世帯がトップです。

「れんこん」は、９月から12月によく売れる野菜で、60歳代世帯がいちばん多い量を買い、70歳以上世帯がいちばん高く買います。佐賀市でいちばん多い量が食べられていて、金沢市でいちばん支出額が大きくなっています。「さやまめ」は春と夏によく売れます。60歳代世帯がいちばん多い量をいちばん高い価格で買います。数量でも支出額でも新潟市がトップで、価格1位は京都市です（京都市では、平均より少しだけ多い量が食べられています）。

図表17の下段は、果物類の「もも」です。「もも」は、Ｖの世帯が支出額・対消費支出額シェア・数量でトップですが、価格がほぼ平均並みのため、「かき（貝）」と並んで「★★」の格付けです。６〜９月の４ヵ月で集中して売れて、世帯主が50歳以上の世帯で好まれ、70歳以上世帯が数量・価格・支出額でトップです。

果物類では、「他の柑《かん》きつ類」もＶの世帯が支出額・対消費支出額シェア・数量・価格のすべてでトップです。「レモン、なつみかん、伊予かん、きんかん、はっさく、かぼす、すだち、ゆずなど」がふくまれます。いちばん多く買うのは70歳以上世帯ですが、いちばん高く買うのは29歳以下世帯で、興味深いデータです。愛媛県で多種多様な柑きつ類が生産されていることもあって、数量の１位は松山市、支出額の１位は高知市でした。

ただし、図表17にある３品目も、さやまめ、他の柑きつ類も、２０１３年にはＶの世帯にう

図表18　年収階級による消費支出額の差［8］

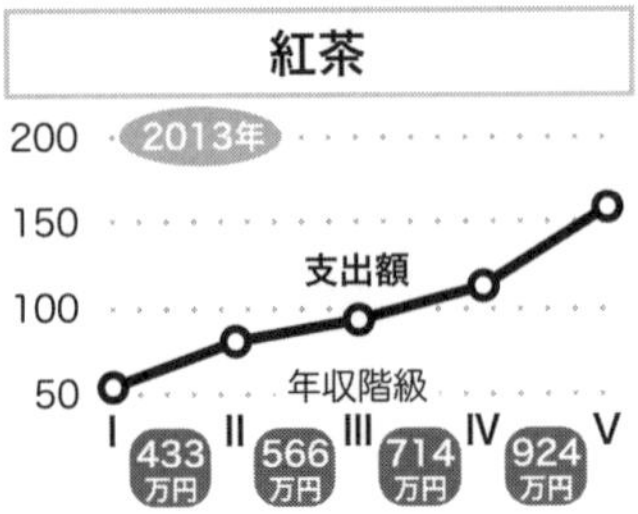

年収階級	支出額	対消費支出額シェア	数量	価格
			格付け★★★	
Ⅴ	159	115	130	121
Ⅳ	113	103	113	99
Ⅲ	93	102	96	96
Ⅱ	81	100	105	76
Ⅰ	54	79	56	96

※２人以上の勤労者世帯、平均=100、白抜き数字はその項目の最大・最高値

（出所）総務省ホームページ：『家計調査（２人以上世帯、2013年）』

まく売るのに成功していましたが、前年の２０１２年には、このようなパターンでは売れていませんでした。２０１３年には株価や不動産価格が上昇し、高所得世帯の消費が増えるという〝資産効果〟が働いたことで、一時的に成功したのでしょう。

じつは、２００９年から２０１３年まで、５年連続で高所得世帯にうまく売るのに成功している食料品が、たったひとつあります。図表18の「紅茶」です。Ⅴの世帯が支出額・対消費支出額シェア・数量・価格のすべてで、Ⅳ以下の世帯を大きく引き離してトップとなり、堂々の「★★★」格付けです。30・40・50歳代の世帯で消費量が多く、60歳代世帯がいちばん高く買います。都市別では、消費量・支出額の両方で神戸市が1位で、価格は金沢市が1位です。

２０１４年秋には、スタバ（スターバックスコーヒー）が1杯２０００円近い高級コーヒーなど、高価格帯のコーヒーを販売して話題になりました。そうした高級コーヒーの豆も店頭で販売しました。高所得世帯に少しでも大きな金額を支払ってもらうためには、有効な試みです。

しかし、２０１３年までの「コーヒー（豆・粉・インスタントコーヒー）」は、Vの世帯が対消費支出額シェアでトップになるような売り方ができていません。「緑茶（茶葉）」もダメです。そんななかで、コーヒーより先に、紅茶（茶葉）が図表18のような成功を5年間続けています。ダントツの成功例です。

もし、カフェの経営者が、高所得世帯にもっとうまく売りたいなら、コーヒーのメニューを工夫するよりも、高級な紅茶をメニューに載せることを考えるべきです。筆者は２００７年に、『スタバではグランデを買え！　価格と生活の経済学』（ダイヤモンド社）という本を書きました（タイトルは編集者さんがつけたもので、本のなかでは「グランデを買え」とは主張していませんが……）。２００９年以降は、『カフェでは紅茶を売れ！』という時代になっています。カフェにかぎらず、どの飲食店も、食料品を売るお店も、「紅茶」について真剣に検討するといいでしょう。

↓自動車メーカーの利益の源泉

耐久消費財をみてみましょう。長期間にわたって、高所得世帯にいちばんうまく商品を売り

図表19　年収階級による消費支出額の差［9］

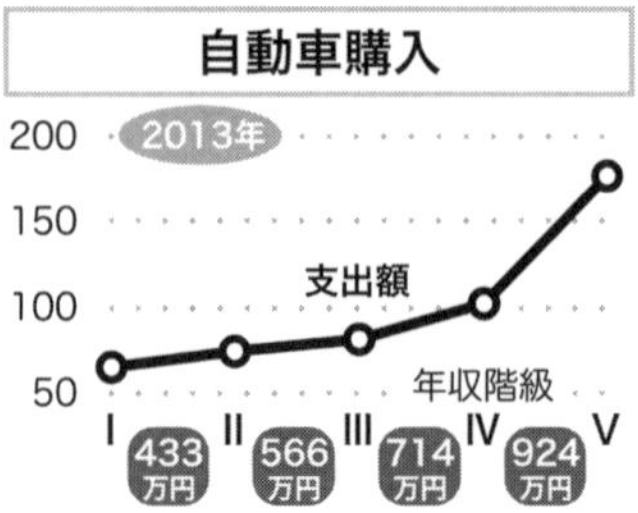

年収階級	支出額	対消費支出額シェア	数量（格付け★★★）	価格（格付け★★★）
Ⅴ	177	129	127	138
Ⅳ	102	94	103	98
Ⅲ	81	90	91	89
Ⅱ	74	93	80	93
Ⅰ	65	95	99	65

※２人以上の勤労者世帯、平均=100、白抜き数字はその項目の最大・最高値

（出所）総務省ホームページ：『家計調査（２人以上世帯、2013年）』

込んできた業種のひとつは、自動車産業です。自動車メーカーの利益の源泉は「高所得世帯にいかに高いクルマを買ってもらうか」にあると、筆者は考えています。この点で日本の自動車産業は、国内市場でも十分に成功を続けているようにみえます。

図表19で「自動車」そのものの消費をみていますが、支出額・対消費支出額シェア・数量・価格のすべてで、Ⅴの世帯が他を大きく引き離してトップにいます。Ⅳの世帯がほぼ平均並みで、他の世帯は平均より低い値が並びます。

価格戦略を中心としたビジネス戦略に成功し、高所得世帯にいかに高いクルマを買ってもらうかを優先した結果、クルマの販売台数は減少傾向にあるとしても、生活スタイルの多様化などの大きな環境変化を考えれば、とてもうまくやっていると感心するしかありません。

図表20　年収階級による消費支出額の差［10］

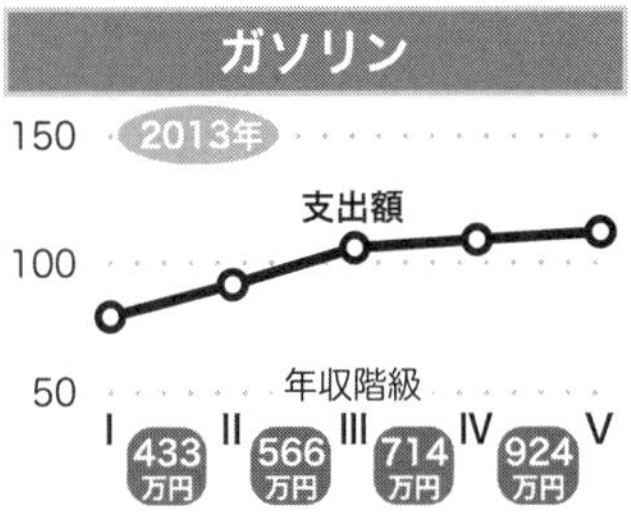

格付け ★☆☆

年収階級	支出額	対消費支出額シェア	数量	価格
Ⅴ	112	77	112	100
Ⅳ	110	95	110	100
Ⅲ	106	110	106	100
Ⅱ	92	108	92	100
Ⅰ	80	110	80	100

※２人以上の勤労者世帯、平均=100、白抜き数字はその項目の最大・最高値

（出所）総務省ホームページ：『家計調査（２人以上世帯、2013年）』

図表20では「ガソリン」を取り上げています。ガソリン車を動かすには絶対に必要なエネルギーですが、年収別のガソリン消費をみると、支出額にも数量にもさほど差がありません。ガソリンのなかには、レギュラーガソリン、ハイオクガソリン、軽油がふくまれていて、少しは差がつきそうですが、Ⅴの世帯は平均より0・4％高いガソリンを買っているだけです。それでも、Ⅴの世帯がいちばん高いガソリンを使っています。

誤差の範囲といえる差ですので、表ではこの最高値の強調をしていません。都道府県庁所在市別では、ガソリン価格もプラス・マイナス3％程度までの差があります。図表20で価格にほとんど差がないのは、驚きです。低所得世帯でも、ハイオクガソリンが必要なクルマを中古で買って乗り回している人がいたりしますから、年収別の比較ではガソリン価格に差がつきにくいのかもしれません。

「レンタカー料金」についても紹介しておきましょう。高所得のVの世帯が支出額でも対消費支出額シェアでもトップで、それぞれ平均の2倍と1・5倍です。高所得世帯にサービスをうまく売っているとわかります。堂々の「★★★」格付けです。

自動車メーカーとしても、自動車購入とは代替的なレンタカー利用での価格戦略が、高所得世帯にたくさんおカネを支払ってもらうのに成功していたほうが望ましいのです。代替商品間の〝過剰な低価格競争〟に巻き込まれずにすみます。日本の自動車関連ビジネスは見事な連携をみせていると感じざるをえません。自動車メーカーが自らレンタカービジネスも手がけることの価値が、ここにあらわれています。

➜外見が気にならないテレビの消費行動

筆者は、クルマは家の外に置き、外を走るために〝外見〟が重視され、高所得世帯に高く売れると考えています。これに対して、家のなかに置くために、外見の立派さを誇示するのがむずかしい「テレビ」は、図表21のような消費行動になっています。

Vの世帯は、数量ではトップですが、価格は平均より1割低くなっています。安いテレビを買うものの、買い替えサイクルを短くすることで、技術進歩の恩恵を効率よく受け取るパター

図表21　年収階級による消費支出額の差［11］

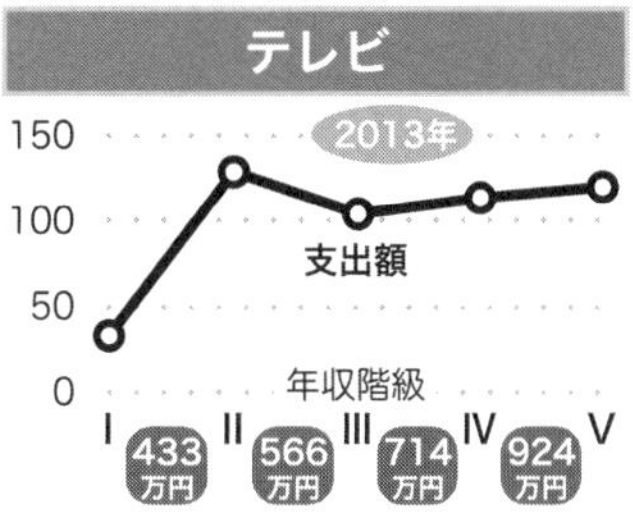

格付け ★☆☆

年収階級	支出額	対消費支出額シェア	数量	価格
V	120	85	136	88
IV	114	101	104	110
III	104	111	87	119
II	129	156	124	104
I	33	47	49	67

※２人以上の勤労者世帯、平均=100、白抜き数字はその項目の最大・最高値

（出所）総務省ホームページ：『家計調査（２人以上世帯、2013年）』

ンにみえます。

そもそも、家計調査でみたテレビへの支出額は、2010年をピークとして2013年には8分の1にまで激減しています。地デジ対応テレビを急いで買わせた反動で、そのあと売りにくくなったのでした。

関連して「ケーブルテレビ受信料」をみると、こちらは高所得世帯への売り込みにある程度成功しています。支出額は平均より5割大きくてトップです。対消費支出額シェアは平均より少し高いだけですが、それでもトップです。

「音楽・映像収録済メディア」という品目もあり、映画や音楽のディスク（CD・DVD・ブルーレイディスク）などをふくみます。高所得世帯の支出額は平均より3割強大きいものの、いちばん大きいわけではなく、対消費支出額シェアは平均より少し低いので、高所得世帯に売るのに成功しているとは思えません。

図表22　年収階級による消費支出額の差［12］

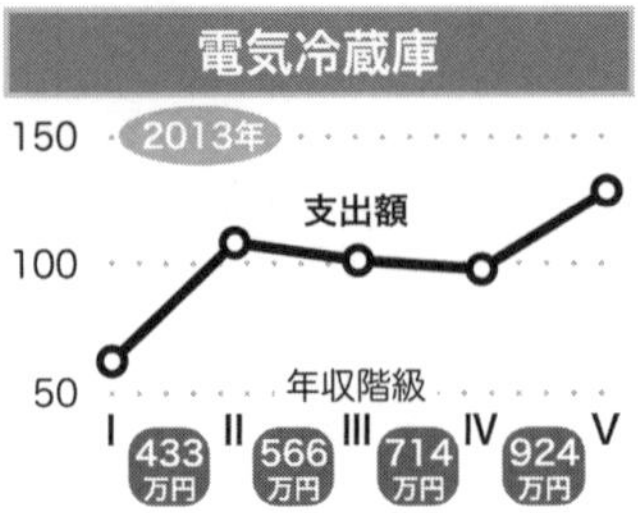

年収階級	支出額	対消費支出額シェア	格付け★☆☆ 数量	価格
Ⅴ	129	90	150	86
Ⅳ	98	86	100	98
Ⅲ	102	107	91	112
Ⅱ	109	130	98	111
Ⅰ	63	87	61	102

※２人以上の勤労者世帯、平均=100、白抜き数字はその項目の最大・最高値

（出所）総務省ホームページ：『家計調査（２人以上世帯、2013年）』

あとでみるように、「教養娯楽」にふくまれる品目の支出額は、Ｖの世帯でいちばん大きいのが自然で、対消費支出額シェアも平均を上回るのが自然だからです。ただし、教養娯楽にふくまれる品目の消費パターンはバラツキが大きいので、高所得世帯に売るのに失敗している商品はいくつもあります。残念ながら、音楽・映像収録済メディアはうまくいっていないほうに入っています。レンタルやネット配信の影響もあり、苦戦はやむをえないのかもしれません。

他の家電製品もみてみましょう。テレビにかぎらず、家庭で使う耐久消費財の多くは、高所得世帯にうまく売ることができない状況に陥っています。たとえば「電気冷蔵庫、電気掃除機、電気洗濯機」の3品目は、支出額・数量でＶの世帯がトップになっていますが、いちばん高い価格で売ることには失敗していて、そのために、対消費支出額シェアは平均を下回ってい

図表23　年収階級による消費支出額の差［13］

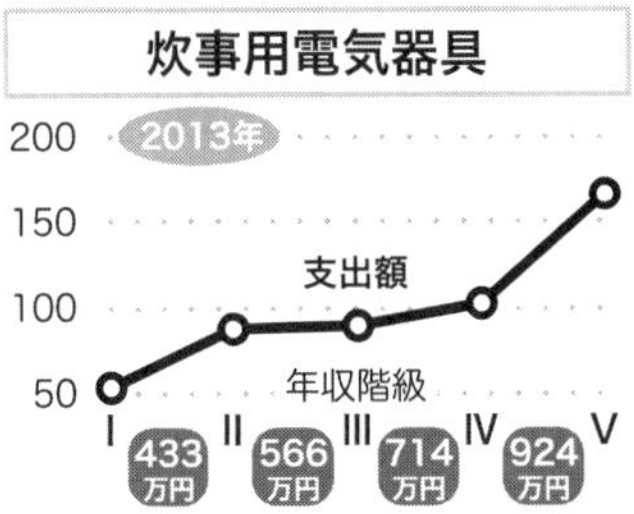

年収階級	支出額	対消費支出額シェア	格付け★★★ 数量	格付け★★★ 価格
V	166	121	135	123
IV	103	94	121	85
III	90	98	93	96
II	88	109	88	100
I	54	78	63	85

※２人以上の勤労者世帯、平均=100、白抜き数字はその項目の最大・最高値

（出所）総務省ホームページ：『家計調査（２人以上世帯、2013年）』

ます。そのひとつの例として、電気冷蔵庫のデータを図表22に示しました。

Ｖの世帯は、平均より2割弱安い電気冷蔵庫を買います。家電メーカーは、高所得世帯にもっと高く売れる冷蔵庫をつくる努力が必要です。電気掃除機は、Ｖの世帯に平均より1割高く売っていますが、Ⅳの世帯のほうがもう少し高く買います。Ｖの世帯には、２割以上高い価格の掃除機を売りたいところです。電気洗濯機は、Ｖの世帯が平均より1割安い価格の商品を買っていて、Ⅳ・Ⅲ・Ⅱの世帯は平均より高い洗濯機を買いますから、Ｖの世帯にもっと高く買ってもらえる商品の開発が求められます。

しかし、高所得世帯にうまく売るのに成功している家電製品もあります。「電子レンジ」と「炊事用電気器具」です。図表23に後者のデータを示しますが、どちらの商品も、支出額・対消費支出額シェア・数量・

図表24　年収階級による消費支出額の差［14］

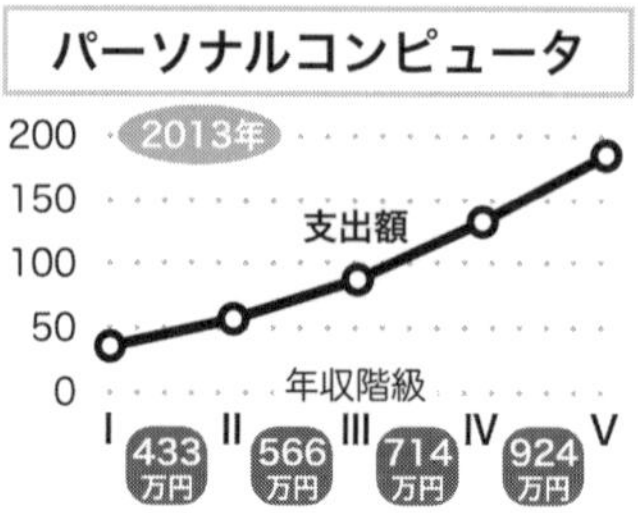

格付け ★★★

年収階級	支出額	対消費支出額シェア	数量	価格
V	185	141	調査対象外	調査対象外
IV	133	128		
III	88	101		
II	57	75		
I	36	55		

※２人以上の勤労者世帯、平均=100、白抜き数字はその項目の最大・最高値

（出所）総務省ホームページ：『家計調査（２人以上世帯、2013年）』

価格のすべてでVの世帯が1位で、典型的な成功例といえます。

メーカーが高級で高価格のモデルを開発して、高所得世帯にアピールできたからでしょう。それでつくった料理が〝美味しい〟という、人間（とりわけ炊飯器は日本人）にとって重要な感情に訴える商品だからこそ、高い価格を支払ってもらいやすいのです。

パソコン、デジタルカメラ、携帯型音楽プレーヤーはどうでしょうか。図表24で「パーソナルコンピュータ（パソコン）」をみると、意外に健闘しています。数量と価格に分解したデータはありませんが、Vの世帯の支出額は平均より8割強大きく、対消費支出額シェアも平均より4割高くなっています。

ノートパソコンの場合、持ち歩いてカフェで使ったりもします。持ち歩くことが前提なら、外見（デザイン）も気になります。お洒落なケースを選んで買ったりしますし、シールなどを貼っている人もよくみかけます。

クルマの場合も、外からみえるところになにかを貼ったり、デザインを変えるパーツをつけたりします。他人の目に触れやすいために外見が気になる耐久消費財と、そうでない耐久消費財とでは、高所得世帯への売りやすさがかなり異なります。

「カメラ」は大部分がデジタルカメラです。ちなみに、フィルムにレンズがついた使い切りカメラは、主体がフィルムですから、家計調査ではカメラにふくまれません。カメラへの支出額推移をみると、ピーク時の２００６年から２０１３年にかけて、４割強も小さくなりました。

そうした国内市場縮小のなかで、Ｖの世帯の支出額は平均の２・２倍、対消費支出額シェアは平均の１・７倍で、ともに1位です。高級機種である一眼レフカメラの存在もあって、高所得世帯にうまく売ることには成功しています。

図表25の「携帯型音楽・映像用機器」は、ＡｐｐｌｅのｉＰｏｄのような携帯型音楽プレーヤーです。かつては、カセットテープやＣＤやＭＤを入れて音楽を聴くための機器でした。いまは、音楽や映像（動画）を機器の本体に保存するやり方がふつうです。若者を中心に使われはじめましたが、いまや、かなりの高齢者でも電車のなかで使っている（音楽を聴いたり、語学学習をしている）のを、みることが増えました。

使えるおカネが少ない若者でも気軽に買える商品ですから、低所得世帯でも購入量が少なく

図表25　年収階級による消費支出額の差［15］

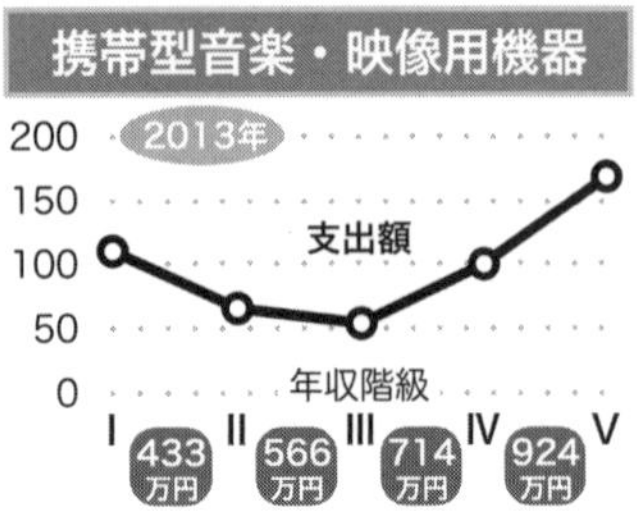

格付け ★☆☆

年収階級	支出額	対消費支出額シェア	数量	価格
Ｖ	169	118	173	97
Ⅳ	100	89	91	110
Ⅲ	54	58	58	93
Ⅱ	66	79	82	79
Ｉ	111	156	96	114

※２人以上の勤労者世帯、平均=100、白抜き数字はその項目の最大・最高値

（出所）総務省ホームページ：『家計調査（２人以上世帯、2013年）』

なりません。実際に、Ｉの世帯の数量は平均に近い多さです。他方で、音楽や映像のデータを入れるメモリの容量で、高価格で容量が大きいモデルから、低価格で容量が小さいモデルまで、いくつかのモデルが用意されています。筆者は、低所得世帯が低価格のモデルを買い、高所得世帯が高価格のモデルを買うと予想していましたが、現実はまったく異なります。

高価格モデルをいちばん好むのは、２０１３年にはＩの世帯でした。Ｖの世帯の価格は、平均並みです。ただ、Ｖの世帯の数量は平均の１・７倍強です。やはり、高い商品を買わずに、買い替えのサイクルを短くするという消費パターンかもしれません。Ｖの世帯の数量が圧倒的に多いため、支出額もＶの世帯がトップですが、対消費支出額シェアがいちばん高いのはＩの世帯です。

携帯型音楽プレーヤーは、すでにかなり一般的な商品になっています。他方で、持ち歩いて他人にみせながら使うことができる商品です。もっと高所得世帯に売る意図をもってデザインを工夫すれば、高所得世帯が買うときの価格を引き上げられるのではないかと、筆者は感じているのですが、読者のみなさんはどう考えますか。

↓高所得世帯の消費が伸びそうな「教養娯楽サービス」

マイホームを手に入れた世帯にとっては、家の外見も大切です。外からみえる部分を整えておくための「植木・庭手入れ代」は、図表26のデータにあるように、Vの世帯が平均の2・1倍の支出額で、対消費支出額シェアも平均の1・6倍になっています。高所得世帯へのビジネスでしっかり成功していて、文句なしの「★★★」格付けです。

ただし、市場規模は10年前と比べて2割小さくなっています。世帯主年齢別で比べると、この品目に平均以上のおカネを支払うのは、第1に70歳以上世帯、第2に60歳代世帯で、他は平均未満の支出額です。将来性が危ぶまれるビジネスだと感じられます。それでも、いまのところ、高所得世帯にはうまく売っています。やはり、外見の美しさにおカネをかけるサービスは、高所得世帯に売りやすいのです。

「室内装飾品」も、Vの世帯の支出額・対消費支出額シェアと平均との関係だけをみると、植木・庭手入れ代にとてもよく似た数値になっています。ふつうは外からみえないのが室内装飾

図表26　年収階級による消費支出額の差［16］

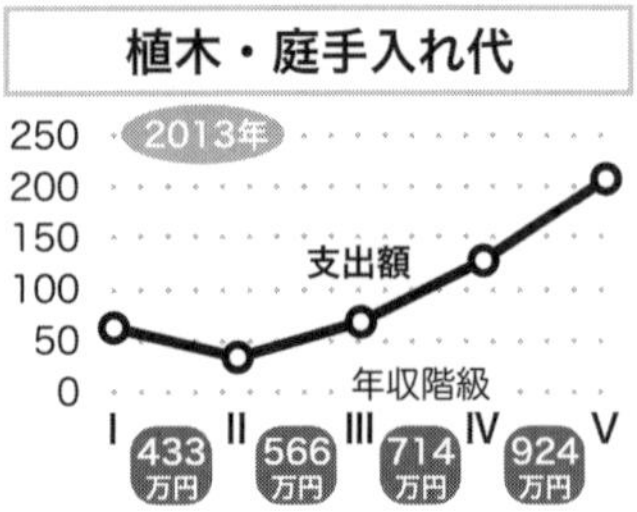

格付け ★★★

年収階級	支出額	対消費支出額シェア	数量	価格
V	208	158	調査対象外	調査対象外
IV	128	123		
III	68	79		
II	34	44		
I	63	96		

※２人以上の勤労者世帯、平均=100、白抜き数字はその項目の最大・最高値

（出所）総務省ホームページ：『家計調査（２人以上世帯、2013年）』

品ですが、これを買うときには、家に来客があるときのことを強く意識していると思われます。

また「カーテン」は、家に住む家族にとって重要な機能をもつ品目です。カーテンの色やデザインによって、部屋の雰囲気が大きく変わりますし、日中に部屋を暗くしたいとか、外からのぞかれないようにしたいとか、外に灯《あか》りがもれないようにしたいときには、明確な機能を果たすからです。

他方で、色やデザインが与える感情が大切で、外との関係でいえば、外見の重要な一部でもありますから、感情部分にアピールしやすく、支出額・対消費支出額シェアともにVの世帯の数値がいちばん高くなっています。ただ、10年前と比べて市場規模は3分の2に縮小していて、ビジネス環境はかなり悪化しているように感じられます。

もともと、高所得世帯に消費を伸ばしてもらいたい

図表27　年収階級による消費支出額の差［17］

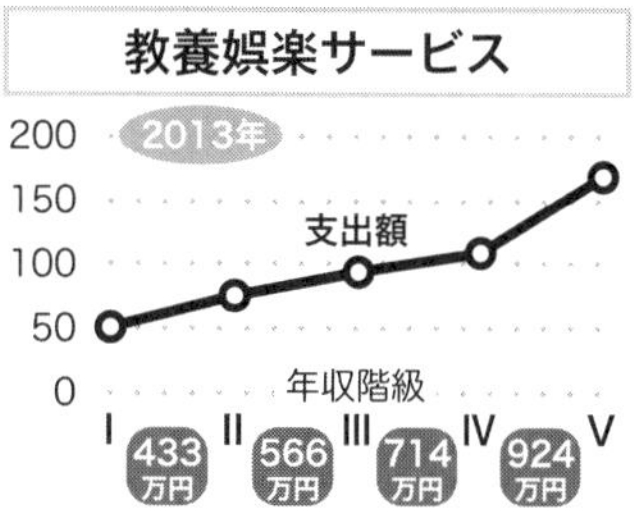

格付け ★★★

年収階級	支出額	対消費支出額シェア	数量	価格
V	169	124	調査対象外	調査対象外
IV	109	101		
III	94	105		
II	76	95		
I	51	75		

※２人以上の勤労者世帯、平均=100、白抜き数字はその項目の最大・最高値

（出所）総務省ホームページ：『家計調査（２人以上世帯、2013年）』

し、実際に伸ばしてもらえそうな品目として、家計調査の大きな分類のなかで期待されやすいのが、「教養娯楽サービス」です。これだけを図表27で整理しました。いろいろな品目がふくまれていますが、全体的にみて、Ⅴの世帯の支出額は平均より7割大きく、対消費支出額シェアも平均より2割強高くなっています。

いくら外見を着飾っても、それを誰かにみせて評価してもらわないと、満足感はさほど大きくなりません。そこで、誰かと一緒に趣味・教養・娯楽についての活動をして、あるいはショッピング・行楽・旅行に行きながら、コミュニケーションを楽しもうとします。

こうした欲望を満たすためのサービスを提供する側にとっても、おカネに余裕があって、これを高く買ってくれそうな高所得世帯に、実際に高く買ってもらうことが大切です。しかし、簡単なことではありません

図表28　年収階級による消費支出額の差［18］

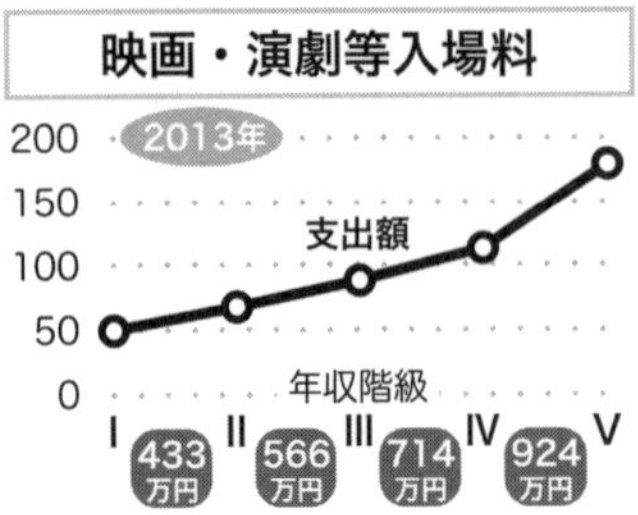

年収階級	支出額	対消費支出額シェア	数量	価格
			格付け ★★★	
V	179	133	調査対象外	調査対象外
IV	114	106		
III	89	99		
II	68	87		
I	50	74		

※2人以上の勤労者世帯、平均=100、白抜き数字はその項目の最大・最高値

（出所）総務省ホームページ：『家計調査（2人以上世帯、2013年）』

ので、家計調査のデータからその成功例を中心にみてみましょう。

デフレ不況のなかでも、家計調査上の市場規模が縮小せず、むしろ2000年前後と比べて拡大した教養娯楽サービスとして、「映画・演劇等入場料」があります。映画と演劇の他に、コンサート、ディナーショー、落語、歌舞伎などもふくまれます。図表28のデータをみてください。Vの世帯の支出額は平均の1・8倍で、対消費支出額シェアは平均の1・3倍強です。

左側のグラフがきれいな右肩上がりのかたちで、所得が増えれば消費が増えるという関係がはっきりしています。高所得世帯にこのようにうまく売りながら、市場規模を維持・拡大させている品目は、そう多くありません。

「文化施設入場料」もまた、Vの支出額が平均より3

割強大きくて最大値です。しかし対消費支出額シェアでみると、Ⅴは平均より低く、Ⅲの中間所得世帯がいちばん楽しんでいるようにみえます。もっとはっきりと、中間所得世帯中心の教養娯楽サービスになっているのが、「遊園地入場・乗物代」です。支出額・対消費支出額シェアともにⅢの世帯がトップになっています。高所得世帯にももっとうまく売りたいところですが、遊園地のようなレジャー施設は、人気があればどうしても混雑してしまいます。

映画や演劇などは、そうした場合でも、事前に予約をすることでゆったりと楽しむことができますが、遊園地が、混雑を嫌いやすい高所得世帯にうまく売ろうとすると、なんらかのしくみが必要になります。大阪にあるUSJ（ユニバーサル・スタジオ・ジャパン）は、混雑するアトラクション（乗物）に短い待ち時間で乗れるチケットを販売し、高所得世帯により多くのおカネを支払ってもらう工夫をしています。しかし、そうしたしくみをきちんと用意できている遊園地はそう多くありません。

高額所得者が遊ぶための施設として、多くの人が思い浮かべるもののひとつが「ゴルフ場」です。図表29の上段で「ゴルフ用具」についてみてみましょう。富裕層向けのレジャーだけあって、いちばん所得が高いⅤの世帯の支出額・対消費支出額シェアだけが平均を超えていて、しかも平均の2～3倍です。Ⅳ以下の世帯の支出額・対消費支出額シェアは、どれも平均より低くなっています。「ゴルフプレー料金」もほぼ同じ消費パターンです。ゴルフは、圧倒

図表29　年収階級による消費支出額の差［19］

ゴルフ用具

格付け ★★★

年収階級	支出額	対消費支出額シェア	数量	価格
V	309	264	調査対象外	調査対象外
IV	90	98		
III	68	87		
II	23	34		
I	10	17		

※２人以上の勤労者世帯、平均=100、白抜き数字はその項目の最大・最高値

スポーツクラブ使用料

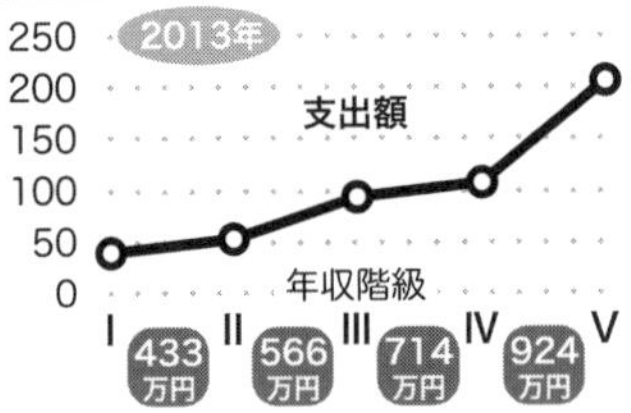

格付け ★★★

年収階級	支出額	対消費支出額シェア	数量	価格
V	206	158	調査対象外	調査対象外
IV	107	104		
III	93	108		
II	53	69		
I	40	61		

※２人以上の勤労者世帯、平均=100、白抜き数字はその項目の最大・最高値

スポーツ観覧料

格付け ★★☆

年収階級	支出額	対消費支出額シェア	数量	価格
V	166	124	調査対象外	調査対象外
IV	158	148		
III	60	68		
II	60	77		
I	55	83		

※２人以上の勤労者世帯、平均=100、白抜き数字はその項目の最大・最高値

（出所）総務省ホームページ：『家計調査（２人以上世帯、2013年）』

的に高所得世帯のための教養娯楽サービスだといえます。

ここ数年は、全世帯でのゴルフ用具への支出額も下げ止まっていて、ゴルフプレー料金は2010年から2013年までの3年間で3割増えました。年1割のペースで伸びたわけですが、このゴルフプレー料金について地方別でみると、東海地方の人たちが全国平均より3割大きな支出額となっています。

都道府県庁所在市別では、その東海地方にある津市（三重県）の世帯が支出額トップで、全国平均の2倍近い大きさです。僅差で名古屋市（愛知県）が続き、そのあとは横浜市（神奈川県）、千葉市（千葉県）、東京都区部までが、全国平均の1・5倍を超える支出額です。東海・関東が牽引している感じです。

自宅や職場の近所で気軽に運動をしたい人のための「スポーツクラブ」についても、家計調査のデータをみてみましょう。図表29の中段に「スポーツクラブ使用料」のデータを載せました。高齢者が気軽に通えるスポーツクラブが増えていますが、全体的にみると、おカネを支払って身体を動かす（運動をする）ところに通うのは、高所得世帯を中心とした趣味娯楽だといえます。Vの世帯の支出額が平均の2倍を超えていて、対消費支出額シェアも平均の1・6倍の高さですから。

この市場は長期的に成長傾向が続いていて、2010年から2013年までの3年間でみても、1割拡大しました。市場自体が安定して成長してきた状況を活かして、どの世帯の需要も掘り起こしながら、高所得世帯にうまく売るのにも成功しています。

他方で、図表29の下段の「スポーツ観覧料」は、Ⅴの世帯が支出額ではトップですが、Ⅳの世帯の消費もⅤに近いため、対消費支出額シェアはⅣの世帯のほうが高くなっています。ビジネスとしては、改善の余地が大きそうです。

人気があって混雑するスポーツの観戦では、座席そのものは予約できても、高所得世帯の人たちが「ゆったりと観戦できる」と感じられるような座席は多くありません。特別な座席もありますが、経済格差が拡大するなかで、高所得世帯にうまく売るのに適した座席構成にはなっていないと思われます。

➜成功例としての外国パック旅行

旅行に関するデータもみてみましょう。図表30の「宿泊料」は、宿泊日数に比例して支出額が大きくなりますが、それ以上に、宿泊する施設と部屋での1泊の料金差が大きいといえます。そのため、Ⅴの世帯が支出額・対消費支出額シェアの両方で、Ⅳ以下の世帯を大きく引き離してトップです。支出額は平均の2倍弱、対消費支出額シェアは平均の1・5倍です。

ホテルや旅館のような施設は、もともと、富裕層により多くのおカネを支払ってもらうこと

図表30 年収階級による消費支出額の差 [20]

宿泊料

格付け ★★★

年収階級	支出額	対消費支出額シェア	数量	価格
V	197	148	調査対象外	調査対象外
IV	108	103		
III	84	95		
II	66	85		
I	45	69		

※２人以上の勤労者世帯、平均=100、白抜き数字はその項目の最大・最高値

（出所）総務省ホームページ：『家計調査（２人以上世帯、2013年）』

を徹底して追求してきました。このデータは当然の結果です。デフレがはじまった１９９８年以降、全世帯での宿泊料の支出額は横ばい傾向です。ビジネスとしてはうまくやっているようにみえますが、もっとよくできるのではないかとも感じてしまいます。読者のみなさんはどう感じられたでしょうか。

「国内パック旅行費」と「外国パック旅行費」も、Ⅴの世帯が支出額・対消費支出額シェアの両方で、Ⅳ以下の世帯を大きく引き離してトップです。国内パック旅行費での各数値は、上段の宿泊料とよく似ています。これも立派な成功例です。外国パック旅行費のデータは図表31に載せました。

全世帯での支出額推移をみると、国内パック旅行費は減少傾向、外国パック旅行費は増加傾向にあります。以前は、外国パック旅行費の支出額は国内パック旅行費の半分にも達していませんでしたが、２０

図表31　年収階級による消費支出額の差［21］

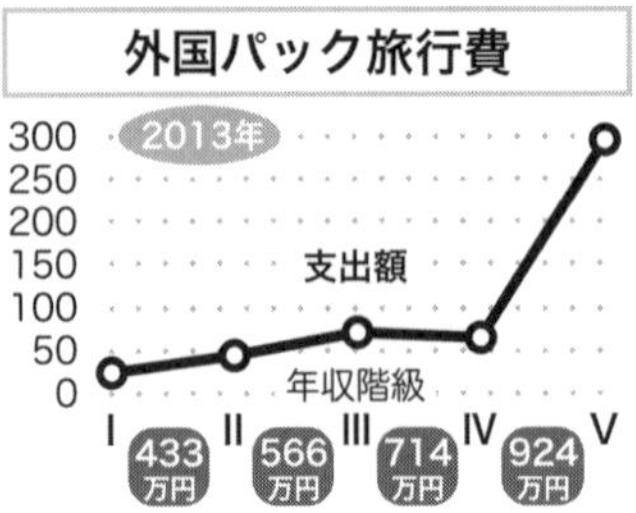

年収階級	支出額	対消費支出額シェア	格付け ★★★ 数量	価格
V	296	243	調査対象外	調査対象外
IV	65	67		
III	71	88		
II	44	62		
I	24	40		

※２人以上の勤労者世帯、平均=100、白抜き数字はその項目の最大・最高値

（出所）総務省ホームページ：『家計調査（２人以上世帯、2013年）』

10年以降は半分を超えました。

そして外国パック旅行費のほうは、Ⅴの世帯が平均の3倍弱の支出額、平均の2・4倍強の対消費支出額シェアとなっています。高所得世帯への販売にとても成功している品目です。予算制約の面から考えて、「外国旅行に行けるだけの高所得がないと外国旅行には行かないから、こうなるのは当然」と納得した人もいるでしょう。

しかし、外国旅行に行けるだけのおカネがあっても、パック旅行で外国に行くとはかぎりません。家計調査で集計している外国パック旅行の多くは、さほど快適には思えない飛行機での長距離移動を経て、日本国内で食べるよりも味で劣ることが多い食事に、割高なおカネを支払うことになります。

冷静に考えると、機能的には、外国パック旅行よりも国内パック旅行のほうが満足感を高めやすいはずです。旅行代理店と旅行先の施設などとの連携を考えれば、高所得世帯によりきめ細かな〝おもてなし〟を提供して、より多くのおカネを支払ってもらう工夫は、国内パック旅行のほうがうまくやれそうです。

それでもなお、外国パック旅行のほうが高所得世帯にうまく販売できています。航空運賃の存在と2013年の円安傾向も少しは考慮すべきかもしれませんが、ここでやっているのは世帯年収別の相対的な比較です。基本的に、どの世帯にとっても円相場などの条件は同じです。

やはり、「東京ディズニーランドに行ってきた」というのと、「カリフォルニアのディズニーランドに行ってきた」というのでは、世間の評価がまったく異なることが大きいと、筆者は考えます。たいていの日本人にとっては、ディズニーランドを楽しむだけなら、日本語でサービスが受けられる東京ディズニーランドのほうが、ずっと満足感は高いはずです。

しかし、教養娯楽サービスを楽しむときにも、他人からどうみられるかの「外見・体面」が、機能よりもずっと重視されるのでしょう。昔からよく知られていたことですが、高所得世帯にうまく売るためには、外見・体面がなによりも大切だと、改めて確認できました。

第3章

冬服バーゲンに成功すると、顧客は前月より高い価格の服を買う！

↓高所得世帯への販売が成功しているセーター

家計調査の大きな品目分類でみると、高所得世帯にいちばんうまく売っているのは「教育」、つぎが「被服及び履物」です（第2章の図表10参照）。基本的に、教育は子どもがいる世帯の話ですから、全世帯がふつうに支出する品目では、衣料品（被服及び履物）が高所得世帯への販売にいちばん成功しているといえます。

本章は、その衣料品を中心に分析します。家計調査は和服のデータも集計していますが、ここでは洋服を取り上げます。洋服も「男子用、婦人用、子供用」に分けたうえで、さらに細かく分けて集計されています。男子と婦人という言葉はちょっと古くさい感じですが、家計調査での正式な表記です。中学生以上の洋服が男女に分けられ、幼児から小学生までの洋服が「子供用」にふくまれます。

図表32の上段と中段で「男子用洋服」と「婦人用洋服」をみると、いちばん所得が高いVの世帯での支出額が平均の1・9倍弱、対消費支出額シェアが平均の1・4倍で、このあたりは男女でとても似た数値になっています。ただし、図表の指数ではなく金額で支出額をみると、2013年の2人以上の勤労者世帯は、男子用洋服に2万2500円の支出をしているのに対して、婦人用洋服には3万7200円の支出をしています（100円未満切り捨て表示）。

図表32の下段の「子供用洋服」は、小学生までの集計で、本人が服装を気にする度合いが男女で大きく異なります。男女別の子ども服の集計になっていない点が、分析をむずかしくしています。とはいえ、Vの世帯の支出額がトップですから、やはり高所得世帯は子どもの洋服にもおカネをかけるといえます。

「子供用洋服」については、価格データがある細かな分類についてもチェックしましたが、やはり、いちばん価格が高い子ども服を買うのは、Vの世帯です。他方、Vの世帯の数量が平均より多いかどうかについては、かなりバラツキがあります。

子ども服をふくめて、高所得世帯への販売が成功しているとよくわかるのが「セーター」で

図表32　年収階級による消費支出額の差［22］

男子用洋服

格付け ★★★

年収階級	支出額	対消費支出額シェア	数量	価格
V	187	141	調査対象外	調査対象外
IV	121	115		
III	85	97		
II	65	84		
I	41	62		

※２人以上の勤労者世帯、平均=100、白抜き数字はその項目の最大・最高値

婦人用洋服

格付け ★★★

年収階級	支出額	対消費支出額シェア	数量	価格
V	188	140	調査対象外	調査対象外
IV	110	104		
III	85	96		
II	63	80		
I	54	81		

※２人以上の勤労者世帯、平均=100、白抜き数字はその項目の最大・最高値

子供用洋服

格付け ★☆☆

年収階級	支出額	対消費支出額シェア	数量	価格
V	118	81	調査対象外	調査対象外
IV	93	80		
III	102	105		
II	105	123		
I	82	112		

※２人以上の勤労者世帯、平均=100、白抜き数字はその項目の最大・最高値

（出所）総務省ホームページ：『家計調査（２人以上世帯、2013年）』

図表33　年収階級による消費支出額の差［23］

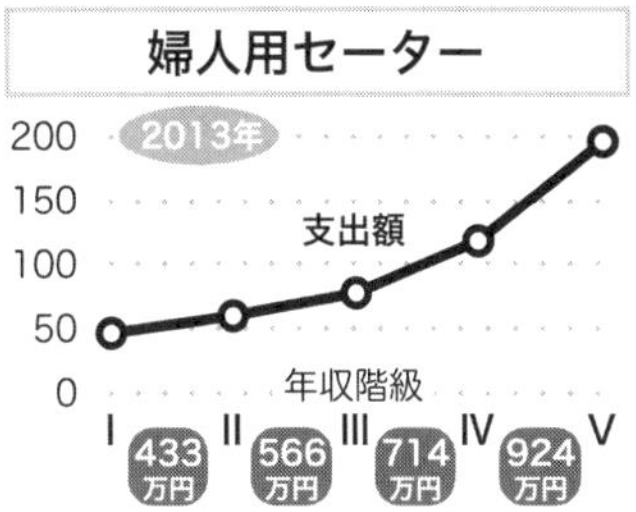

年収階級	支出額	対消費支出額シェア	格付け★★★ 数量	価格
V	196	148	153	128
IV	119	113	122	97
III	78	89	89	88
II	60	78	72	83
I	47	71	64	74

※２人以上の勤労者世帯、平均=100、白抜き数字はその項目の最大・最高値

（出所）総務省ホームページ：『家計調査（２人以上世帯、2013年）』

す。図表33で「婦人用セーター」のデータをみます。支出額を数量と価格に分解したデータがあり、支出額・対消費支出額シェア・数量・価格のすべてで、Vの世帯がトップです。「男子用セーター」の数値も似ています。

ただし、1世帯が買う男子用セーターは年平均で1着より少なく、婦人用セーターは1着を超えます。数量でみると男子用セーターの4倍超の婦人用セーターを買っています。ファッション業界が女性中心になるのが、よくわかります。価格は、男子用セーターのほうが1割高いのですが、男女別かつ年齢別でみると、70歳以上世帯が買う婦人用セーターの価格がいちばん高くなっています（2位は60歳代世帯が買う男子用セーターです）。

「子供用セーター」は、子ども用の衣服のなかでは例外的に、支出額・対消費支出額シェア・数量・価格のすべてでVの世帯がトップです。セーターは、それだけ外見のアピールがしやすいファッションアイテムだと、高所得世帯が認識しているのでしょう。それゆえにセーターは、衣料品の消費パターンについて分析するときに、特に注目すべき品目だとわかります。

↓高所得世帯の考え方

外見を気にするからこそ、高所得世帯がファッションにしっかりおカネをかけるのだということは誰でも知っていることです。ただし、品目によって強弱の差があります。

図表では示しませんが、男子服のうちの「背広服、男子用上着、ワイシャツ」や、婦人服の「婦人服（ワンピース、ツーピース、カクテルドレスなど）、婦人用上着、スカート、ブラウス」などは、Vの世帯の数値がすべてトップであるうえに、支出額が平均の2倍程度かそれ以上です。これらの外見上重要な衣料品は、高所得世帯がたくさん、そして高く買う商品です。

靴も、外見上気になる商品ですから、Vの世帯がすべての数値でトップで、支出額は、男子靴で平均の1・7倍弱、婦人靴で1・8倍強です。さらに、男女とも、Vの世帯の支出額が平均といちばん離れて高い衣料品は別にあり、あとで取り上げます。

逆に、ふつうは人目にさらさないことが前提の「下着」について、データをみてみましょう。図表34で「婦人用下着類」を取り上げていますが、これらの品目では数量と価格のデータ

図表34　年収階級による消費支出額の差［24］

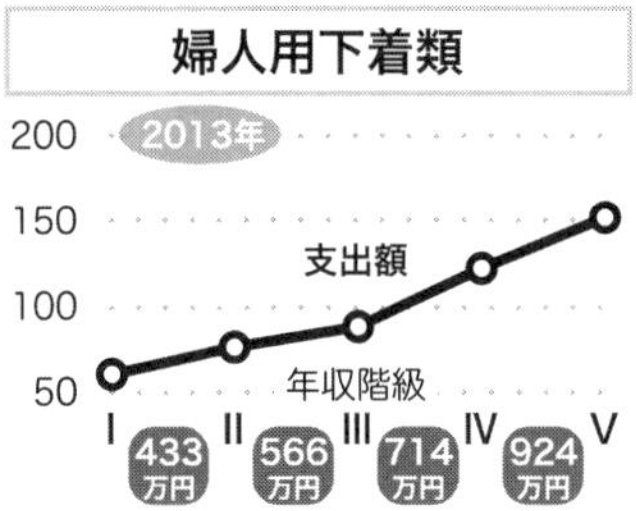

格付け ★★☆

年収階級	支出額	対消費支出額シェア	数量	価格
V	152	110	調査対象外	調査対象外
IV	122	111		
III	88	96		
II	77	95		
I	61	88		

※２人以上の勤労者世帯、平均=100、白抜き数字はその項目の最大・最高値

（出所）総務省ホームページ：『家計調査（２人以上世帯、2013年）』

がありません。また、「男子用下着類」も似た消費パターンです。

男子用も女子用も、Ｖの世帯の支出額は平均の１・５倍前後でトップです。しかし、対消費支出額シェアはどの年収の世帯でも大きな差がなく、Ｖの世帯はトップになっていません。下着類は、所得が上がるほど支出額は増えるものの、所得が上がっても、対消費支出額シェアは上がるとはかぎらないのです。

じつは、Ｖの高所得世帯が平均よりいちばん大きな差をつけた金額を支出する衣料品は、「コート」です。図表35で確認しましょう。「婦人用コート」のデータを載せていますが、「男子用コート」も似た消費パターンです。すべての数値でＶの世帯がトップで、しかも支出額は、男子用で平均の２・６倍弱、婦人用で２・３倍弱です。これらの差は、男女それぞれの主要な衣料品のなかでいちばん大きくなっています。

図表35　年収階級による消費支出額の差［25］

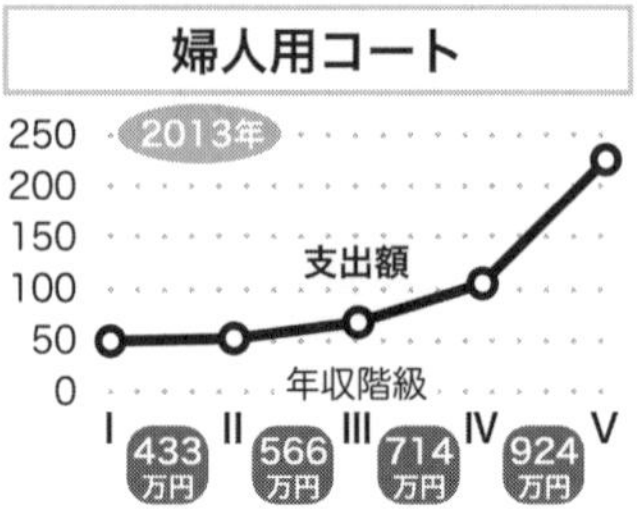

年収階級	支出額	対消費支出額シェア	格付け★★★ 数量	価格
V	226	174	181	125
IV	105	102	112	94
III	68	79	84	81
II	52	69	66	79
I	49	76	58	85

※２人以上の勤労者世帯、平均=100、白抜き数字はその項目の最大・最高値

（出所）総務省ホームページ：『家計調査（２人以上世帯、2013年）』

男女差について補足すると、セーターと同様に１年に購入する数量には大きな差があり、婦人用コートが３倍以上です。価格は男子用コートのほうが高くなっています。また、いちばん高いコートを買うのは、やはり70歳以上世帯の女性です。２位以下は、60歳代の女性、50歳代の男性、60歳代の男性で、このあたりは平均１万６０００円より少し安いコートを買いますが、70歳以上の女性は平均１万８０００円を超えるコートを買います。

図表34の下着と図表35のコートを対比させると、高所得世帯の衣料品に対する考え方がみえてきます。いちばん内側に着る下着では、そこまで差をつけなくてもいいけれども、いちばん外側に着るコートでは、とにかく差をつけて、それを周囲にみせつけたいという、単純な感情がよくわかるデータです。

↓バーゲンセールの効果

本章のような視点で衣料品のビジネスをみるなら、とりわけ注目すべき品目はコートとセーターだと、筆者は考えています。そこで、男女用のコートとセーターのデータを別の面から分析してみました。市場規模は婦人用のほうが大きいので、ここからの説明では婦人用コートと婦人用セーターを例として取り上げます。……結論は、男子用でも同じです。

セーターには夏物もありますが、冬物衣料品としてのコートとセーターの「月ごとの購入パターン」について考えます。基本的に、10月から販売が本格化し、11月から翌年1月までがよく売れる月で、3月まで販売が続きます。他の月にも例外的に購入する世帯がありますが、通常の販売シーズンは10月から翌年3月までです。

たいていのお店がシーズン途中で「バーゲンセール」をおこないます。1月におこなわれるのが一般化していて、消費者物価指数で確認すると、1月に2割前後値下げし、2月にはさらに1割強値下げするのが通常パターンです。3月になると、値上げして（あるいは値下げして販売していたものがなくなって）価格をかなり戻します。

筆者が注目したのは、「1月の冬物バーゲンセールが、消費者の購入数量と購入価格にどう影響するか？」です。そして、「バーゲンセールが成功したと判断していいのは、どんな結果になったときか?」を考えてみました。

図表36に、バーゲンセールの成功例を示しました。婦人用コートについて、2002年10月から2003年3月までと、2003年10月から2004年3月までのパターンをみています。

わかりやすい成功例といえるのは、右側の2003年10月からのほうです。共通の前提を示しておくと、2つの期間とも、消費者物価指数の変化でみて1月のバーゲンセールでは平均約2割、続く2月には平均でさらに約1割、値下げがおこなわれています。ただし、ややこしくなるので、消費者物価指数のデータは図表に載せていません。

同じ商品の値札は、1月に2割安い価格に、2月にはさらに1割安い価格に書き換えられました。ところが、消費者がどんな価格の婦人用コートを買ったかを家計調査で調べて平均したところ、前月(前年12月)よりも高い価格で買っているという様子を示しているのが、図表36です。お店側は値下げしたのに、顧客はいつもより高い価格で買っているという、数字だけをみると奇妙に感じられる現象が起きています。

しかし、実際に買い物をした女性たちは、なにも不思議に感じないでしょう。

図表36は、2003年1月の数量を100として指数化し、購入数量を棒グラフにしています。目盛りは左側に表示しました。価格は消費者の購入価格をみていて、下限をゼロ円、上限

図表36　冬物バーゲンセールの効果［1］

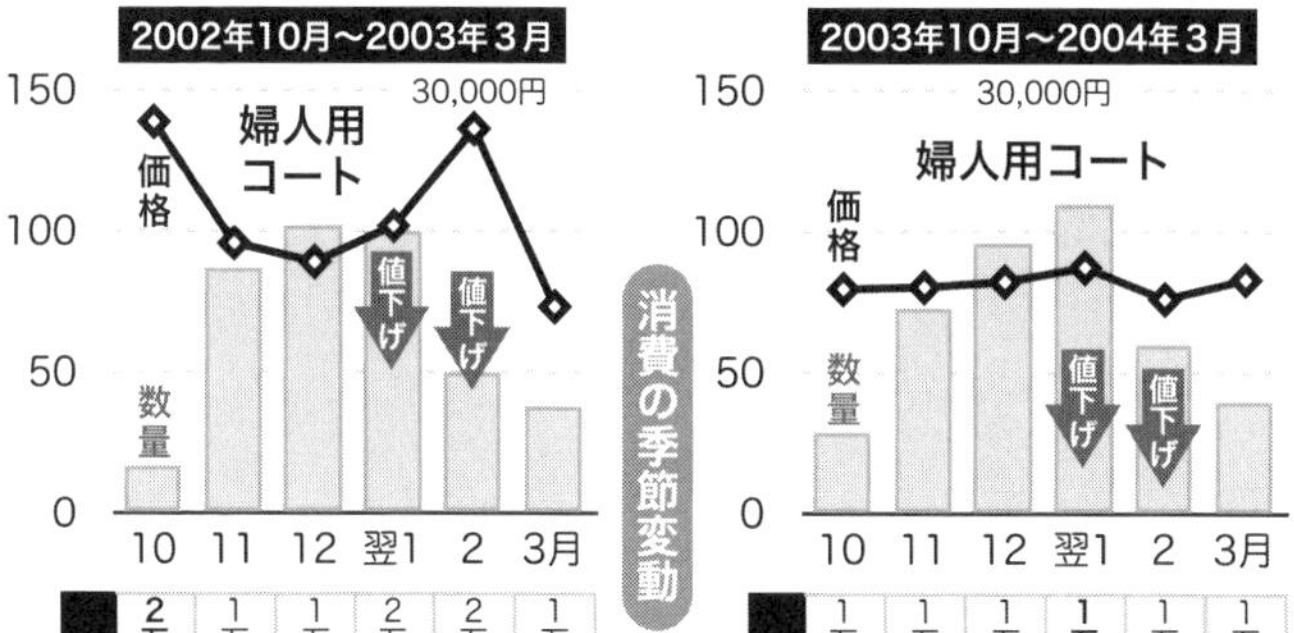

	10	11	12	翌1	2	3月
価格	**2万7778円**	1万9156円	1万7811円	2万0385円	2万7269円	1万4650円

	10	11	12	翌1	2	3月
価格	1万5933円	1万6079円	1万6460円	**1万7474円**	1万5226円	1万6619円

２人以上世帯の消費の価格と数量　　数量は、2003年１月＝100（左目盛り）

（出所）総務省ホームページ：『家計調査（２人以上世帯、各年）』

を3万円として折れ線グラフにしています。上限の数値だけしか記入していませんが、グリッド線は1万円間隔です。ここでは価格が重要ですから、グラフの下側に価格の数字も示しています。太字になっているのは、その期間でいちばん高い価格です。

　具体的な価格で説明すると、図表36の右側では、12月には平均1万6460円のコートを買っています。翌1月には平均1万7474円のコートを買っているのですが、これは12月に買ったものよりも高級なコートです。おそらく、12月にはもともと2万円以上していたコートが、1月のバーゲンセールで1万7500円ぐらいに下がったのをみて（あるいはそれまでじっと待ってから）買ったのです。

ここで重要なのは、バーゲンセールでお店が値下げをしたからといって、消費者の購入価格が上がるか下がるかはわからないという点です。消費者がいつも買うより高価な商品を買ってくれれば、バーゲンセールの効果で購入価格が高くなることもあるのです。

しかも、図表36の右側では、２００４年1月の数量（消費者の購入数量）が前月より多くなっています。これが、バーゲンセールが成功したといえる典型的パターンです。成功と判定するための条件はつぎの２つです。

《1》バーゲンセールの結果、消費者の購入価格がそれ以前より高くなった。
《2》バーゲンセールの結果、消費者の購入数量がそれ以前より増えた。

なお、このときの数量と価格は、お店側からみれば、実際に売れた商品の販売価格と販売数量です。興味をもった読者は、自分で総務省のホームページでデータを読んでいただければと思います。そのとき家計調査では、「数量」と「平均価格」とだけ表示されていますので、気をつけてください。

図表36の左側の２００２年10月からの例では、1月のバーゲンセールによって、1月の価格

はきちんと高くなっています。成功条件のひとつは満たしています。しかし、数量が少しだけ減りました。たった2％減っただけですし、そもそも、バーゲンセールがなければ、1月には数量が大幅に減ってもおかしくありません。また、2月の追加値下げによって、価格は大幅に高くなりました。2月までを総合的にみて評価すると、成功例といえます。

なお、図表36の2つの期間とも、2月には婦人用コートの数量（購入数量あるいは販売数量）が1月の半分ほどになっています。コートを着るシーズンが半分以上終わっていますから、これは仕方がない現象です。

また、どちらの期間でも、消費者物価指数でみて3月には3割以上の値上げをしていて、バーゲンセールが終わっていくなかで、図表にある数量のコートが売れたようです。図表36の左側では、3月に価格がかなり下がりました。バーゲンセールが終わる前に駆け込みで、かなり安くなっていたコートを買う消費者がいたのでしょう。

↓バーゲンセールとデフレ不況

婦人用セーターについても、ファッション業界全体としてうまくバーゲンセールをおこなっているときには、冬物バーゲンセールによって1月の販売数量が増え、より高い販売価格の商品が売れるという成功例がみられます（あとでひとつ紹介します）。しかし、デフレ不況が深

図表37　冬物バーゲンセールの効果［2］

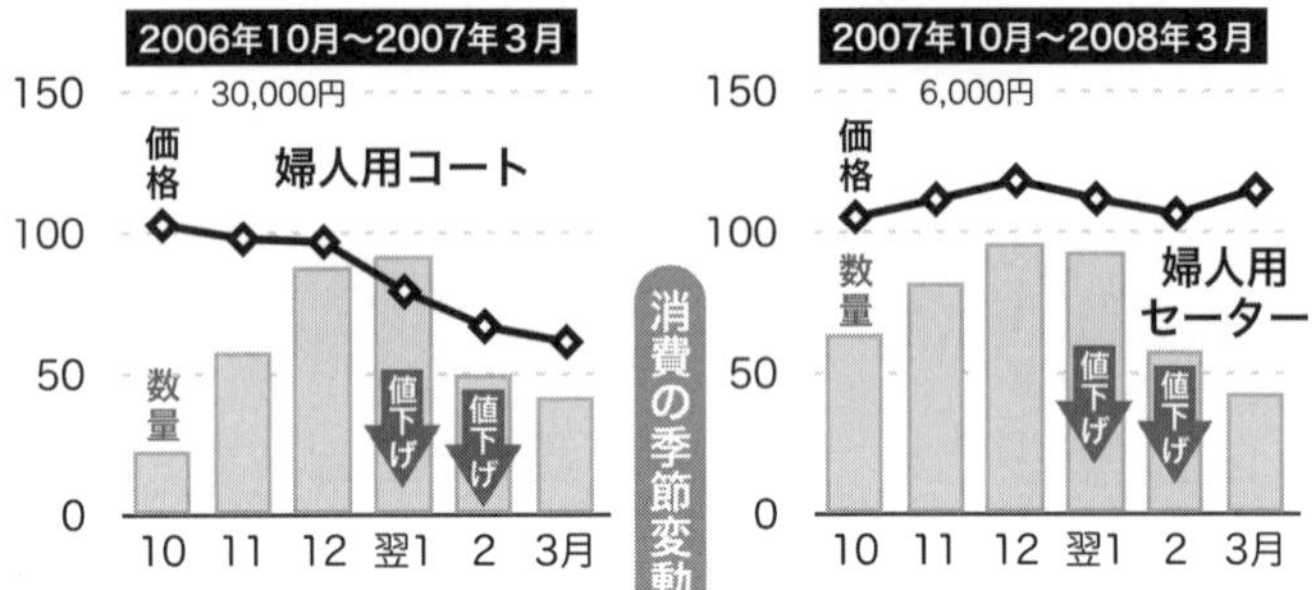

	10	11	12	翌1	2	3月
価格	**2万0583円**	1万9600円	1万9370円	1万5875円	1万3385円	1万2273円

	10	11	12	翌1	2	3月
価格	4220円	4471円	**4734円**	4478円	4262円	4608円

２人以上世帯の消費の価格と数量　　数量は、2003年１月＝100（左目盛り）

（出所）総務省ホームページ：『家計調査（２人以上世帯、各年）』

刻になってきたなかで、成功条件を満たせない例が増えました。

図表37では、婦人用コートと婦人用セーターそれぞれで、成功できなかった例をみましょう。右側が婦人用セーターの例で、セーターの価格のグラフは、下限がゼロ円、上限が6000円、グリッド線は2000円間隔です。他の図表と比べやすいように、ここでも数量は2003年1月の数量を100としています。

どちらの例でも、消費者物価指数でみて1月には2割程度値下げするバーゲンセールをおこなっていて、2月には、婦人用コートでさらに2割強、婦人用セーターでさらに1割強の値下げをしています。コートの追加値下げはいつもより大きく、セーターのほうも、いつもならバーゲンセールが終わる3月にさらに4％値下げしました。

図表37の左側は、２００６年10月からの婦人用コートのデータを取り上げていますが、２００７年1月に値下げしたバーゲンセールでは、消費者の購入数量は少し増やせたものの、購入価格を高めることができませんでした。それで、2月の追加値下げがいつもより大幅になったのですが、購入価格は右肩下がりのかたちでズルズルと安くなってしまいました。バーゲンセールに成功したとはいえません。

図表37の右側は、２００７年10月からの婦人用セーターの例で、２００８年1月のバーゲンセールでも、2月の追加値下げでも、消費者の購入価格を高めることができませんでした。数量も、12月から翌年1月にかけて少し減りました。そのため、全体的には、3月にも追加値下げをしたお店がめだったのでしょう。その結果、3月になってやっと、購入価格を高めることができましたが、これでは、バーゲンセールが成功したとはいえません。

本書執筆時点では最新だった、２０１３年10月から２０１４年3月までの婦人用コートと婦人用セーターの例を、図表38でみてみましょう。かなりわかりやすいかたちで、コートとセーターの結果が分かれています。

左側の婦人用コートは、1月のバーゲンセールでは消費者物価指数でみて25％の大幅値下げがおこなわれたにもかかわらず、数量は前月とほぼ変わらず、価格だけ少し安くなりました。

図表38　冬物バーゲンセールの効果［3］

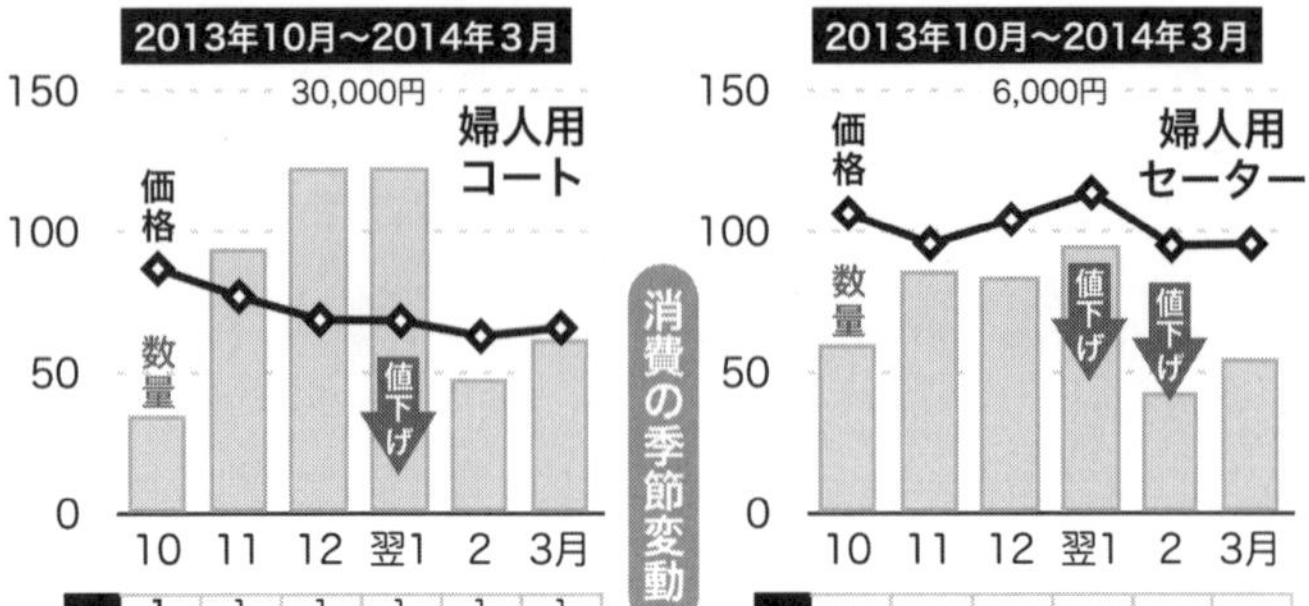

	10	11	12	翌1	2	3月
価格	**1万7389円**	1万5408円	1万3766円	1万3688円	1万2600円	1万3188円

	10	11	12	翌1	2	3月
価格	4263円	3825円	4172円	**4553円**	3798円	3819円

２人以上世帯の消費の価格と数量　　数量は、2003年１月＝100（左目盛り）

（出所）総務省ホームページ：『家計調査（２人以上世帯、各年）』

そうして成功しなかったことが原因かどうかはわかりませんが、珍しいことに、2月には消費者物価指数でみると値上げが起きています。……全体的に、バーゲンセールが早めに終わったと思われます。

コートではバーゲンセールの効果が復活していないのに対して、図表38の右側の婦人用セーターは、1月に購入価格を高め、数量も増やしています。典型的な成功例で、完全にバーゲンセールの効果が復活しています。このあと、2015年以降の1月のバーゲンセールで、婦人用セーターや婦人用コートの消費パターンがどうなるか、興味深いところです。

↓帽子・ネクタイ・婦人用ストッキング

その他の衣料品も、いくつかみてみましょう。集計時に男女の区別がない「帽子」、主に男性が着ける「ネクタイ」、女性が履く「婦人用ストッキング」の3つです。

家計調査でみると、「帽子」の市場規模は毎年の変動が大きいものの、はっきりと縮んでいるわけではありません。拡大傾向でもありません。価格（消費者物価指数ではなく、購入価格）はここ数年上昇してきました。２０１０年から２０１３年にかけて1割高くなっています。

帽子は「★」の格付けです。Vの世帯の支出額と価格はトップですが、数量がほぼ平均並みで、対消費支出額シェアは平均より1割低いからです。

「ネクタイ」の格付けは文句なしの「★★★」です。支出額・対消費支出額シェア・数量・価格のすべてで、Vの世帯がトップです。VとⅣの世帯の差も大きいのですが、ⅣとⅢ以下の世帯の差も大きくなっています。

したがって、高所得世帯にうまく売っているようにみえますが、家計調査でみた市場規模自体が、20年前の4分の1未満にまで縮んでいます。高所得世帯（この場合はV・Ⅳ）にしか売れなくなってきたというのが、実状だと感じます。とはいえ、外見を気にする高所得の男性は、まだまだネクタイにおカネをかけているようです。

「婦人用ストッキング」も、20年で市場規模が4分の1未満になりました。購入価格はむしろ

図表39　年収階級による消費支出額の差［26］

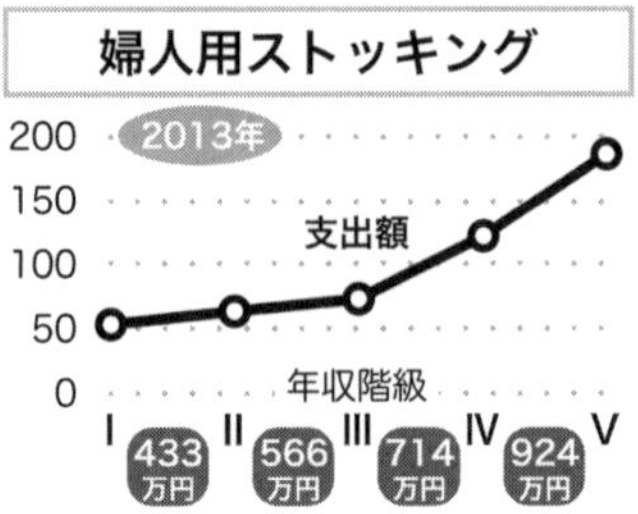

格付け ★★☆

年収階級	支出額	対消費支出額シェア	数量	価格
V	186	139	185	101
Ⅳ	122	115	114	107
Ⅲ	74	83	73	101
Ⅱ	64	82	74	87
Ⅰ	54	80	54	99

※２人以上の勤労者世帯、平均=100、白抜き数字はその項目の最大・最高値

（出所）総務省ホームページ：『家計調査（２人以上世帯、2013年）』

高くなっていて、他方で数量が5分の1にまで減ったことが大きく効いています。図表39をみると、Vの世帯の支出額・対消費支出額シェア・数量はトップですが、価格のバラツキが小さいため、高価格タイプの商品をVの世帯に買ってもらうというパターンになっていません。その代わりに、Vの世帯には相対的にかなり多い量を買ってもらっています。

衣料品ではないものの、外見を気にする人たちが高級品を買いやすい品目も、いくつか取り上げます。図表40の「腕時計」は、Vの世帯の支出額が飛び抜けていて、平均の3・2倍もあります。つぎのⅣの世帯と比べても、5倍近い大きさです。

しかも、長期的に市場が縮む傾向にあったのに、2013年には2000年の市場規模に戻りました。株価高騰による「資産効果」が一時的に押し上げただけなのか、本格的に腕時計の国内市場が回復したのか、

図表40　年収階級による消費支出額の差［27］

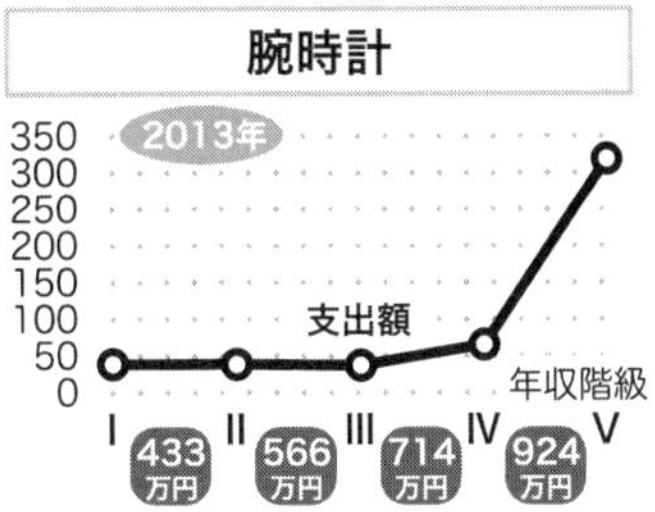

格付け ★★★

年収階級	支出額	対消費支出額シェア	数量	価格
Ⅴ	319	264	調査対象外	調査対象外
Ⅳ	66	69		
Ⅲ	38	47		
Ⅱ	39	55		
Ⅰ	39	65		

※２人以上の勤労者世帯、平均=100、白抜き数字はその項目の最大・最高値

（出所）総務省ホームページ：『家計調査（２人以上世帯、2013年）』

どちらでしょうか。このあと数年の動向が楽しみです。

「装身具」は、装飾を目的として身につける貴金属・宝石などで、指輪、カフスボタン、ブローチ、イヤリング、ネックレス、ブレスレット、リボン、かんざし、ヘアバンドなどがふくまれます。より大きな分類として、腕時計と装身具をふくむ「身の回り用品」があり、財布、ライター、ハンカチ、扇子、コンパクト、定期入、名刺入といった、ポケットなどに入れて持ち歩くモノや、サングラス、杖もふくまれます。そして、装身具だけをみても、身の回り用品全体をみても、Ｖの世帯が支出額・対消費支出額シェアでトップのうえ、Ⅳ以下の世帯との差が大きいので、高所得世帯にうまく販売できているといえます。

外出時に手で持ち歩くモノの代表が「かばん類」と「傘」です。そこで図表41では、「ハンドバッグ」の消

図表41　年収階級による消費支出額の差 [28]

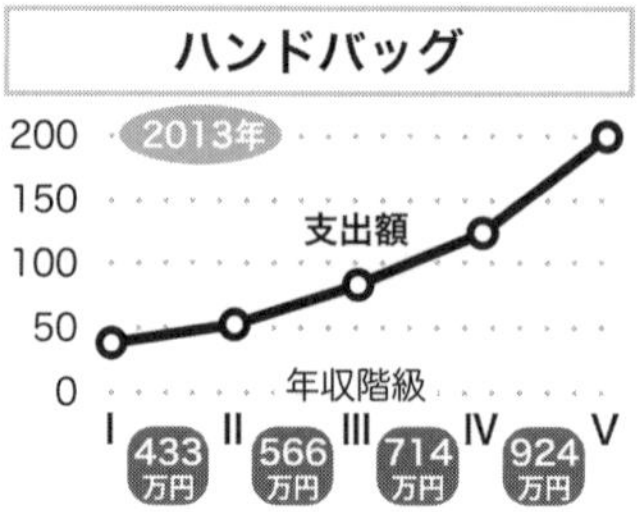

年収階級	支出額	対消費支出額シェア	格付け★★★ 数量	価格
V	200	153	149	134
IV	124	120	118	105
III	84	97	97	86
II	53	70	77	69
I	39	60	58	66

※２人以上の勤労者世帯、平均=100、白抜き数字はその項目の最大・最高値

（出所）総務省ホームページ：『家計調査（２人以上世帯、2013年）』

費パターンをみています。Vの世帯が支出額・対消費支出額シェア・数量・価格のすべてでトップです。高所得世帯に高級品を売るのに成功しているといえるでしょう。「旅行用かばん」と「傘」でも、同じことがいえます。

それぞれの市場規模は、これまでどう推移してきたのでしょうか。家計調査でみると、ハンドバッグの購入数量は10年間で1割減り、購入価格は5％安くなりました。旅行用かばんと傘の購入数量・価格は、上下しながらほぼ横ばいという感じです。

さて他にも、本書の基準で「★★★」の格付けになったモノ・サービスとして、つぎのような品目があります。ただし、それぞれの市場が成長してきたか縮小してきたかを考慮しない評価ですので、ビジネスとしての最終的な成功を意味してはいません。

化粧クリーム、他の化粧品（香水、オーデコロン、マニキュア液、アイシャドー、まゆずみ、マスカラなど）、理美容用電気器具（ヘアドライヤー、電動歯ブラシなど）、整髪・養毛剤、他の理美容代（エステティック、セット代など）、洗濯代、被服・履物修理代、被服賃借料、有料道路料、タクシー代、航空運賃、鉄道通学定期代、バス通学定期代、バス通勤定期代、書籍

これまでに紹介したモノ・サービスに関連した品目が多いといえます。まず、鉄道通学定期代やバス通学定期代は、高所得世帯であるほど、子どもを家から遠い学校に通学させるからこそ、格付けが「★★★」になっています。教育関係の支出といえます。また化粧品や整髪・養毛剤、理美容サービス、衣服を洗濯・修理したり、借りたりするサービスなど、やはり外見をよくすることが目的の品目がいくつもあります。

外見に関するモノ・サービスは高所得世帯への販売に成功しやすいと、改めて確認できました。とはいえ、実際に高価格商品の販売数量を増やすには、いろいろな工夫が必要です。

そこで、ブランド品のコートやセーターを売るときの工夫のひとつ、バーゲンセールについて、本章では、成功といえる条件を考えてみました。こうした考察の際に、家計調査のデータが意外に役立つことが、少しはわかっていただけたでしょうか。

第4章

東京・京都のエンゲル係数が高いのはなぜ？　食生活が豊かだから！

↓エンゲル係数の論理

日本では、成人の多くが「エンゲル係数」という言葉を知っています。日本のエンゲル係数の計算は、総務省が『家計調査』のなかで「消費支出に占める食料費の割合」としておこない、公表しています。

その総務省自体が「一般にエンゲル係数が低いほど生活水準が高い」と解説しているのですが、これが大きな問題です。残念ながら正しくないのです。

正しくは「消費に使える所得が実質的に増える ⇩ 生活水準が高くなる ⇩ エンゲル係数を

低くする要因として働く」といった程度の論理で考えるべきです。消費生活のために十分なおカネが使える人たちは、食料費以外に使うおカネが多くなりやすいので、実質所得が増えて、生活水準を高める消費行動に向けられると、エンゲル係数を低くする要因として働く、という論理です。

エンゲル係数を読み解くときには、別の点でも注意が必要です。エンゲル係数は食料費と消費支出という金額データに基づいて計算されています。そして「金額＝価格×数量」ですから、金額のデータをみるときには、価格要因と数量要因に分解して考えなければダメです。「エンゲル係数が高い＝金額ベースの食料費の割合が高い」という現象のなかには、「高い価格の食料を贅沢に購入しているケース」がふくまれるからです。だから、「エンゲル係数が高い⇩生活水準が低い」という論理は正しくありません。しかし残念なことに、価格要因を軽視している人が多いようです。

いずれにしても、いまの消費行動をみるときに、エンゲル係数は生活水準の判定に使えないものとなっています。本章では、この点を家計調査のデータから確認し、エンゲル係数の代わりになる指標を示します。「情報通信係数」です。さらに、その情報通信係数に関連して、携帯電話ビジネスについても少し考えてみましょう。

長い時間をかけて経済が成長していく様子を時系列でみていくとき、「消費生活全体が豊か

図表42　長期間の低下後に下げ止まっているエンゲル係数

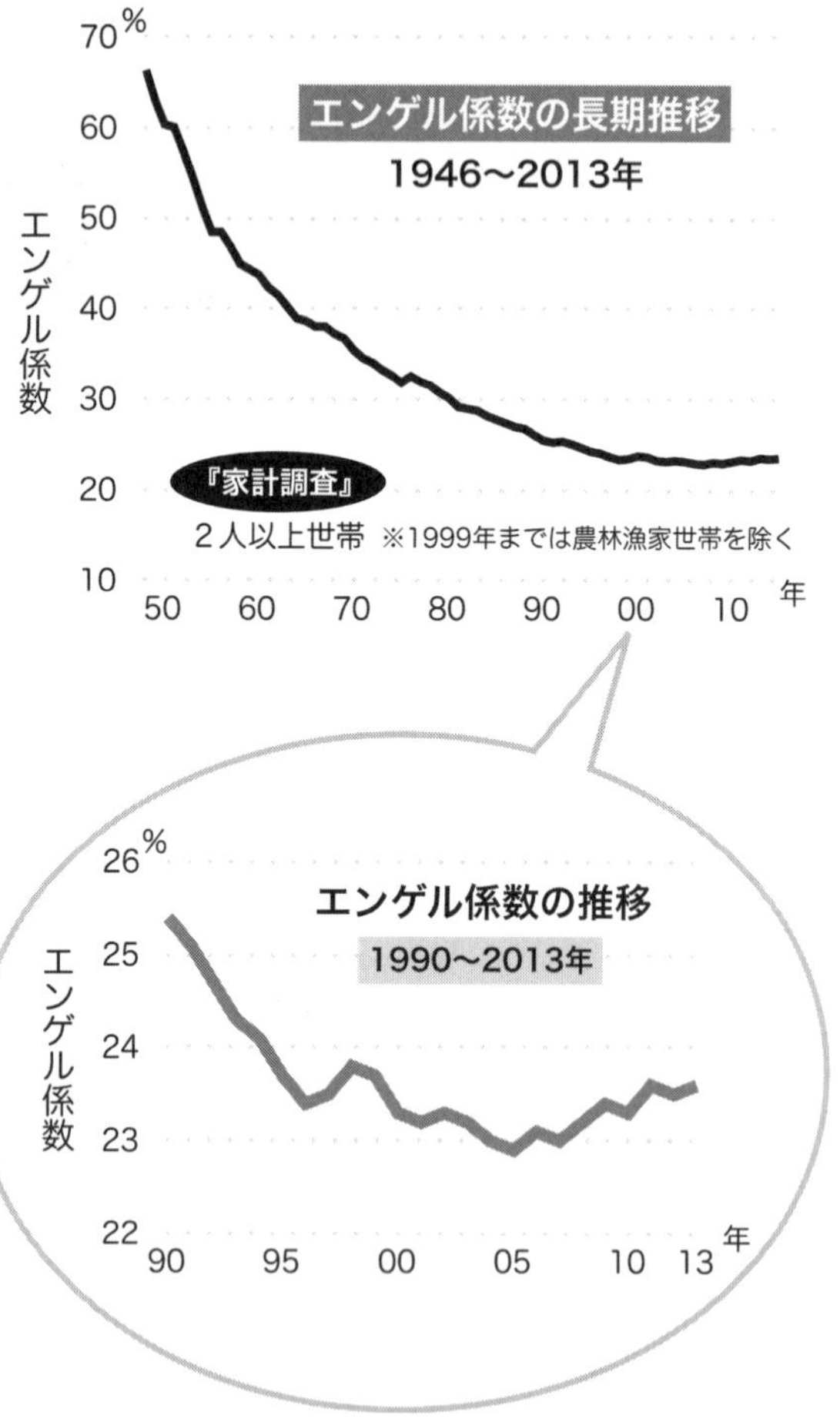

（出所）総務省ホームページ：『家計調査（2人以上世帯、各年）』

になると、エンゲル係数は低くなる」という現象が起きます。実際に、日本の長期的なエンゲル係数の推移を、図表42で示します。まずは、上側の超長期のグラフをみてください。

高度経済成長を成し遂げた日本では、終戦翌年の1946年には66・4％という高さだったエンゲル係数（2人以上世帯、農林漁家世帯を除く）が、1962年には40％を切り（39・0％）、1979年には30％を切りました（29・2％）。日本国民全体の所得水準が急速に高まり、消費生活が物質的に豊かになった結果、エンゲル係数が急速に低下したことがわかります。この関係があまりに明確なので、「所得が高まる ⇩ エンゲル係数が低くなる」という論理がよく知られるようになりました。

国語辞書で「エンゲル係数」の意味を調べると、「消費支出に占める食料費の割合」という定義とともに、①「一般に、所得水準が高くなるに従って低下する」とか、②「一般に、エンゲル係数が低いほど生活水準が高い」といった説明が加えられています。複数の辞書を調べて、両者の説明をみつけました。このうちの①は、図表42のデータから確認できる論理で、正しいといえます。しかし、このあと順を追ってみていくと、②は誤りだとわかります。論理の方向が逆になっていて、この場合は正しくないのです。

図表42の下側には、株価・地価のバブルが崩壊した1990年以降のエンゲル係数の推移だけを抜き出して、拡大しています。1992年には25％を切り（24・7％）、2005年には

22・9%にまで下がりました。2013年までのデータでみると、この2005年がエンゲル係数の最低値を記録した年となります。1998年から長期のデフレ不況に陥った日本では、その前後からエンゲル係数が上がったり下がったりするようになり、明確な低下傾向が消えてしまいました。

なお、2000年以降は農林漁家世帯をふくむデータに切り替わっています。これまでのところ、農林漁家をふくむかふくまないかによる差は、あっても0・1%です。2013年のエンゲル係数は、農林漁家をふくんでもふくまなくても23・6%です。

21世紀のデータだけで比べると、2011年から2013年までの3年間はエンゲル係数が相対的に少し高くなっています。筆者は、現在の日本では「所得水準が上がる ⇩ エンゲル係数が下がる」という論理が働かなくなっていると感じています。この論理が通用するかどうかの前に、「エンゲル係数に十分に強い影響を与えるほどの所得水準の増加」が起きなくなっているためでしょう。

➜70歳以上の生活水準はじつは高い

日本の2人以上世帯をいくつかのグループに分けたうえで、エンゲル係数を比較するといった分析はおこなわれやすく、実際に総務省は、世帯主の年齢階級別のエンゲル係数を比べることを、家計調査の概況を公表するときの定番としています。このときに、誤った解説をしてしまいやすいのです。

改めてエンゲル係数の定義を示します。総務省のホームページからPDFファイルでダウンロードできる総務省統計局『家計調査のしくみと見方』（2005年）から、該当部分を引用します。

エンゲル係数：消費支出に占める食料費の割合で、生活水準を表す一つの指標と考えられています。

エンゲル係数（％）＝（食料÷消費支出）×100

一般にエンゲル係数が低いほど生活水準が高いとされます。例えば、全国・全世帯の平成16年平均の年間収入五分位階級別の結果では、収入の最も低い第Ⅰ階級が27・5％、最も高い第Ⅴ階級が20・2％となっています。しかし、この係数を単身世帯と比較する場合や、地域別や諸外国と比較する場合には、食料消費やその他の習慣が異なることや、食料の物価と食料以外の物価などとの関係を考慮して使う必要があります。

【総務省統計局『家計調査のしくみと見方』、20ページ】

この総務省の解説にある、年収で5グループに分けての分析を、2013年のデータで確認してみましょう。図表43の上側にエンゲル係数の計算結果を示しました。

所得が最も低い第I階級のエンゲル係数が27・3%と高く、所得が最も高い第V階級のエンゲル係数が21・0%と低いので、「相対的に所得が高く、それゆえに消費生活が豊かであるほど、相対的にエンゲル係数は低い」といえます。グラフ上に、この論理が何を「決定要因」、何を「結果」としているかを書き込んだものが、図表43の下側です。この場合、年間収入（所得）が決定要因（のひとつ）で、エンゲル係数が結果です。

このように、「所得が高い ⇩ エンゲル係数が低い」あるいは「所得が低い ⇩ エンゲル係数が高い」が、正しい論理ですが、『家計調査のしくみと見方』の解説は、決定要因から結果への矢印――論理の方向――を混同し、逆転させても成り立つと誤解しています。そして、一般に「エンゲル係数が低い ⇩ 生活水準が高い」と考えていいと、断言してしまっています。

これは、たとえば、一般に「日本人である ⇩ 寿司が好きだ」という論理が成り立つというだけで、一般に「寿司が好きだ ⇩ 日本人である」という論理も成り立つと決めつけるような話です。日本人以外にも、寿司が好きな人は世界中にたくさんいますから、「寿司が好きだ ⇩ 日本人である」という論理は誤りです。これと同じ構造のミスを、総務省自体が犯していま す。そして、「エンゲル係数が低い ⇩ 生活水準が高い」という解説は、現実の家計調査のデー

図表43　エンゲル係数の考え方［1］

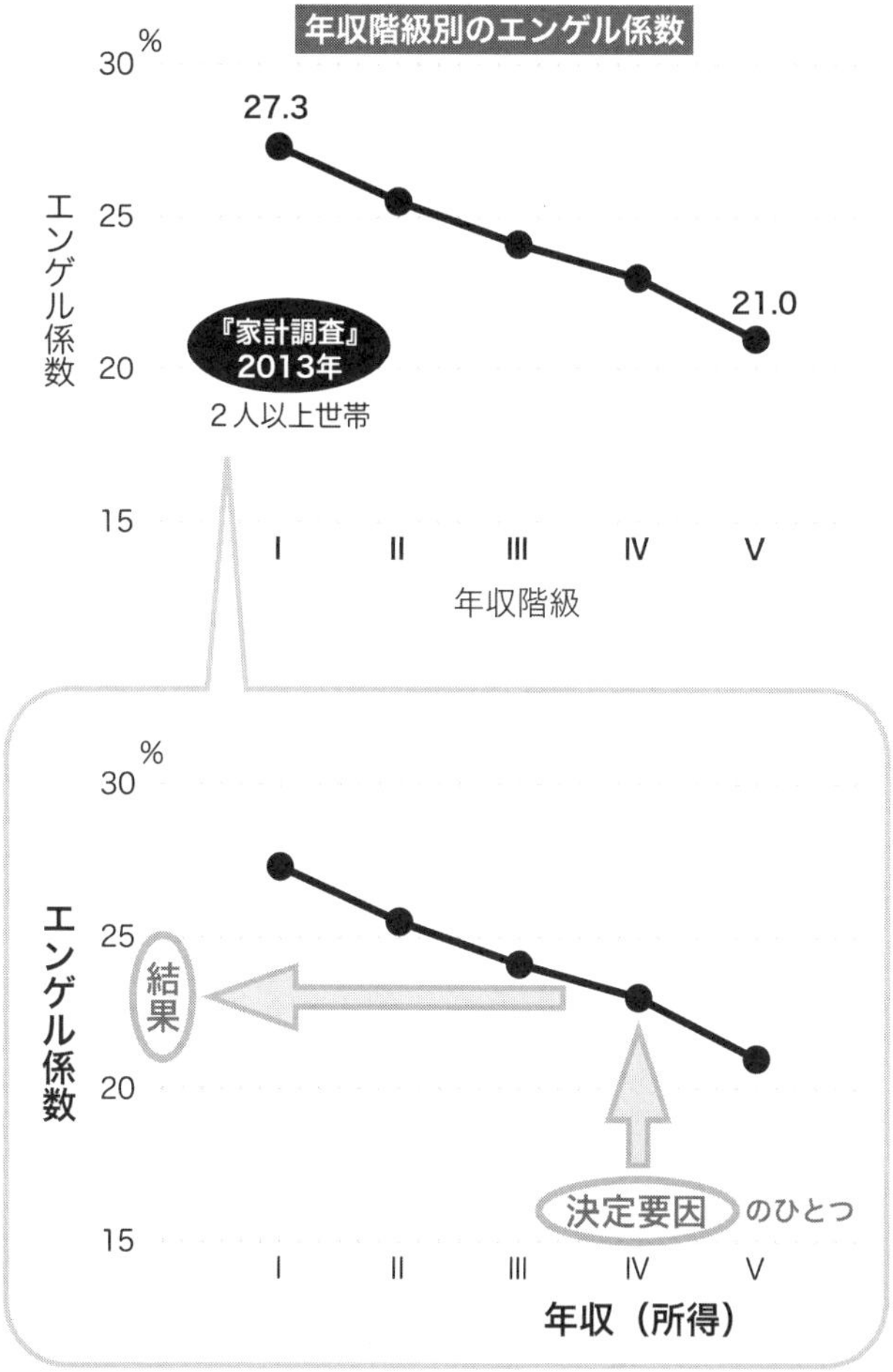

（出所）総務省ホームページ：『家計調査（2人以上世帯、2013年）』

タをきちんとみれば、誤りだとわかります。

たとえば、『家計調査年報（家計収支編）』の「家計の概況」、2009年版から2013年版までの5年分を読むと、エンゲル係数のデータが示されているのは、全体でのエンゲル係数と「世帯主の年齢階級別」のエンゲル係数だけで、小見出しにエンゲル係数が出てくるのは、世帯主の年齢階級別のエンゲル係数について言及した項目だけです。

2013年版では、「エンゲル係数は70歳以上の世帯で最も高い」との小見出しがあり、さほど解説がないままで、世帯主70歳以上世帯のエンゲル係数が最も高いというデータが強調されています。そのデータをグラフにしたのが、図表44です。たしかに、70歳以上世帯のエンゲル係数が26・0％で、いちばん高くなっています。

他方で、一般にエンゲル係数が低いほど生活水準は高く、エンゲル係数が高いほど生活水準は低いと考えていいというのが総務省統計局の解説ですから、素直に解釈すれば、年齢階級別では「70歳以上世帯の生活水準が一番低い」と読めてしまいます。総務省は、自然にそう読ませるような書き方をしていると感じました。

図表44では、エンゲル係数がいちばん低いのは29歳以下世帯です。このデータから、29歳以下世帯がいちばん生活水準が高く、70歳以上世帯がいちばん生活水準が低いと決めつける分析をみます。このときの論理の方向は、図表44の下側に書き込んだ矢印のようになっていて、先

図表44　エンゲル係数の考え方［2］

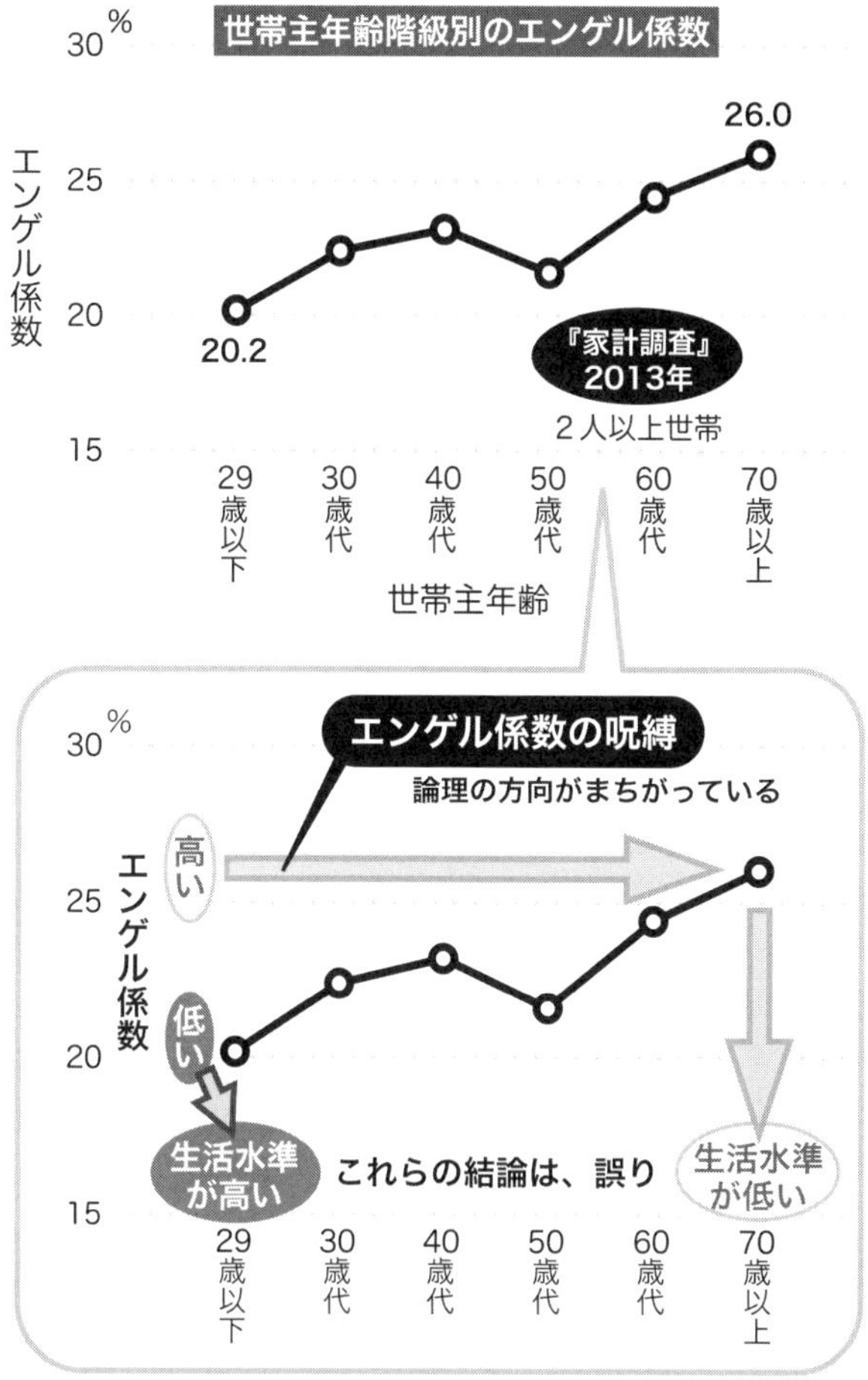

（出所）総務省ホームページ：『家計調査（2人以上世帯、2013年）』

ほどの図表43での矢印とは逆になっていると混同しているとわかります。論理の方向を混同しているとわかります。

このような論理の方向の混同によって、「エンゲル係数が低いほど、消費生活は豊か」と決めつけるのは誤りで、これを筆者は〝エンゲル係数の呪縛〟と呼んでいます。実際に、70歳以上世帯の生活水準は、むしろいちばん高く、だからこそエンゲル係数がいちばん高いのです。意外な結論だと感じる読者もいるでしょうが、家計調査のデータで確認できます。

ポイントは、金額である食料費（食料への支出額）を、数量と価格に分解してみることです。家計調査には、そのためのデータがたくさん調べられています。そして、家計調査で支出額を計算するときに使われている「価格」のデータは、消費者物価指数などとは異なり、購入価格をみているのでした。エンゲル係数の計算もこれに基づいていますから、購入価格での計算であることをきちんと意識することが大切です。

改めて説明すると、この価格が高いときには、その消費者が高いモノやサービスを好んで買う（あるいは、好んで高い店で買う）という意味での高級志向を示し、これが低いときには低価格志向を示しています。この点は、総務省も同じように説明しています。

消費者物価指数のような価格データなら、高価格は消費者の生活にダメージを与えると解釈するのが自然です。しかし、家計調査の価格では、高価格はそれだけ消費生活が高級志向であることを示します。

図表45　高齢女性の消費生活の真実［1］

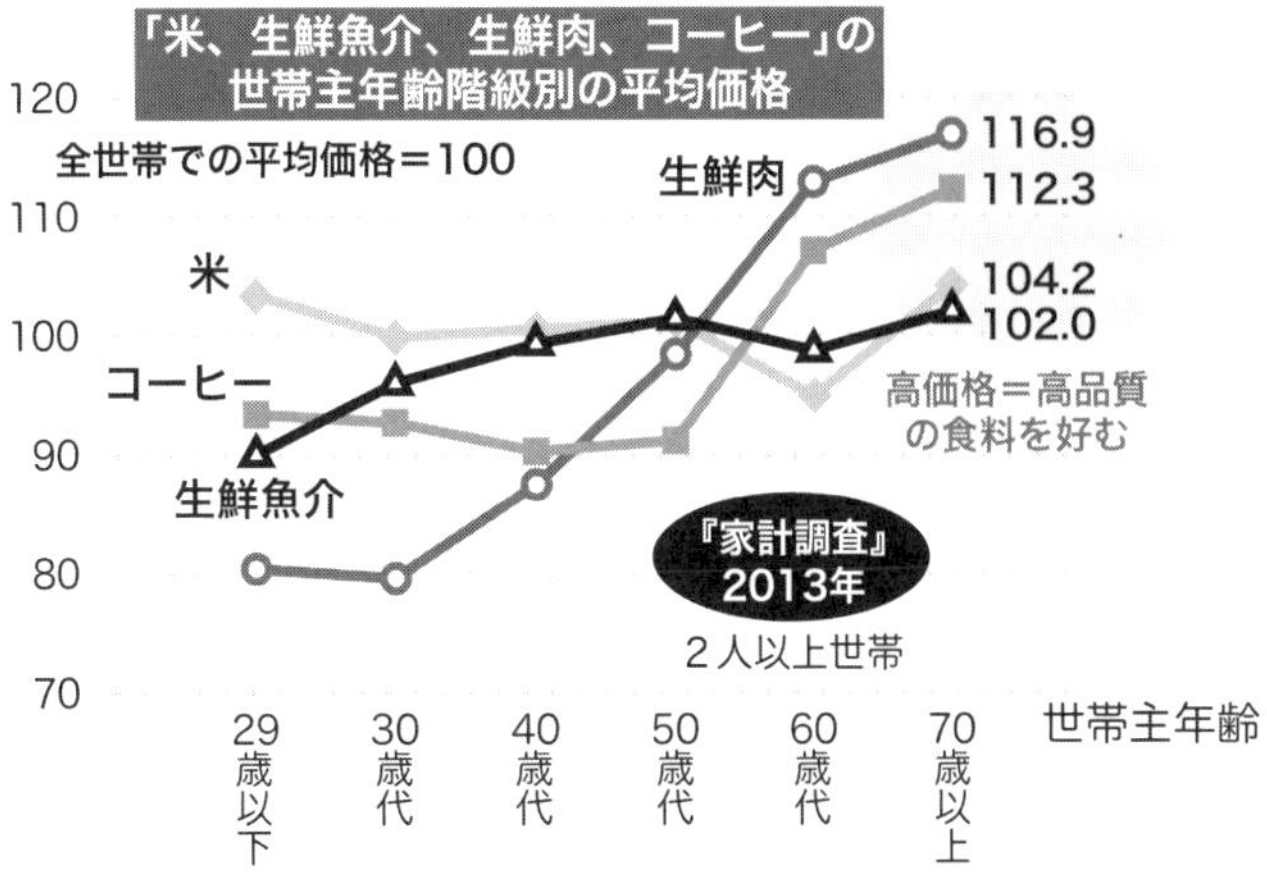

（出所）総務省ホームページ：『家計調査（2人以上世帯、2013年）』

70歳以上世帯のエンゲル係数が相対的に最も高いのは、単純に、70歳以上の人たちが最も「高価格＝高品質」の食料を購入しているからです。エンゲル係数の背後にある価格面に注目し、家計調査での平均価格が高級志向か低価格志向かを反映したデータだと意識して、各年齢階級が購入した食料の平均価格をみると、70歳以上世帯の食生活が他の年齢層を圧倒する豊かさをもち、それゆえにエンゲル係数が高いと気づくはずです。

わかりやすい例として、主食の「米」、メインディッシュの食材になりやすい「生鮮魚介」と「生鮮肉」、幅広い年齢層で嗜好品として飲まれている飲料の「コーヒー」の4品目について、世帯主年齢階級別の平均価格を整理したグラフが、図表45です。いちいち数値に言及しなくても、一目瞭然でしょう。4品目すべてで70歳以上世帯が最も高いモノを買っています。

とりわけ、肉については、生鮮肉のうちの「牛肉、豚肉、鶏肉」の3つすべてで最も高いモノを買い、加工肉でも、「ハム、ソーセージ」の2つで最も高いモノを買っています。「ベーコン」は50歳代に次ぐ2位の価格で買っていますが、僅差の2位です。

食生活の水準は「100グラム当たりでいくらの肉を買っているか?」にあらわれる、と考える人は多いでしょう。70歳以上世帯は、相対的に「肉より魚」という食生活になっていますが、じつは肉もたくさん買います。しかも、最も高く買うのです。他の年齢層の人たちよりも贅沢な食生活をしているからこそ、70歳以上世帯のエンゲル係数は高いのです。

70歳以上世帯は、「被服及び履物(衣服や靴など)」でも、最も高く買う品目がたくさんあります。衣服や靴は男女別に分類されているモノが多いので、男女別の消費特性をある程度まで推し量ることができます。実際に、70歳以上世帯が買う衣服や靴の平均価格をみると、明確な男女差があります。

女性用の衣服や靴は、70歳以上世帯が最も高いモノを買うことが一般的で、他方で、男性用は、なかには最も高く買うモノもあるが、逆に、最も安く買うモノもあります。典型的な品目について図表46にグラフで示します。

図表46　高齢女性の消費生活の真実［2］

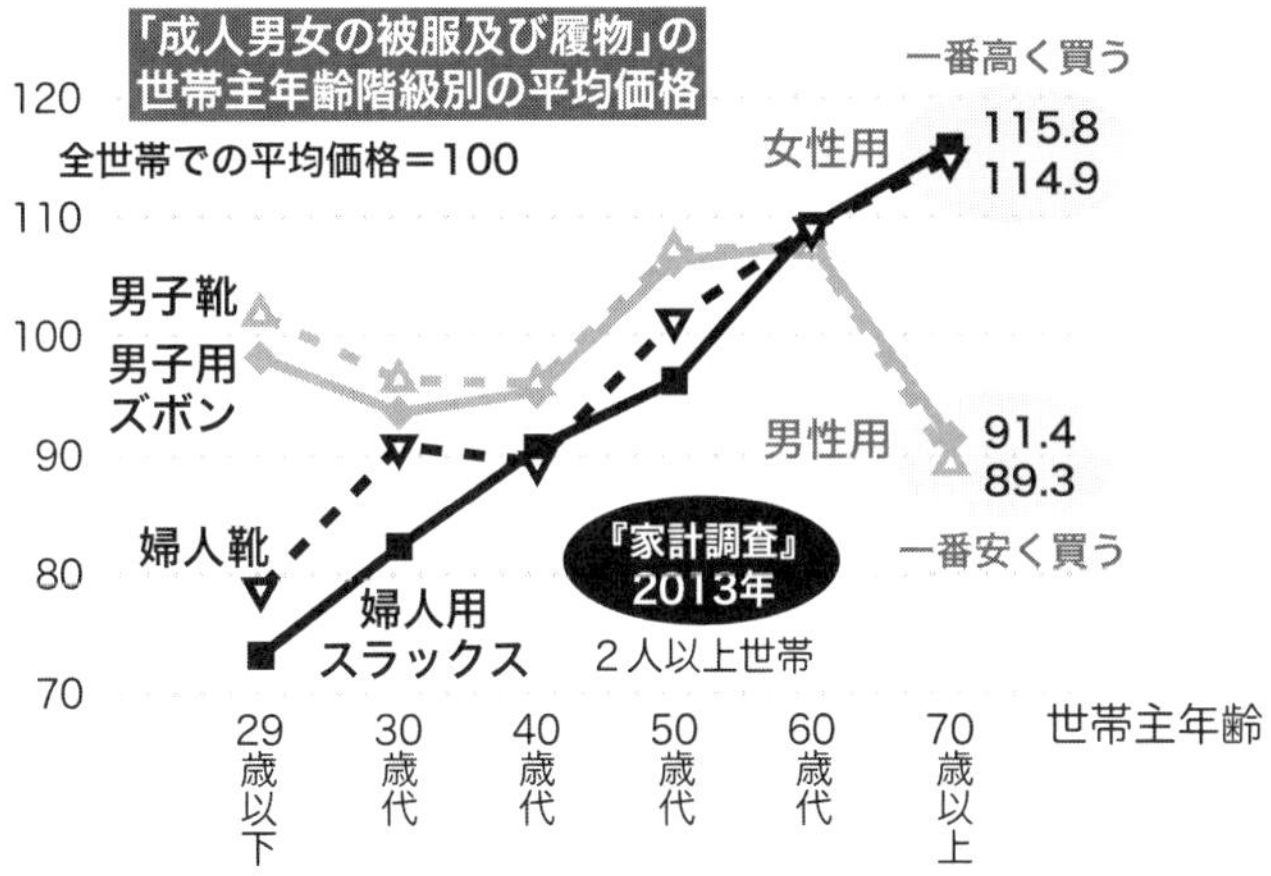

（出所）総務省ホームページ：『家計調査（2人以上世帯、2013年）』

「婦人用スラックス」と「婦人靴」は最も高く買い、「男子用ズボン」と「男子靴」は最も安く買うというのが、70歳以上世帯の買い物行動です。このようにして家計調査のデータを細かく読むと、70歳以上世帯では〝女性〟が買い物の主導権を握り、おじいちゃんの衣服や靴は安く買って節約する一方で、おばあちゃん自身の衣服や靴を高く買ったり、高級な食生活を楽しんだりしているという実態がみえてきます。

これらの話をふくめて、70歳以上女性の消費行動についてさらに細かく掘り下げた話は、拙著『L70を狙え！ 70歳以上の女性が消費の主役になる』（日本経済新聞出版社、2014年）で、豊富なデータを示しながら論じました。〝エンゲル係数の呪縛〟という言葉は、そのなかで筆者が使ったものです。

しかし、その書のなかではエンゲル係数の専門的な説明を省いたため、拙著を評価して新聞や雑誌で紹介してくださった方々でさえ、総務省などの解説が完全に誤りだとわからなかったようでした。そこで本章では、いくつものデータを加えて、よりていねいに解説しています。

↓生活水準の判定に使えない

70歳以上世帯と29歳以下世帯のエンゲル係数の差は、図表44（131ページ）で示された数値より、さらに大きいというデータもあります。図表44での差は5・8ポイント（＝26・0％－20・2％）でしたが、これは「用途別」で集計した食料費で計算したエンゲル係数です。

家計調査の集計には「用途別」と「品目別」があり、2013年の「品目別でみたエンゲル係数」は、70歳以上世帯で29・4％、29歳以下世帯で21・2％で、差は8・2ポイントもあります。世帯主年齢階級別で、用途別と品目別のエンゲル係数のグラフを並べたものが、図表47の上側です。

2つのエンゲル係数の差は、「誰かにプレゼントするために買った食料」をふくむかどうかで、用途別でみた（一般的な）エンゲル係数は、プレゼントした食料への支出をふくみません。2本の折れ線グラフの差が最も大きい70歳以上世帯は、それだけプレゼントのための支出

図表47　品目別でみたエンゲル係数（世帯主年齢別）

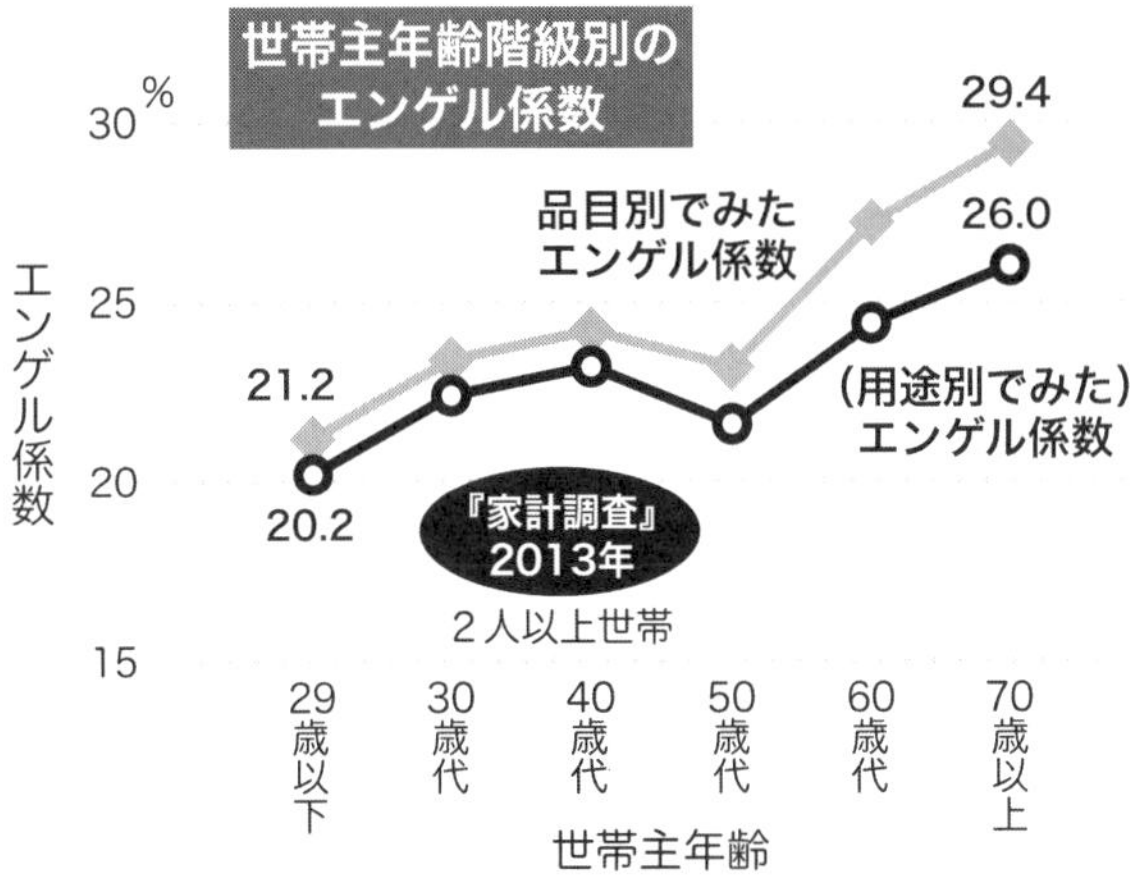

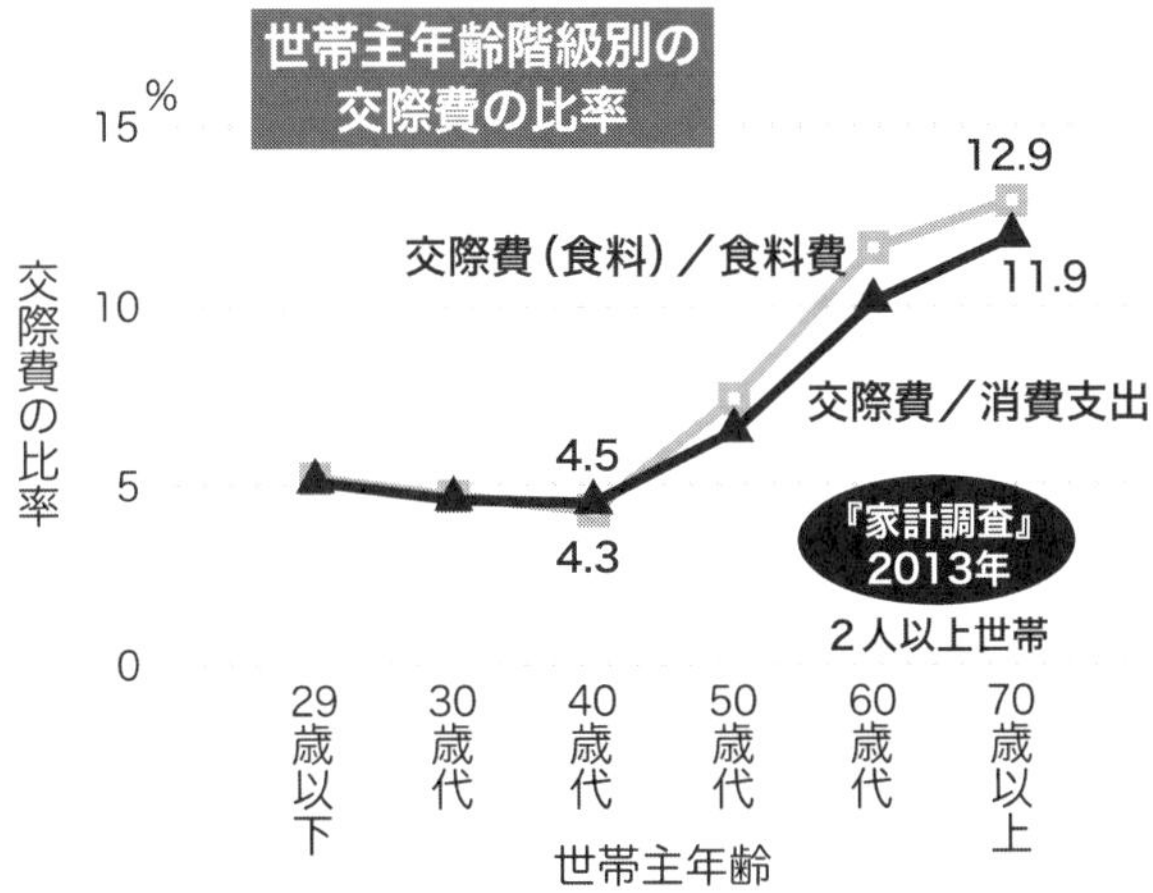

（出所）総務省ホームページ：『家計調査（２人以上世帯、2013年）』

割合が高いことになります。品目別のエンゲル係数が29・4％と高いのは、70歳以上世帯がプレゼント好きだからです。これもまた、生活水準が低いことを示すデータではなく、逆に、生活水準が高いことを示していると解釈すべきです。

食料にかぎらず、誰かにいろいろなモノをプレゼントするなどのために使った「交際費」が、消費支出に占める割合を世帯主年齢階級別に計算した結果が、図表47の下側のグラフです。同時に、「交際費のうちの食料」が食料全体への支出に占める割合もグラフにしてあります。

70歳以上世帯では、消費支出に占める交際費の割合が11・9％で、食料費に占める交際費（食料）の割合が12・9％で、かなり高くなっています。どちらも1割を超えていますが、自分のおカネで買ったうえで、1割以上をプレゼントしてしまうのだから、消費生活（とりわけ食生活）にはかなり余裕があると考えていいでしょう。

2本の折れ線グラフはかなり重なっていて、食料への支出が示す特徴は、消費支出全体にも当てはまりやすいといえそうです。そんななかで、消費支出に占める交際費の割合も、食料費に占める交際費（食料）の割合も、70歳以上世帯が最も高いのですから、やはり、70歳以上世帯の消費生活はかなり豊かであると考えていいでしょう。

女性が消費を主導する70歳以上世帯は、自分たちがこだわりをもつモノ・サービスについては、高価格＝高品質を好み、プレゼント用の買い物もかなり多いのです。企業側からみて、利益率が高いビジネスをやりやすい優良顧客層です。しかも、人口予測からみて、今後数十年にわたって急成長が見込める消費市場の主役です。

それなのに、70歳以上世帯のエンゲル係数の高さがなにを反映した結果かを完全に読みまちがった人たちが、70歳以上女性に注目したモノ・サービスの開発・販売の重要性に気づかず、日本経済を再発展させるための大きなチャンスを見逃すという誤りにつながっています。

さらに、都道府県庁所在市別のデータで、エンゲル係数を計算して比較すると、もっとおかしなことが起きます。家計調査は、日本全国を10の地方に分けての集計もあり、各地方のエンゲル係数を計算して、高い順に並べたのが、図表48の上側です。下側に、いくつかの都市のエンゲル係数も並べてあります。

地方別では、沖縄地方がいちばん高く、これだけなら、総務省の説明が当てはまりそうです。沖縄は1人当たりの県民所得が相対的に低いので、「エンゲル係数が高い ⇩ 生活水準が低い」といえそうに思えるでしょう。しかし、つぎに高いのは近畿地方、関東地方です。近畿・関東地方も、エンゲル係数が高いから、生活水準が低いといっていいでしょうか。

さらに、エンゲル係数が低いのは、四国・九州・中国地方です。これに、「エンゲル係数が低い ⇩ 生活水準が高い」という総務省の解説を単純に適用してしまうと、四国・九州・中国

図表48　地方別・都道府県庁所在市別のエンゲル係数

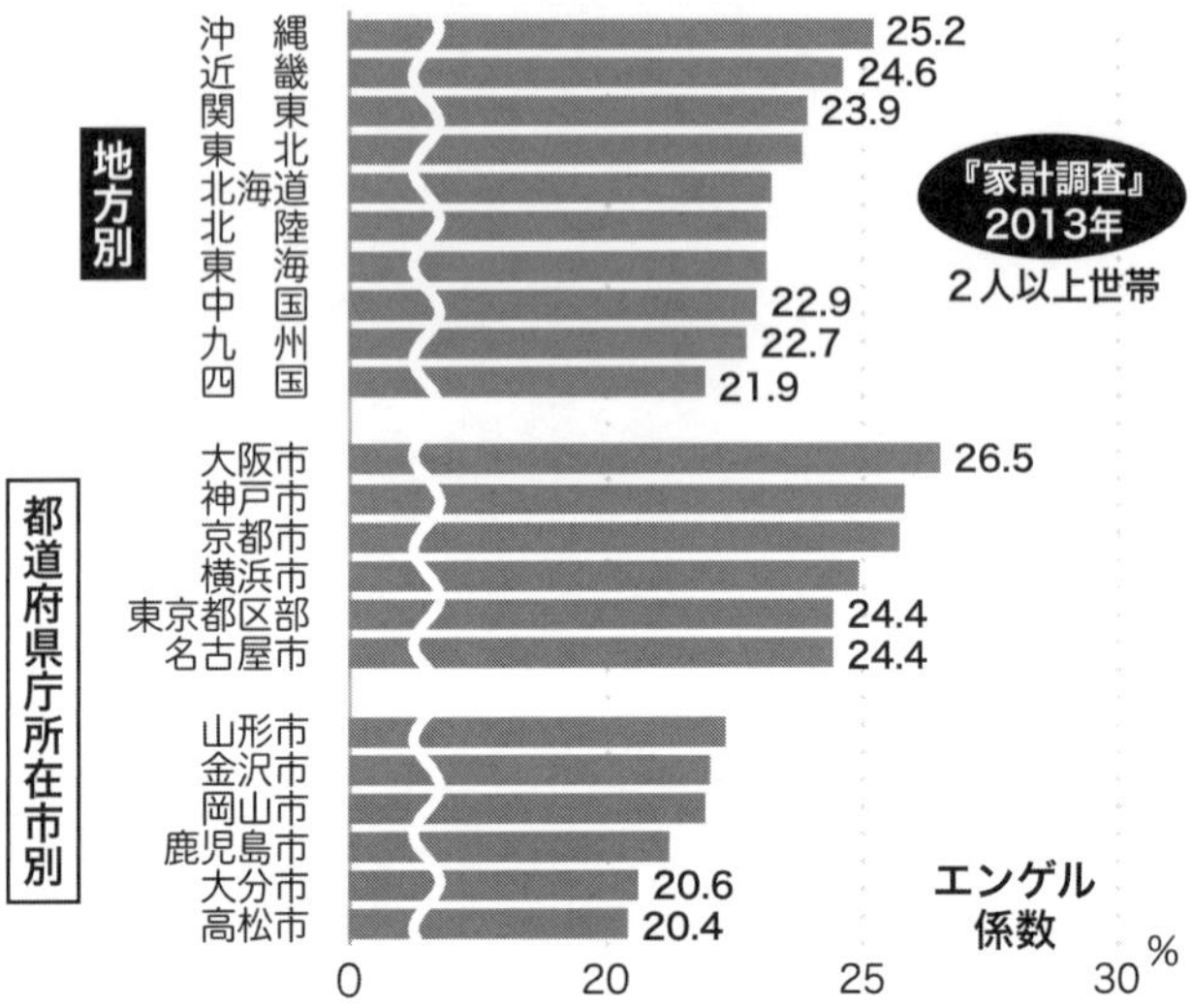

（出所）総務省ホームページ：『家計調査（2人以上世帯、2013年）』他

地方の生活水準が相対的に近畿・関東地方より高いことになります。これらの結論に賛成できない人は多いでしょう。

　都道府県庁所在市の比較でも、似たような現象がみられます。エンゲル係数だけで生活水準を評価すると、東京都区部や、大阪・神戸・京都・横浜・名古屋市はエンゲル係数が高いから、生活水準が低いことになり、山形・金沢・岡山・鹿児島・大分・高松市はエンゲル係数が低いから、生活水準が高いことになります。この評価に賛成する日本人は、ほとんどいないでしょう。

「他の都道府県庁所在市はどうな

の？」と思う読者のために、図表49で47都道府県庁所在市を比較しました。左上から右下にかけて、エンゲル係数が低い順に並べています。生活水準が判断できそうな他の指標のうち、「消費支出、1人当たり食料支出、1人当たり県民所得」の3つについて、47都道府県庁所在市での順位をつけて、あわせて表示しています。

3つの指標すべてでトップの東京都区部と、すべてで最下位の那覇市が、こうしてエンゲル係数の順位にしたがって並べると、かなり近い位置にきます。これをみると、エンゲル係数は、生活水準の判定にまったく使えないと感じられます。

また、食料支出と県民所得の2つの指標でベスト10に入った都市を薄いグレーで示してあります。エンゲル係数が高いほうに、他の指標でみて生活が豊かにみえる都市が集まっている感じです。

つまり、「エンゲル係数が高い ⇩ 生活水準が低い」とか「エンゲル係数が低い ⇩ 生活水準が高い」という論理は、いまの日本では通用しないケースが多いと理解しておくべきです。今後の日本経済のために、〝エンゲル係数の呪縛〟から日本企業が解き放たれることを、心から願っています。

図表49　エンゲル係数の都道府県庁所在市順位

家計調査2013年＋県民経済計算2011年	エンゲル係数・%	順位 消費支出	1人当たり食料支出	1人当たり県民所得
高松市	20.4	4	15	16
大分市	20.6	6	33	30
鹿児島市	21.2	15	40	33
岡山市	21.9	21	37	24
宇都宮市	21.9	10	18	**8**
金沢市	22.0	2	19	20
徳島市	22.1	11	26	23
松江市	22.1	16	35	38
山口市	22.1	28	41	13
水戸市	22.3	20	17	**6**
山形市	22.3	5	32	34
熊本市	22.3	41	45	36
富山市	22.4	3	14	**5**
宮崎市	22.6	44	43	45
長野市	22.7	19	13	22
前橋市	22.8	27	25	11
福井市	22.9	25	46	14
松山市	22.9	33	38	25
札幌市	22.9	31	21	31
津市	22.9	22	34	21
長崎市	23.0	30	28	40
高知市	23.2	26	16	46
奈良市	23.2	12	11	37
佐賀市	23.2	17	20	35

家計調査2013年＋県民経済計算2011年	エンゲル係数・%	順位 消費支出	1人当たり食料支出	1人当たり県民所得
福島市	23.2	35	31	42
福岡市	23.3	24	30	19
岐阜市	23.5	38	39	27
盛岡市	23.6	34	36	39
広島市	23.6	18	**7**	**7**
秋田市	23.7	36	22	43
静岡市	23.8	13	**9**	**2**
那覇市	**23.9**	**47**	**47**	**47**
さいたま市	24.0	9	**6**	17
仙台市	24.3	23	**8**	32
名古屋市	24.4	14	**5**	**3**
東京都区部	**24.4**	**1**	**1**	**1**
大津市	24.6	40	24	**4**
鳥取市	24.8	43	42	44
甲府市	24.8	39	29	18
横浜市	24.9	7	**3**	**9**
和歌山市	24.9	45	27	28
新潟市	25.1	32	23	26
青森市	25.3	46	44	41
京都市	25.7	8	**2**	12
神戸市	25.8	42	**10**	29
千葉市	25.9	29	**4**	15
大阪市	26.5	37	12	**10**

（出所）総務省ホームページ：『家計調査（2人以上世帯、2013年）』他

↓代わりの指標

　改めて、エンゲル係数がなぜ生活水準の判定に使えなくなったのかを少し考えて、それが修正できそうな別の〝係数〟を考えてみましょう。

　食料は必需品ですが、たとえば2000円の高級ランチを食べるときに、2000円全額を必需品への支出とみることには、違和感があります。300円程度の激安弁当で済ませている人もいるからです。高い所得を稼ぎ、リッチな食生活を送っている人が多い都市では、生活水準が高い一方でエンゲル係数も高いことがあります。

　食料費が必需品への支出だけを反映しているわけではないため、エンゲル係数は解釈がむずかしい指標になりました。では、消費支出に占める割合をみることで、生活水準の高低がわかるような品目（必需品といえそうなもの）は、他にないのでしょうか。

　いろいろと試してみると、地域別では「情報通信関係費」が参考になりそうです。このなかには「固定電話通信料、移動電話通信料、ＮＨＫ放送受信料、ケーブルテレビ受信料、他の受信料、インターネット接続料」がふくまれています。このうちの「インターネット接続料」だけは、まだインターネット接続ができる設備が普及していない家庭も少なくありませんので、いまは除くことにします。

図表50　情報通信係数の都道府県庁所在市順位

家計調査2013年＋県民経済計算2011年	情報通信係数・%[*]	順位 消費支出	順位 1人当たり食料支出	順位 1人当たり県民所得
東京都区部	**3.7**	**1**	**1**	**1**
神戸市	3.8	42	**10**	29
前橋市	3.9	27	25	11
名古屋市	3.9	14	**5**	**3**
京都市	4.0	8	**2**	12
千葉市	4.1	29	**4**	15
横浜市	4.2	7	**3**	**9**
奈良市	4.3	12	11	37
宇都宮市	4.4	10	18	**8**
長崎市	4.4	30	28	40
大津市	4.4	40	24	**4**
和歌山市	4.4	45	27	28
山形市	4.4	5	32	34
広島市	4.4	18	**7**	**7**
長野市	4.4	19	13	22
高松市	4.4	4	15	16
福岡市	4.5	24	30	19
岡山市	4.5	21	37	24
静岡市	4.5	13	**9**	**2**
さいたま市	4.5	9	**6**	17
仙台市	4.6	23	**8**	32
水戸市	4.6	20	17	**6**
新潟市	4.6	32	23	26
金沢市	4.7	2	19	20
盛岡市	4.7	34	36	39
佐賀市	4.8	17	20	35
岐阜市	4.8	38	39	27
徳島市	4.8	11	26	23
松江市	4.9	16	35	38
津市	4.9	22	34	21
福島市	5.0	35	31	42
札幌市	5.0	31	21	31
宮崎市	5.0	44	43	45
熊本市	5.0	41	45	36
富山市	5.0	3	14	**5**
鳥取市	5.0	43	42	44
大阪市	5.1	37	12	**10**
秋田市	5.1	36	22	43
松山市	5.1	33	38	25
大分市	5.1	6	33	30
鹿児島市	5.3	15	40	33
福井市	5.3	25	46	14
山口市	5.3	28	41	13
青森市	5.6	46	44	41
那覇市	**5.6**	**47**	**47**	**47**
高知市	5.8	26	16	46
甲府市	5.8	39	29	18

＊：インターネット接続料を除いて計算

（出所）総務省ホームページ：『家計調査（２人以上世帯、2013年）』他

そして、情報通信関係費（インターネット接続料を除く）が消費支出額に占める割合を「情報通信係数」と呼ぶことにします。47都道府県庁所在市を、今度は情報通信係数が低い都市から順に並べたのが、図表50です。

かつてのエンゲル係数の代わりの指標にしたいのですから、生活水準が高いほど情報通信係数は低いという論理が成り立つかどうかが問題です。実際に、東京都区部がいちばん低く、名古屋市、京都市、千葉市、横浜市などの情報通信係数も低いので、生活水準をみるのに使えそうです。那覇市は相対的に高く、東京都区部とは反対の端に近いところに位置しています。

他方で、日本全体で情報通信係数の長期推移をみると、１９６０年代には1％未満だったのが、所得と生活の水準が高まるにつれて、情報通信係数も高まってきました（図表51）。いまでは５％を超えます。通信技術の進歩が強く影響したからでしょうが、時系列でみると、情報通信係数は生活水準の評価に使えない感じです。

エンゲル係数にしても情報通信係数にしても、消費生活が多様化した現代で、ひとつの指標だけで生活水準を評価することには無理があります。それでも、都市別のデータをみると、食料費よりも情報通信関係費（インターネット接続料を除く）のほうが、必需品への支出という性質が強そうだといっていいでしょう。

実際に、空腹は我慢できても、携帯電話がないのは我慢できない人が増えたと思われます。

図表51　情報通信係数の推移

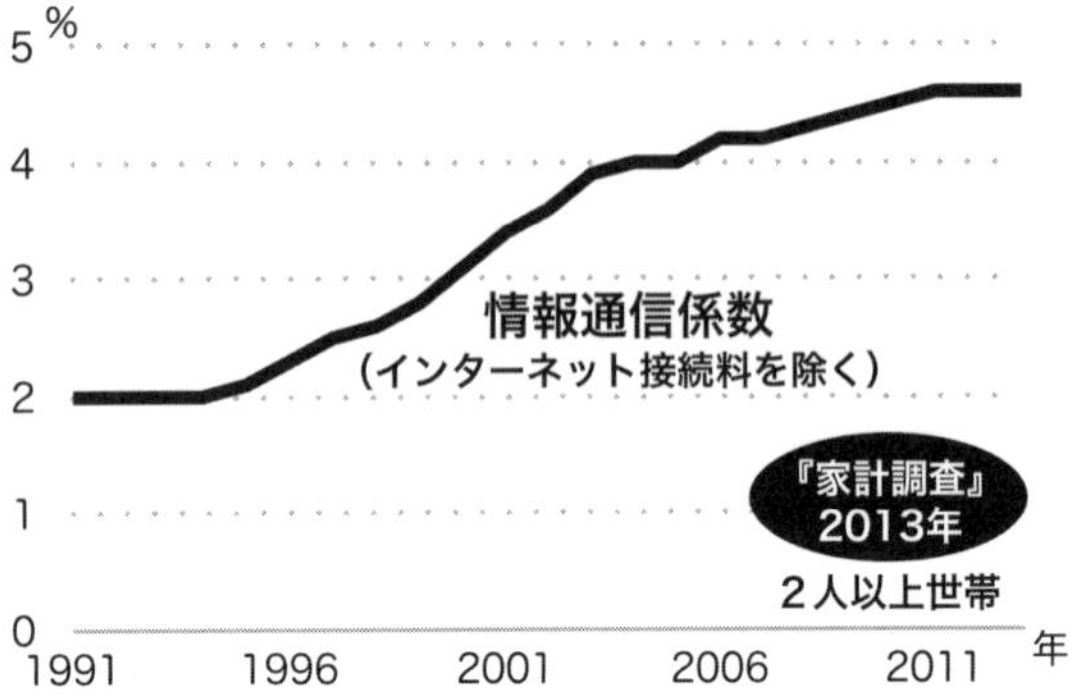

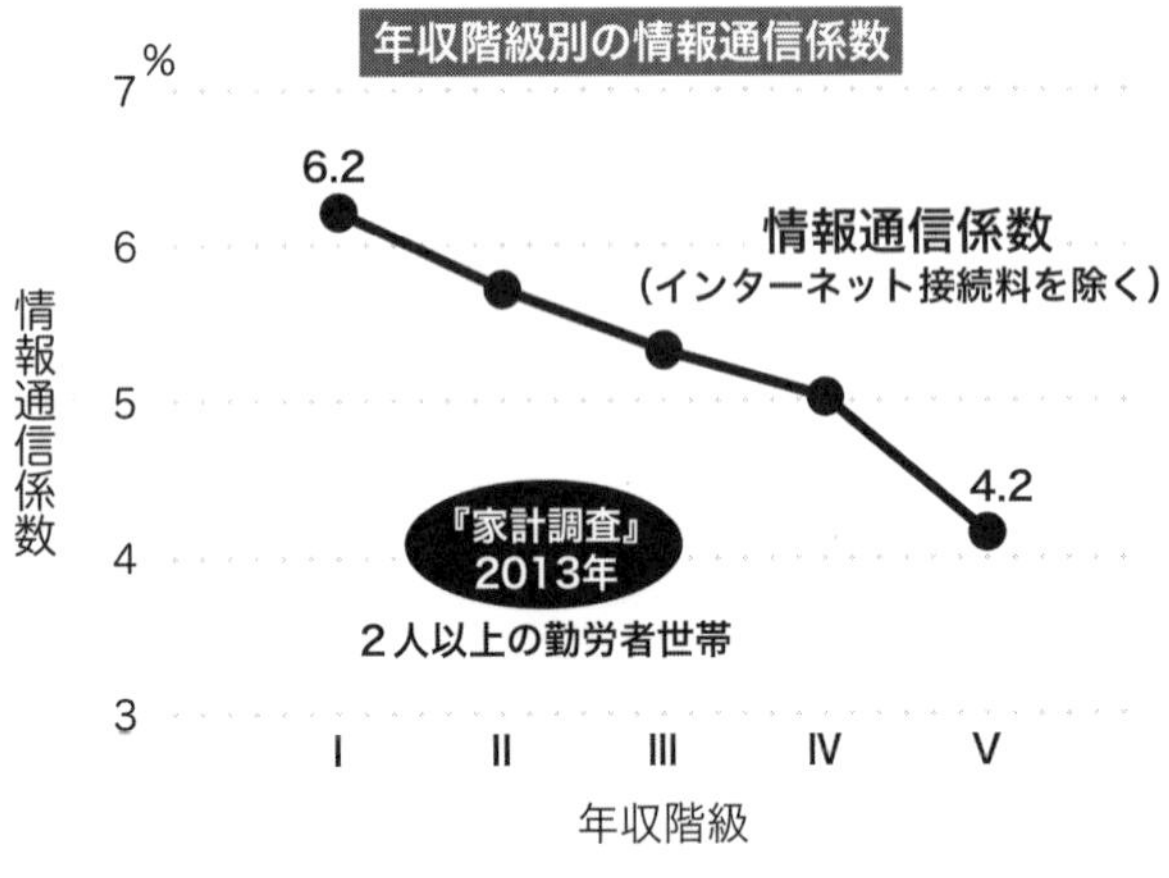

(出所) 総務省ホームページ：『家計調査（2人以上世帯、2013年）』

エンゲル係数で生活水準を評価するより、情報通信係数に注目するほうが、いまの時代にあっているようです。

情報通信係数が生活水準の判定に使えそうだという話は、携帯電話ビジネスをおこなう企業にとっては、快く思えないものでしょう。消費者の所得が相対的に上がっても、情報通信関係費への支出額はあまり伸びないからこそ、情報通信係数がそのような性質をもつのですから。つまり、情報通信関係費にふくまれる品目のビジネスは、高所得世帯にうまく売ることがむずかしいということです。いつものパターンの図表でチェックしてみましょう。ここでは「移動電話通信料」に注目することにして、図表52の上段にデータを示しました。

携帯電話通信料に、ＰＨＳ通信料と自動車電話通信料をふくむのが、移動電話通信料です。所得が高い世帯ほど、支出額が大きくなることが明確なグラフですが、それなのに、Ⅳの世帯からⅤの世帯へと年収が上がっても、支出額は３％弱しか大きくなりません。したがって、対消費支出額シェアは、年収が上がるほど低くなります。

この性質が明確だから、情報通信係数はかつてのエンゲル係数の代わりになりそうなのです。もともと携帯電話ビジネスは、高所得世帯にたっぷりとおカネを支払ってもらうパターンでうまく売るのがむずかしいのです。

それでもなお、図表51でみたように、時系列でみた情報通信係数が高まってきたからこそ、儲かるビジネスだったわけです。しかし、情報通信係数が高まるスピードは落ちてきており、もう上がらなくなったのかもしれないと、懸念されるグラフになっています。

いまのところ、情報通信係数の計算では「インターネット接続料」を除くほうがいいと思われるのは、図表52の中段にあるように、対消費支出額シェアと世帯年収の関係が明確でないからです。とはいえ、Vの世帯の対消費支出額シェアは平均より2割低く、高所得世帯にうまく売るのはむずかしいサービスだとわかります。

パソコンや、インターネット接続ができるテレビやゲーム機など、インターネット接続ができる設備の普及率がもっと上がれば、やがて「所得が高い世帯ほど対消費支出額シェアが低い」という関係がはっきりするようになるかもしれません。そうなれば、インターネット接続料を除かない情報通信係数が指標として有効になりそうです。

いずれにしても、携帯電話通信のサービスや、インターネット接続のサービスは、高所得世帯にうまく売ることがむずかしいといえます。もちろん、これらのビジネスを手がける企業の多くはこの点を痛いほどわかっているからこそ、いろいろな工夫をしています。また、携帯電話ビジネスでは、「各国ごとに大手2社ぐらいしか生き残れない」といわれたりするのも、そのためです。

図表52の下段では、〝情報〟ではなく〝モノ〟を運ぶときの「運送料」をみています。Vの

図表52　年収階級による消費支出額の差［29］

移動電話通信料

格付け ★☆☆

年収階級	支出額	対消費支出額シェア	数量	価格
V	113	77	調査対象外	調査対象外
IV	110	95		
III	97	101		
II	92	108		
I	88	120		

※２人以上の勤労者世帯、平均=100、白抜き数字はその項目の最大・最高値

インターネット接続料

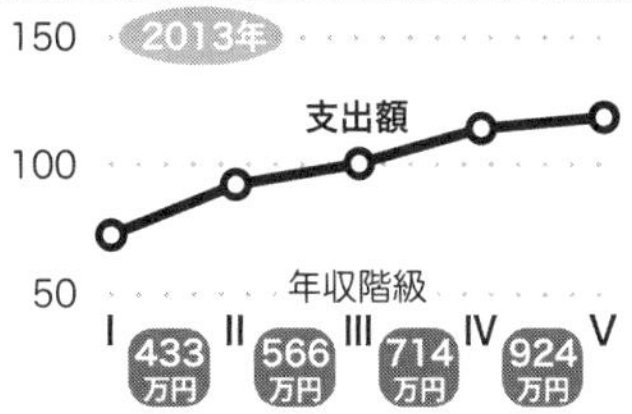

格付け ★☆☆

年収階級	支出額	対消費支出額シェア	数量	価格
V	119	82	調査対象外	調査対象外
IV	114	100		
III	101	106		
II	93	110		
I	73	101		

※２人以上の勤労者世帯、平均=100、白抜き数字はその項目の最大・最高値

運送料

格付け ★★☆

年収階級	支出額	対消費支出額シェア	数量	価格
V	142	100	調査対象外	調査対象外
IV	101	90		
III	97	104		
II	96	116		
I	64	91		

※２人以上の勤労者世帯、平均=100、白抜き数字はその項目の最大・最高値

（出所）総務省ホームページ：『家計調査（２人以上世帯、2013年）』

世帯の支出額は平均より4割大きく、対消費支出額シェアは平均並みです。こちらのほうが、高所得世帯にうまく売る工夫が効きそうです。IT業界より、物流業界のほうが将来性はあるのではないかと、筆者は考えています。

第5章

食パンの消費量が増えたのはなぜ？　食パンが値上がりしたから！

↓いまやビールは「特別なときに飲む高級酒」だ！

本書のなかには、日本国内では「賃金格差などの経済格差が拡大してきた」との認識を前提に、話をしているところがあります。しかし、この認識に異議を唱える人たちもいます。どちらが正しいのでしょうか。

筆者がどのような賃金格差を問題にしているのか、またなぜ問題にしているのかについては、第1章で触れた拙著『日本の景気は賃金が決める』で豊富なデータとともに示しました。格差拡大という認識に疑念がある読者には、この拙著をお読みいただき、そのうえでお考えい

図表53　酒類の消費にみる経済格差の拡大

家計調査 2人以上世帯 支出額	支出額（円）		価格（円／ℓ）		購入世帯数比率	
	2000年	2013年	2000年	2013年	2000年	2013年
酒類	49,994	42,064	－	－	62.5%	65.3%
ビール	25,629	11,850	508.6	525.6	40.2%	28.6%
発泡酒◆	3,580	9,648	353.6	311.4	9.4%	27.5%
他の酒	1,614	2,896	－	－	11.7%	20.3%
焼ちゅう	4,556	6,896	65.0	68.2	12.9%	18.3%
清酒	9,676	6,033	86.7	81.1	22.9%	20.8%
ワイン	2,808	3,315	117.1	100.0	11.0%	11.5%
ウイスキー❖	1,859	1,426	172.1	138.0	4.2%	3.9%

◆：2010年からビール風アルコール飲料を含む
❖：2000年のウイスキーは国産のみで、輸入ウイスキーを除く

（出所）総務省ホームページ：『家計調査（２人以上世帯、2000・2013年）』

ただければと思います。

　とはいえ、家計調査の結果から、経済格差の拡大がよくあらわれているデータをひとつ示しましょう。「酒類」の消費行動の変化を、図表53にまとめました。「ビール、発泡酒、焼ちゅう、清酒、ワイン、ウイスキー」に分けて、２人以上世帯の消費における支出額・消費量・価格が調べられていて、「他の酒」への支出額のデータもあります。これを２０００年と２０１３年で比較しています。

　家計調査では、調査対象の世帯のうちでどれだけの世帯がその品目を購入したかを知ることもできますので、これを「購入世帯数比率」として図表53に載せました。消費量は省き、「支出額」と「価格」をみ

ています。焼酎は、家計調査では「焼ちゅう」という表記になっています。

なお、2000年は「発泡酒」だった品目が、2010年からは「発泡酒・ビール風アルコール飲料」に変わりました。それまでは、ビール風アルコール飲料（第3のビール）は「他の酒」にふくまれていましたので、表のなかでは、他の酒を発泡酒の下に置きました。「ウイスキー」は、いまは国産・輸入物の両方をふくみますが、2000年の数値は国産のみで、輸入ウイスキーを除いています。

改めて確認しますが、こうしたデータの「支出額」は、日本の2人以上世帯の「1世帯当たり支出額」をみるものです。ただし、外食での飲酒代はふくまれません。表で白抜きにしてある行が「酒類」全体への支出額で、2000年から2013年にかけて、16％小さくなりました。

ただし、1年間のうちに少しでも酒類を購入した世帯の比率は、2000年が62・5％だったのに、2013年には65・3％に上がっています。人口構成などの変化を調整していませんから、データの解釈がむずかしいのですが、少なくとも「家で誰かがお酒を飲むという消費行動は減っていない」といえそうです。

お酒の種類を分けてそれぞれのデータを比べると、はっきりとした差がみられます。とりわけ大きく変わったのは、「ビール」と「発泡酒」と「他の酒」の消費です。よく知られていることですが、昔からあるビールの代わりに、発泡酒など、ビールより安いアルコール飲料を飲むという動きが長く続いています。

２０１３年のビールへの支出額は、２０００年の半分以下になっています。1年間のうちにビールを購入した世帯の比率も、40・2％から28・6％へと大きく落ち込みました。酒類を購入する世帯の約3分の2はビールを購入していたのに、いまや、酒類を購入する世帯の6割はビールを買わなくなったのです。

この期間での毎年の変化をみて、筆者は「発泡酒・ビール風アルコール飲料への支出額がビールへの支出額を抜くのは、時間の問題だろう」と感じました。じつは、表に載せていない「消費量」ではすでに逆転が起きていて、ビールの消費量は、発泡酒・ビール風アルコール飲料より3割ほど少なくなっています。

発泡酒やビール風アルコール飲料を買う世帯が増えたことで、家計調査では２０００年から「発泡酒」という項目を分けました（図表53で２０００年のデータを比較対象にしているのは、このためです）。さらに２０１０年からは前述したように「発泡酒・ビール風アルコール飲料」という項目にしました。

消費者の平均購入価格を示した「価格」のデータをみると、購入されたビールの平均価格は少しずつ上がってきました。プレミアムビールなど、ちょっと贅沢なビールがいろいろと出て

図表54　ビールと発泡酒などの月別消費量

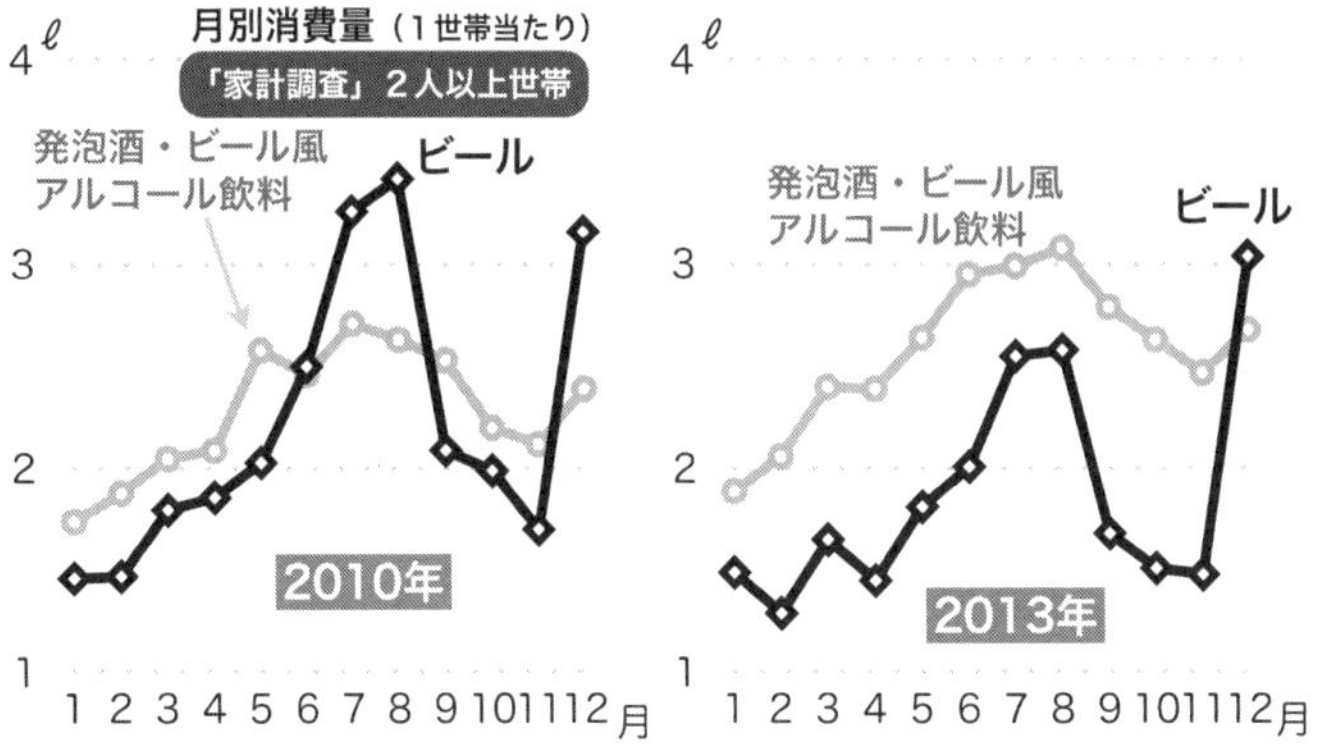

（出所）総務省ホームページ：『家計調査（2人以上世帯、2010・2013年）』

ヒットし、ビールを飲む人たちのなかではプレミアムビール比率が少しずつ上がっていることがわかります。

他方で、発泡酒（2010年からはビール風アルコール飲料もふくむ）の平均価格はずるずると下がってきました。安い発泡酒にシフトした人たちは、さらに安いビール風アルコール飲料にシフトしつづけているようです。

じつは、発泡酒・ビール風アルコール飲料を飲んでいる人たちが、本当はビールを飲みたいけれど、家計のことを考えて我慢しているとよくわかるデータがあります。図表54は、月別の消費量を示したグラフです。2010年には、ビールの消費量がいちばん多い月は7月でした。暑いときにビールが売れるという現象がふつうだったわけです。

図表55　ビールと発泡酒などの消費比率（年収階級別）

年収階級	ビール ／ 発泡酒・ビール風アルコール飲料 消費比率	
V	発泡酒など 100㎖ に対して	ビール 95㎖
924万円		
IV	発泡酒など 100㎖ に対して	ビール 55㎖
714万円		
III	発泡酒など 100㎖ に対して	ビール 50㎖
566万円		
II	発泡酒など 100㎖ に対して	ビール 50㎖
433万円		
I	発泡酒など 100㎖ に対して	ビール 40㎖

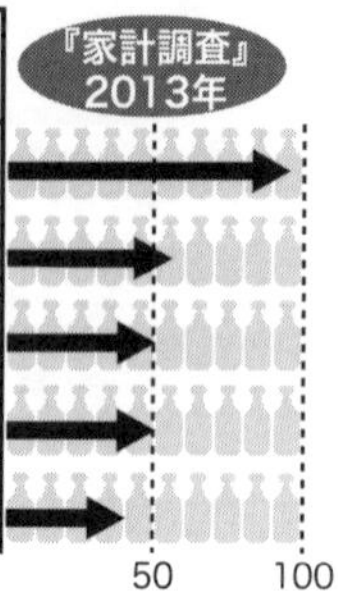

※２人以上の勤労者世帯

（出所）総務省ホームページ：『家計調査（２人以上世帯、2013年）』

ところが、２０１３年には、ビールの消費量トップの月が12月になっていました。年末年始に飲むお酒をまとめ買いする12月には、他のお酒も消費量が大幅に増えます。しかし、発泡酒・ビール風アルコール飲料の消費量は伸びていません。冬のボーナスが出る12月には、発泡酒などからビールへの一時的なシフトが起きるのです。

お歳暮の影響もありますが、7月にはお中元もあり、そもそも２０１０年にもお歳暮などの影響があったうえで、ビールは7月にいちばん売れていました。それが12月に変わったのは、発泡酒などを主に飲む世帯にとって、「ビールは、年末年始などの特別なとき、ボーナスが入ったとき、お世話になった人に贈るときなどに買う、特別なお酒」になりつつあることを示しています。

かなり寂しい感じがしますが、そもそも、世帯年収でⅠ～Ⅴにグループ分けしたときに、どのグループもビールの消費量が発泡酒・ビール風アルコール飲料の消費量を下回っているというデータもあります。図表55をみてください。これまでと同じように2人以上の勤労者世帯を5グループに分けると、Ⅰの世帯は発泡酒・ビール風アルコール飲料の4割に当たる数量しか、ビールを購入しません。Ⅱ・Ⅲ・Ⅳの世帯も、それぞれ5割程度です。Ⅳ以下の世帯は、圧倒的に発泡酒・ビール風アルコール飲料のほうを中心に飲んでいます。

Ⅴの世帯で、やっとビールの消費量が発泡酒・ビール風アルコール飲料と拮抗《きっこう》しますが、それでも、5％少ない数量です。ふつうのビールが〝高級酒〟になってしまったことが、こうした家計調査のデータからよくわかります。

↓お酒のビジネスでの勝ち組は焼酎

図表53（152ページ）に戻って、残りのお酒についてもざっとみてみましょう。2000年と2013年でそれぞれの価格を比べると、清酒（日本酒）、ワイン、ウイスキーも価格は下がっています。ところが、焼酎だけは、支出額が5割以上増えて、購入世帯数比率も5ポイント以上上がっています。その上で価格も5％高くなっています。酒類を売るビジネスについて家計調査のデータから評価すると、焼酎のひとり勝ちにみえます。

ワインは、価格は下がったものの、購入世帯比率が若干のプラス（ほぼ横ばい）で、支出金額は18％増えています。もともとワインを飲む世帯での、ワインの消費量が増えたからです。どちらかといえば勝ち組に入るといっていいでしょう。

清酒とウイスキーは、購入世帯比率が少し下がり、価格も下がり（ウイスキーでの下落は大幅で）、支出額もしっかりと減りました。ビールとともに、酒類ビジネスの完全な負け組です。

さて改めて、本書の基本図表のかたちで酒類のデータを整理します。まず、「ビール、発泡酒・ビール風アルコール飲料、焼ちゅう」の3品目を並べたのが図表56です。つぎに「清酒、ワイン、ウイスキー」の3品目を並べたのが、図表57です。

Vの世帯が支出額でトップになっていないのは「発泡酒・ビール風アルコール飲料」だけで、他では、高所得世帯のほうが大きな支出になる傾向があるようにみえます。しかし、販売がしっかりと伸びている焼酎は、もともと低価格で、低所得世帯に好まれてきたお酒です。高所得世帯もこれを好むようになったという経緯があるため、年収が変わっても支出額・数量・価格が大きくは変わりません。

ビールは、Vの世帯が支出額と数量でトップで、平均より5割大きな数値です。しかし、Vの世帯が買うビールの価格はむしろ平均より少し低くなっています。それだけ、プレミアムビールの比率は低いと思われます。

図表56　年収階級による消費支出額の差［30］

ビール

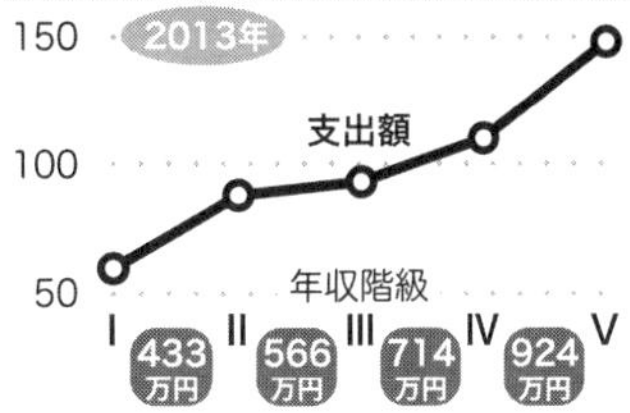

年収階級	支出額	対消費支出額シェア	格付け ★☆☆ 数量	価格
V	148	106	149	99
IV	110	100	109	101
III	94	101	93	100
II	88	108	88	100
I	60	86	60	100

※２人以上の勤労者世帯、平均=100、白抜き数字はその項目の最大・最高値

発泡酒・ビール風アルコール飲料

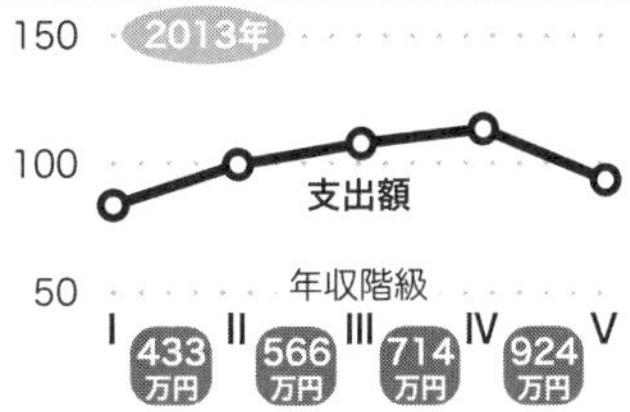

年収階級	支出額	対消費支出額シェア	格付け ☆☆☆ 数量	価格
V	94	63	90	104
IV	114	97	115	99
III	108	110	107	101
II	100	116	101	99
I	84	114	87	97

※２人以上の勤労者世帯、平均=100、白抜き数字はその項目の最大・最高値

焼ちゅう

年収階級	支出額	対消費支出額シェア	格付け ★★☆ 数量	価格
V	116	79	109	107
IV	105	90	102	102
III	89	91	87	102
II	99	116	108	92
I	91	124	94	97

※２人以上の勤労者世帯、平均=100、白抜き数字はその項目の最大・最高値

（出所）総務省ホームページ：『家計調査（２人以上世帯、2013年）』

ふだん飲むお酒がビールから発泡酒・ビール風アルコール飲料や焼酎にシフトするなかで、Ｖの世帯だけが、かろうじてビールをふだん飲むお酒にしています。だからこそ、プレミアムビールの比率が下がってしまうという、皮肉な現象が起きているように感じられます。

逆に、発泡酒・ビール風アルコール飲料では、Ｖの世帯は平均より1割少ない数量になっています。そして価格は、少しの差ではありますが、いちばん高く買います。発泡酒より安いビール風アルコール飲料を選ぶ割合が、平均より低いのでしょう。

清酒やウイスキーは、Ｖの世帯がいちばん高いお酒を飲んでいます。それも、平均より1〜2割以上高いのですが、そもそも市場規模がかなり縮んでいます。高い清酒や高いウイスキーは、富裕層以外には売りにくくなったというのが実態でしょう。

ワインは市場規模が拡大していて、しかも、Ｖの世帯が対消費支出額シェアで1位になっている唯一のお酒です。数量でみて、Ｖの世帯が平均の2倍飲んでいるからですが、価格は平均より少し高いだけです。全世帯でみても、ワインの購入価格は下がっていました。

Ｖの世帯では、ワインをふだんのお酒として飲む人たちが増えたのですが、「家でふだん飲むのは安くてお手頃なワイン」という傾向が強いようです。安いけれども十分に美味しいワインが増えたことで、このような変化が起きたと思われます。

全体として、酒類のメーカーはお酒を安く売る努力をしすぎたと感じられます。それで、高

図表57　年収階級による消費支出額の差 [31]

清酒

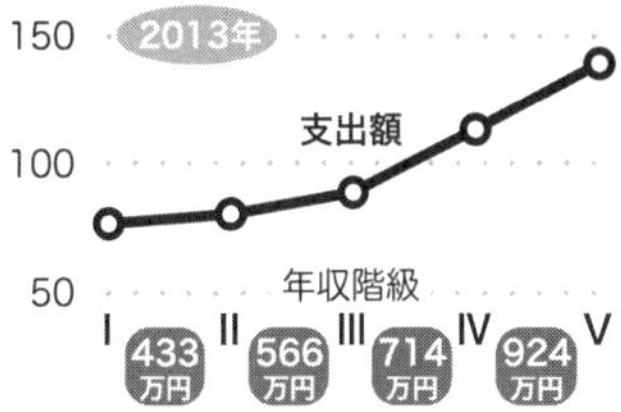

年収階級	支出額	対消費支出額シェア	格付け ★☆☆ 数量	価格
V	139	98	115	121
IV	114	101	129	88
III	89	95	86	103
II	81	97	90	89
I	77	109	80	96

※２人以上の勤労者世帯、平均=100、白抜き数字はその項目の最大・最高値

ワイン

年収階級	支出額	対消費支出額シェア	格付け ★★☆ 数量	価格
V	210	163	201	105
IV	132	129	132	100
III	65	76	58	111
II	56	74	65	87
I	38	59	43	88

※２人以上の勤労者世帯、平均=100、白抜き数字はその項目の最大・最高値

ウイスキー

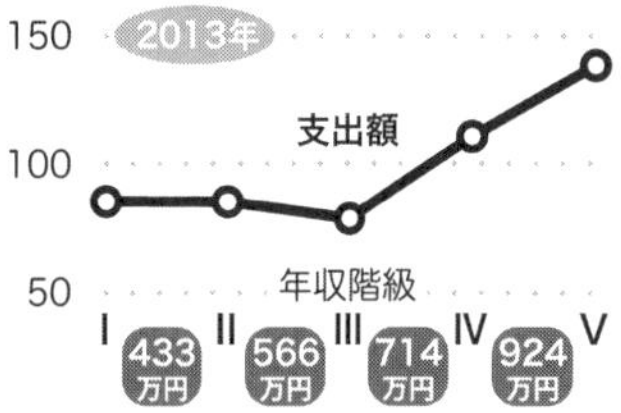

年収階級	支出額	対消費支出額シェア	格付け ★★☆ 数量	価格
V	139	97	125	110
IV	111	98	104	106
III	79	83	78	101
II	86	102	98	86
I	86	120	96	88

※２人以上の勤労者世帯、平均=100、白抜き数字はその項目の最大・最高値

（出所）総務省ホームページ：『家計調査（２人以上世帯、2013年）』

所得世帯に高いお酒を買ってもらうことにも失敗しつつあります。日本人の上位数%に入るような富裕層は、かなり高いお酒をまだまだ喜んで飲むでしょう。しかし、上位20%グループに入るという程度の高所得世帯では、すでに、ビールより発泡酒・ビール風アルコール飲料のほうを多く飲むようになっています。ワインは好きですが、ふつうは安いワインを飲みます。

お酒を買う世帯の比率は下がっていないのに、酒類のビジネスはかなり苦しい状況に陥っています。しかも、世帯主年齢別でみると、50歳代世帯と60歳代世帯の酒類への支出額はほぼ同水準で、40歳代世帯はそれより3割ほど小さい支出額になります。その40歳代を基準にすると、30歳代世帯の支出額はちょうど2割小さく、29歳以下世帯の支出額は半分以下です。

若い世代は、明らかにお酒を飲まなくなっています。おまけに、高齢になると飲酒量が減るのがふつうで、実際に70歳以上世帯の酒類への支出額は、60歳代世帯より2割ほど小さくなっています。人口変化を考えると、今後、酒類の国内市場はさらに縮み続ける可能性がかなり高いといえます。

➜食パンやマーガリンのギッフェン財現象

日本人の食生活で特にめだつ変化のひとつは、「米か、パンか」の主食（穀類）の変化でしょう。たとえば1993年には、パンへの支出額は米への支出額の4割程度しかありませんでした。５割に達したのが１９９５年で、約20年を経て、２０１３年に両者がほぼ同じ支出額になりました。

実際には、２０１１年にパンへの支出額が少し上回りましたが、これには東日本大震災と福島原発事故の影響があり、例外と考えることにします。２０１２年には２０１０年とほぼ同じ状況に戻り、そして２０１３年に改めて、米への支出額とパンへの支出額が等しくなりました（たった０・４％の差ですから、同じとみていいでしょう）。

20年間で購入量が増えたパンは「食パン」で、「他のパン」の購入量はむしろ減りました。また、「米」の購入量は20年間でかなり減りました。では、なぜ食パンの消費量が増えてきたのでしょうか。

原因のひとつは「食パンの価格が値上がりしたから」です。……誤植ではありません。もう一度書きます。食パンの価格が高くなったから、食パンの消費量が増えたのです。

ふつうは、価格が安くなることで消費量が増えます。反対に価格が高くなれば、消費量は減るのがふつうです。モノの消費のことをモノの〝需要〟とも表現しますから、これを「需要の法則」といいます。

この需要の法則とは逆に、価格が上がると需要（消費、購入）量が増えるモノを、「ギッフェン財」と呼びます。ギッフェンは、この現象について指摘した経済学者の名前です。「財」

は、モノや商品についての別の呼び名です。英語の「グッズ」の訳語として使われやすく、経済学ではこの財という表記を好みます。

19世紀のある時期にアイルランドで、「じゃがいも」の消費量がこのような性質を示していたと、ギッフェンが指摘していました。庶民にとっては主食だったじゃがいもが大幅に値上がりすると、食料品を買うために使う所得が実質的に減ってしまい、実質的に貧しくなった庶民は、ますます、じゃがいも（＝貧しい人たちの主食）ばかりを食べるしかなくなるという論理です。ただ、いまの世のなかでは「ギッフェン財なんて存在しない」と考える経済学者が多いでしょう。筆者もそうでした。

しかし、現代のこの日本で、過去20年ほどの間に、はっきりとギッフェン財の性質を示していた食料品があったのです。しかも、それが筆者もよく食べる食パンでしたから、本当に驚きました。……とはいえ、主食に近い食料品でないと起きにくい現象ですから、もしギッフェン財があるとすれば、食パンはその候補になると気づくべきでした。

図表58でデータを確認してみましょう。筆者は、金額・数量・価格の推移が記された表をながめて、ギッフェン財の性質があると気づいたのですが、さすがに表だけではわかりにくいと思いますので、あれこれ工夫してグラフ化しました。

ただし、図表58ではすべてを1991年を100とする指数にして、グラフにしています。

こうしたグラフは、それぞれの系列の変化だけをみるもので、食パンのグラフと米のグラフの高低を比較しても、なんの意味もありません。価格が高いほうのグラフが下になることも、数量が少ないほうのグラフが上になることもあるからです。

とにかく、各系列の変化しかわからないグラフだと意識して、しっかりとみてみましょう。上段には、消費者物価指数でみた価格変化をグラフ化してあります。こうした分析では、結果としてどの価格の商品を購入したのかをみるのではなく、同じ米やパンの価格変化がみられるようにしてある消費者物価指数をみるべきだからです。

また、家計調査では「他のパン」ですが、消費者物価指数では「あんパン」となっています。数量のデータであればこの差は致命的ですが、価格については、あんパンの価格が上がっているときには、食パンを除く他のいろいろなパンの価格も上がっていることが多く、実際に、家計調査の他のパンの購入価格は、あんパンの消費者物価指数の動きと連動しています。

1991年から順に時間を追ってみていくと、まず、1993年秋に収穫された米が記録的な不作で、1993年秋から1994年にかけて米の価格が高騰しました。このとき、食パンやあんパンの価格も少し上がりましたが、とにかく米の価格高騰が響いて、下段のグラフでみると、米の消費数量が大幅に減りました。これが家計を直撃したため、他のパンの数量も大幅に減っています。

図表58　ギッフェン財としての食パン

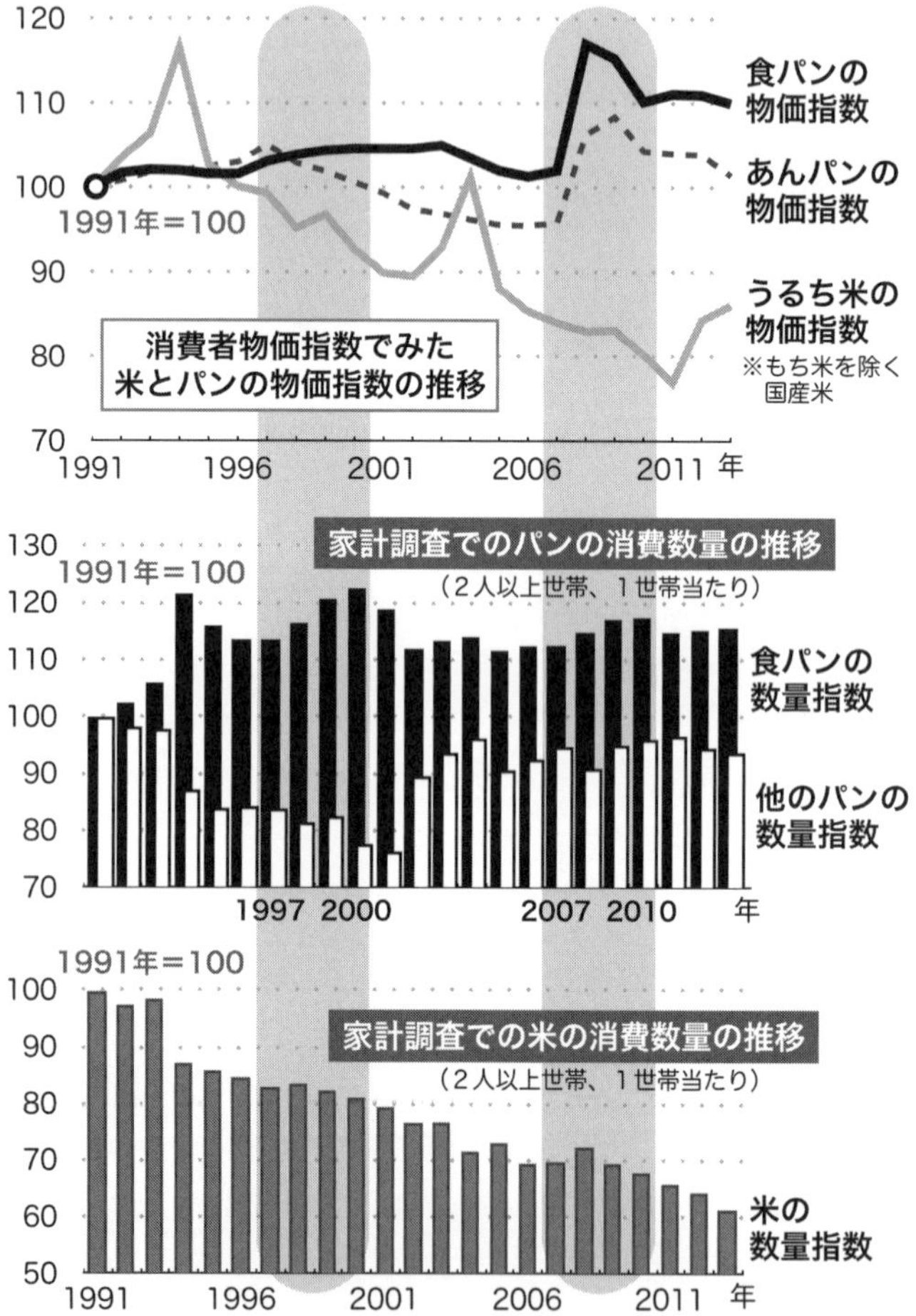

（出所）総務省ホームページ：『家計調査（２人以上世帯、2013年）』
『消費者物価指数（2013年）』

こうしたときに、日本の多くの世帯は、おそらく「主食（米とパン）全体にかける支出額を、できるだけ抑えようとする消費行動」をとるのでしょう。米、食パン、他のパンのなかで〝いちばん割安な主食である食パン〟の購入数量を大幅に増やして（米や他のパンから食パンに切り替えて）、主食全体にかける支出額を抑制したのです。

そのあと、また同じ考え方での行動が、１９９７年から２０００年にかけて起きます。この時期、米とあんパンの価格は下がったのですが、食パンの価格が上がり続けました。するとまた、３つのなかでいちばん割安な食パンの購入数量を増やし、米と他のパンの購入数量を減らしたのです。

またしても、割安な主食へのシフトで、食パンの価格上昇に対抗したのでした。そのシフト先の主食が、シフトの必要性を生み出した（値上がりした）食パンであったため、まさに「値上がりしたことが原因で、需要が増える」というギッフェン財の性質を示したのでした。

食パンの価格がもっとはっきりと高騰したのは、国際的なマネーゲームの資金が穀物市場に流入し、国際的に原材料・燃料価格が急激に値上がりした２００８年です。これが、食パンをふくむパンの価格を高騰させたのでした。そのあとの2年間である程度は戻りましたが、２０１０年の食パンとあんパンの価格は、２００７年よりずっと高いままでした。

この期間にも、食パンの購入数量は、当然のように増加しました。しかも、その前後の数年と比べて、増加スピードが上がっています。またしても「価格が高騰したから、需要が増えた」というギッフェン財の現象が起きています。

その期間中、2008年には、さすがに米の購入数量が増えていて、他のパンの数量だけが減っています。あんパンの価格も急騰していて、米の価格はそれ以前と比べてずいぶんと安くなっていましたから、他のパンから米への切り替えも起きたのでした。

翌2009年には、あんパンの価格がさらに上がり、食パンの価格は少し下がったものの、2007年よりもずっと高いままで、米の価格は少しだけ上がるという、消費者にとっては困った状況が続きました。これに対して消費者が選んだ対抗策は、値上がりが続いた他のパンの購入数量を改めて増やし、過去十数年よりかなり価格が高いままの食パンの数量も増やし、米の購入数量を改めて減らすという行動でした。

2009年には、食パンだけでなく、他のパンをふくめたパン全体がギッフェン財の性質をもっていたといえます。この2年間でのパンの価格上昇が急激だったからです。そして、2013年にはパン全体への支出額が米への支出額に並んだわけですが、そこまで米の支出額が小さくなってしまった原因のひとつは、食パンや他のパンの価格上昇だったといえます。

なお、国際的な穀物価格の高騰が起きたときには、日本銀行の金融緩和政策によって供給されたマネーが、いわゆる円キャリートレードによって国際金融市場に流れ込み、その一部が国際的な穀物市場に流れたことが原因だったと、筆者は考えています。この点は拙著『日本経済の奇妙な常識』（講談社現代新書、２０１１年）で解説しています。

筆者の考えが正しければ、２０１３年から日本銀行の金融緩和政策がさらに強くなっていますから、その効果が回りまわって日本国内のパンの価格を押し上げる（あるいは高止まりさせる）可能性が高いと思われます。その際に、食パン（あるいはパン全体）がギッフェン財としての性質を維持するかぎり、米からパンへのシフトが続きますから、米の消費量の減少傾向は止まらないことになります。はたして、実際にはどうなるでしょうか。

食パンにつける（塗る）「バター、マーガリン、ジャム」の消費についても、年収別のデータをみてみましょう。図表59で整理しました。……もうひとつ、ギッフェン財としての性質を示したことがある食料品が、このなかにあるのです。

バターとマーガリンを比べると、所得差がはっきりと出るのは、「バター」です。Ⅴの世帯がいちばん多い数量を買い、支出額でもトップです。

「マーガリン」はどの年収グループもほぼ同じ支出額・数量・価格です。Ⅰの世帯の支出額ははっきり小さくみえますが、平均と1割弱の差です。Ⅴの世帯がいちばん高く買いますが、平均よりたった5％高いだけで、Ⅳの世帯の価格と僅差です。また、マーガリンの消費量がはっきりと多い地方があり、それは関西地方です。全国平均より2～3割多く消費します。

図表59　年収階級による消費支出額の差［32］

バター

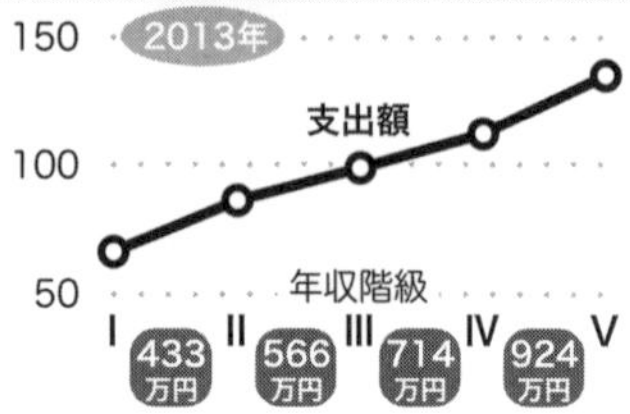

格付け ★☆☆

年収階級	支出額	対消費支出額シェア	数量	価格
V	134	94	133	101
IV	106	94	103	103
III	98	103	100	98
II	93	112	94	99
I	69	97	71	97

※２人以上の勤労者世帯、平均=100、白抜き数字はその項目の最大・最高値

マーガリン

格付け ☆☆☆

年収階級	支出額	対消費支出額シェア	数量	価格
V	103	69	98	105
IV	103	88	99	105
III	100	102	101	100
II	102	117	106	96
I	92	124	97	95

※２人以上の勤労者世帯、平均=100、白抜き数字はその項目の最大・最高値

ジャム

格付け ★★☆

年収階級	支出額	対消費支出額シェア	数量	価格
V	123	85	111	111
IV	107	93	107	100
III	98	102	101	97
II	87	103	93	93
I	85	117	88	96

※２人以上の勤労者世帯、平均=100、白抜き数字はその項目の最大・最高値

（出所）総務省ホームページ：『家計調査（２人以上世帯、2013年）』

じつは、2007年から2009年にかけて、バターとマーガリンも大幅に値上がりしました。このとき、マーガリンの消費量は2008年に4％ほど増えました。価格は1割ほど値上がりしたのですが、1グラム当たりの価格水準はバターの半値以下でしたので、安いマーガリンの消費量を増やすことで、マーガリンとバターの値上がりに対処したのです。これもギッフェン財の例といえます。……ただし、翌2009年には、さらなる値上がりに対して消費量を減らしましたから、一時的な現象としての例です。

図表59の下段の「ジャム」は、さほど大きな差ではありませんが、Vの世帯が支出額・数量・価格でトップの数値になっていて、高所得世帯に対してそれなりにうまく売っています。ビジネスとしては、もっと改善が期待できそうな商品のひとつといえます。

しかも、ジャムの購入数量は、1990年代前半から2000年前後にかけて約1割増えました。その後も同程度の水準を維持しています。これは、食パンの消費量増加に連動した変化です。また、購入価格は20年前からほとんど変わっていません。毎年の変動はせいぜい3％までです。

さて、ここまでのギッフェン財の話を応用して、2014年に話題になった「発泡酒とビール風アルコール飲料（第3のビール）の酒税の増税」について、少し考えてみましょう。図表60のような税額になっているのに対して、税額の差を縮める案が出ていました。

図表60　ビール・発泡酒・ビール風アルコール飲料の酒税額

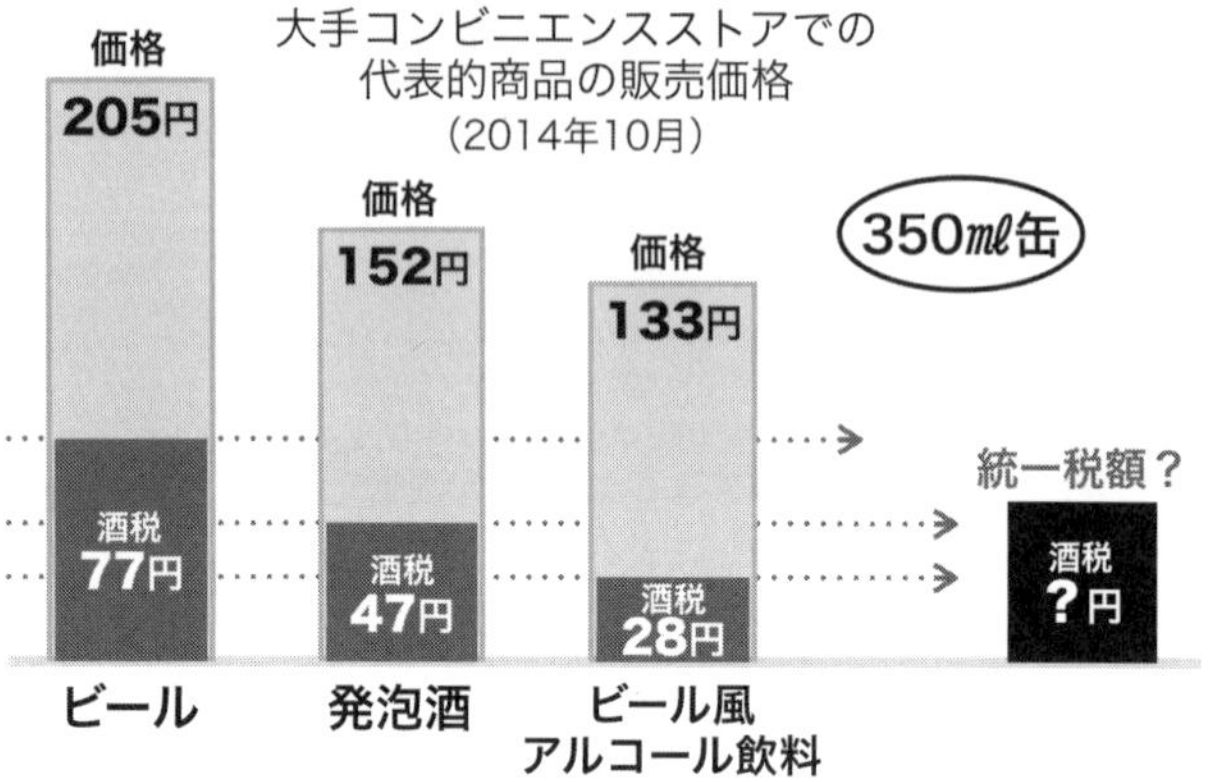

発泡酒と第3のビールを増税し、ビールの酒税は引き下げ、全体で酒税の総額は維持しようという案でした。現実にそうした酒税変更がおこなわれると、税負担が減るのは、ビールのほうを多く飲んでいる世帯だけでしょう。ほとんどの世帯には増税になりそうです。

その増税に節約で対抗しながら、飲む量は減らしたくないとすれば、さらに発泡酒や第3のビールへのシフトが加速しそうです。酒税が変わっても、メーカーは発泡酒と第3のビールをビールより安く売り、他方で、増税に対抗するために節約をしたい消費者は、少しでも安いお酒に切り替えるからです。食パンやマーガリンでみられたギッフェン財としての現象が、またみられそうです。……愉快な現象ではありませんから、筆者はこの酒税変更に〝反対〟です。

↓外食にかぎれば、Vの世帯の対消費支出額シェアがいちばん高い！

食料のなかには「外食」もふくまれています。外食のうちの「食事代」でも「飲酒代」と「喫茶代」でも、支出額・対消費支出額シェアの両方でVの世帯がトップです。サービスの部分が大きく、美味しいとか、お洒落だといった感情で評価されやすいので、全体的に、高所得世帯にうまく売るのに成功しています。

しかし、食事代はもっと細かく分類されています。Vの世帯にうまく売ることができているかどうかで、グループ分けして紹介しましょう。

○《支出額・対消費支出額シェアの両方で、Vの世帯が1位》
日本そば・うどん／和食／中華食／洋食

△《支出額ではVの世帯が1位、Vの世帯の対消費支出額シェアは1位ではない》
すし／中華そば

×《Vの世帯の支出額が1位ではない》
ハンバーガー

最初のグループは高所得世帯への販売で成功しています。

「すし」は意外にうまくいっていません。Vの世帯の対消費支出額シェアはちょうど平均と同じですから、まあまあですが、和食店などより劣ります。高級なお寿司屋さんが苦戦し、回転寿司に高所得世帯の顧客まで奪われていることがわかります。

「中華そば」は支出額ではVの世帯が1位ですが、Vの世帯の対消費支出額シェアは平均より1割以上低い水準で、高所得世帯への販売に成功しているとはいえません。もともと、高所得世帯に売るのがむずかしいタイプの外食店なのかもしれませんが、高所得世帯にもラーメン好きはたくさんいますから、工夫の余地はありそうです。

最後の「ハンバーガー」は、高所得世帯にうまく販売できていません。世帯主が50歳未満の世帯が通うお店ですから、若い人たちの賃金がもっと上がってくれないと、構造的に利益を稼ぎにくいといえます。

↓産地より消費地のほうが盛り上がる時代

家計調査のデータでよく知られているもののひとつは、いろいろな品目の支出額あるいは数量についての都市別ランキングです。その1位と、ときには1位争いをする2位が注目されます。とりわけ有名なのは、「はじめに」で触れた「ぎょうざ」への支出額での宇都宮市と浜松市の1位争いです。

長年宇都宮市が1位を守ってきたのに、2011年と2012年には浜松市に1位の座を奪われ、2013年になって宇都宮市が1位を奪還しました。新聞・テレビの全国ニュースで取り上げられたほどです。

もともと、宇都宮市が家計調査のデータで「ぎょうざ」への支出額1位を続けていたことに基づいて、宇都宮市の人たちが「ぎょうざの街」をアピールしていました。他方で、2007年まで、浜松市はこのランキングの対象外でした。47都道府県庁所在市と、それ以外の政令指定都市だけが調査対象になるからです。日本の全都市が競うのではなく、地区予選もないままに都道府県庁所在市が自動的に県代表に選ばれて、家計調査の舞台で戦うわけです。

甲子園でおこなわれる高校野球の全国大会の、消費行動版のようなものです。それが、家計調査が調べるすべての品目でおこなわれていると考えてください。そのうえで、都道府県庁所在市以外の政令指定都市は、2枠目の県代表となります。……本書は、都道府県の比較を都道府県庁所在市を代表としておこなうという趣旨ですので、都道府県庁所在市ではない政令指定都市を除いて比較しています。

しかし、マスメディア報道では、政令指定都市もすべてふくめたランキングをみています。2007年4月に政令指定都市になった浜松市が、2008年から突然2位に登場したのは、そんな理由があったからです。ですから、宇都宮市や浜松市よりもずっと「ぎょうざ」への1世帯当たり支出額が大きな都市は、もしかするとどこかにあるかもしれません。

甲子園での高校野球は地区予選がありますから、正真正銘の全国1位ですが、家計調査は真の全国1位ではありません。それでも、都道府県庁所在市を代表にするというルールの下《もと》での1位なら納得できますので、本書では47都市だけで比較しています。

ちなみに、すべての政令指定都市を加えることにすると、2013年なら「川崎市、相模原市、浜松市、堺市、北九州市」の5都市が入ります。このうち2つは神奈川県です。神奈川県は人口で全国2位ですが、神奈川県だけ3つの代表が参加し、人口1位の東京都では代表の追加はありません。あまりに不公平ですから、本書では川崎市や浜松市などをふくめていません。

さて、2013年に宇都宮市が1位を奪還したというニュースのなかでは、宇都宮市の関係者が奪還のために努力してきたことが報じられ、浜松市の関係者が「これだけの大差になるとはびっくりした」とコメントしていました。しかし、図表61をみると、2013年の両都市は2010年よりもずっと低調な戦いをしていたとわかります。

そもそも、このランキングは「各都市での販売額」を競ってはいません。あくまで「各都市での消費支出額」を調べているデータに基づいているからです。そして、調理されたぎょうざ

図表61　宇都宮市と浜松市のぎょうざ消費1位争い

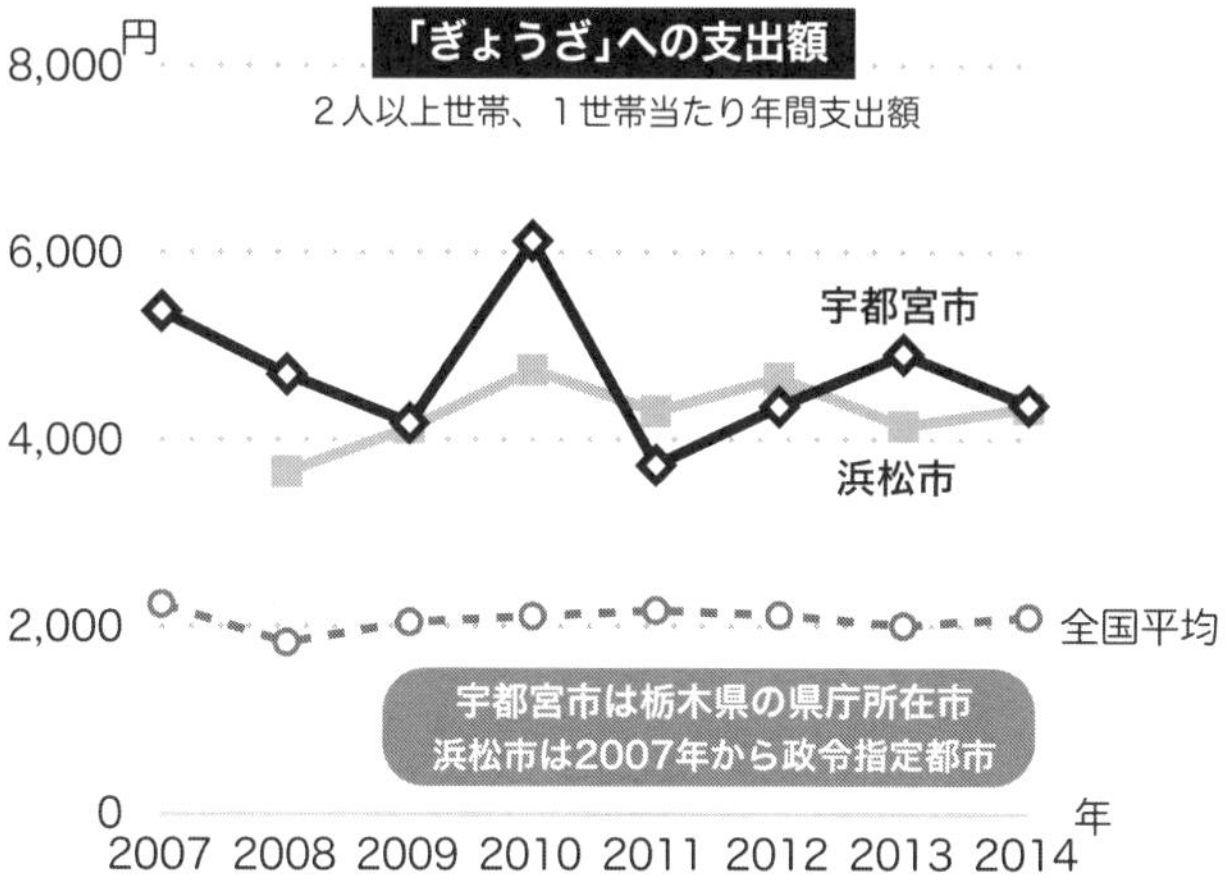

（出所）総務省ホームページ：『家計調査（2人以上世帯、各年）』

を〝テイクアウト〟で買ったときにだけ、カウントされます。お店で食べてしまうと、外食のほうに入ってしまうのです。しかも、冷凍食品のぎょうざを買うと、「ぎょうざ」ではなく「冷凍調理食品」に分類され、やはりカウントされません。

　家計調査は、単純に、宇都宮市民の食生活を集計していますから、宇都宮市内で買ったぎょうざかどうかはまったく関係なく、仕事帰りに東京駅近くで買っても、どこで買っても、宇都宮市での支出額を増やします。しかも、その人が買ってから東京のオフィスに戻って食べても、宇都宮市での支出額に入る点は変わりません。宇都宮市内で食べなくてもいいのです。

　自分で食べずに、他の地域に住む友人に

お土産として渡しても、代金を宇都宮市民が支払っていれば、宇都宮市での支出額に入ります。川崎市のオフィスに通う宇都宮市民が、横浜の中華街にある人気店から大量に取り寄せて買って、川崎市で食べ、一部を同僚が持ち帰っても、同じことです。

くどいようですが、単に「ぎょうざ」の〝消費〟の大きさをみているのであって、〝売上（販売）〟や〝生産〟はまったくみていません。ですから、「ぎょうざ消費日本一」は、その都市のぎょうざが美味しいことを保証しません。

しかし、いまは不況でモノを売るのがたいへんなのですから、「消費で1位」を誇ることは正しいと、筆者は考えます。家計調査のランキングを利用して全国にぎょうざ戦争をアピールしている宇都宮市と浜松市はすばらしいと思います。

この事例からわかる大切な点は、第1に、どこの都市であっても、家計調査でのなんらかの食料品で1位争いができているなら、それを地域振興に使える可能性があるということです。第2に、なんらかの食料品を売りたい企業にとって、その消費で1位争いをしている都市は、利用価値があるということです。

マスメディアにお願いがあるとすれば、他の消費1位も話題にしてほしいというだけです。「はじめに」で紹介したように、たとえば「納豆」のバトルのほうが熾烈《しれつ》です。

↓生鮮魚介消費は「太平洋側・東日本」と「日本海側・西日本」に分かれる

家計調査のデータはマーケティング戦略に使えます。「なにがどこでたくさん売れているか」や「なにがどこで高く売れているか」がわかるデータだからです。知的に楽しむための教養として、日本各地の人たちの暮らしがどう異なっているかに興味がある人にも、おもしろいはずのデータです。自分が生まれ育ったり、いま住んでいたりする都道府県が、他の都道府県に比べてどのような特徴をもっているのかを把握したい人にも、役に立つデータです。

ただ、1年ごとに集計した家計調査で都道府県庁所在市の比較をしようとすると、いくつかの分野のデータは使いにくいといえます。1年間での購入の頻度が少ないとき、都道府県庁所在市別にしてしまうと、調査サンプル数が少なくなりすぎる可能性があるからです。

ひんぱんに買い物をする品目であれば、十分なデータ数があります。この意味では、家計調査でいちばん使えるデータは、食料品に関するものです。原則として毎日3食分の買い物をしているのですから。しかも、家計調査は食料品を細かく分けていて、数量と価格まで調べている品目がたくさんあります。

そこでこのあとの第2部では、47都道府県庁所在市の食生活の特徴を、家計調査にしたがって整理します。その前に、「生鮮魚介」について、47都道府県庁所在市を網羅した比較をしてみましょう。

家計調査が個別に集計している生鮮魚介は、「まぐろ、ぶり、さけ、……」の18種類です。47の都道府県庁所在市ごとに、この18種類を支出額が大きい順に並べたのが、図表62です。2012年と2013年の2年間の平均をみています。

そこに住む消費者が家で食べるために買っているときの支出額を集計していて、外食はふくみません。また、「さしみ盛合わせ」として買ったモノは、品目別に集計されていません。

また、47の都道府県を並べるときに日本政府が規定の並び順としているものを、いくつか変更しています。太平洋側か日本海側かを意識して、並び順を変えていて、岐阜市、静岡市、名古屋市、津市まで来たあとに、新潟市、富山市、金沢市、福井市と続きます。この津市までが、おおまかにいうと「太平洋側・東日本」で、新潟市からが「日本海側・西日本」です。

このように分けると、太平洋側・東日本は「まぐろ」を好む食文化、日本海側・西日本は「ぶり」を好む食文化に分かれていることが確認しやすいでしょう。ただし、西日本の四国にある高知市と、南端にある那覇市は、「太平洋側」として、例外的に「太平洋側・東日本」にふくめるべきかもしれません、どちらも「まぐろ」好きだからです。

大阪市は、近畿の中心地で、西日本の中心でもあります。しかし、支出額1位の生鮮魚介は「まぐろ」です。逆に、千葉市、東京都区部、横浜市では、「ぶり」への支出額も大きくなっています。大阪市や東京都区部は、転勤などで他の地域からたくさん人が入ってきます。その結果、東西の生鮮魚介の食文化が、交ざってきたのではないかと思われます。

なお、各都道府県庁所在市の行ごとに、左右にはっきりと分ける線を書いています。その右側では文字（フォント）を少し細くしてあります。この線は、1年間での支出額が2600円を超える生鮮魚介と、そうでない生鮮魚介の間に引いてあります。なお、2600円という金額に深い意味はなく、試行錯誤したうえで設定したものです。

支出額が2600円を超える生鮮魚介が6品目ある都市は、金沢市、京都市、鳥取市です。他方で、東北地方の山形市、関東地方の宇都宮市、前橋市、さいたま市では、2600円を超える生鮮魚介は「まぐろ、さけ」の2種類しかありません。全体的に、太平洋側・東日本よりも、日本海側・西日本のほうが、多彩な生鮮魚介を好んでいると感じられます。

全国での支出額1位は「まぐろ」で、2位が「さけ」です。しかし、日本海側・西日本ではベスト3から外れやすい「まぐろ」とちがって、「さけ」は多くの市でベスト3に入っています。また、「塩干魚介」として「塩さけ」への支出額も調査されていて、「まぐろ」についてはそういった品目がありません。「塩さけ」を加えると、「さけ」への支出額が「まぐろ」を上回り、日本でいちばん人気がある魚介となります。

どこでも一定の人気がある魚介として、他に「えび」があります。「さけ」と「えび」は、

図表62 都道府県庁所在市別の生鮮魚介消費支出額順位

2012・2013年平均 家計調査 2人以上世帯

11	12	13	14	15	16	17	18	
かき	しじみ	さば	かつお	あさり	たい	いわし	あじ	札幌市
たこ	さば	しじみ	いわし	あじ	あさり	たい	かき	青森市
たい	しじみ	さば	あじ	たこ	あさり	いわし	かき	秋田市
かに	あさり	かき	あじ	さば	たい	しじみ	いわし	山形市
たこ	あさり	かき	あじ	さば	しじみ	いわし	たい	盛岡市
かに	たこ	あさり	しじみ	さば	あじ	たい	いわし	仙台市
かに	あさり	かき	さば	しじみ	あじ	たい	いわし	福島市
かれい	しじみ	あさり	あじ	かき	さば	たい	いわし	水戸市
あさり	さば	あじ	かき	かれい	しじみ	たい	いわし	宇都宮市
ほたて	さば	たこ	かき	かれい	いわし	しじみ	たい	前橋市
さんま	ほたて	さば	かき	かれい	たい	しじみ	いわし	さいたま市
あさり	たこ	かれい	かき	さば	いわし	たい	しじみ	千葉市
あじ	かき	さんま	たい	かれい	さば	しじみ	いわし	東京都区部
あさり	さんま	さば	かき	かれい	たい	いわし	しじみ	横浜市
たこ	さば	かき	しじみ	かつお	かれい	たい	いわし	甲府市
さば	かに	かつお	あじ	かき	たい	いわし	しじみ	長野市
あさり	かれい	かき	ほたて	たい	あじ	いわし	しじみ	岐阜市
あさり	たこ	さんま	かき	しじみ	いわし	かれい	たい	静岡市
ほたて	かき	さば	たい	あじ	かれい	いわし	しじみ	名古屋市
あさり	さんま	かき	ほたて	いわし	かれい	たい	しじみ	津市
かつお	あじ	あさり	かき	さば	いわし	しじみ	たい	新潟市
たこ	ほたて	あさり	かつお	たい	いわし	かき	しじみ	富山市
いわし	あさり	たい	さんま	かき	ほたて	かつお	しじみ	金沢市
あじ	かつお	さんま	ほたて	たい	しじみ	いわし	かき	福井市
さば	あさり	さんま	あじ	ほたて	かき	いわし	しじみ	大津市
かき	さば	ほたて	あじ	あさり	さんま	いわし	しじみ	京都市
さば	ほたて	かき	あさり	あじ	さんま	いわし	しじみ	大阪市
かき	ほたて	さば	さんま	あじ	あさり	いわし	しじみ	神戸市
かき	ほたて	さば	さんま	あじ	あさり	いわし	しじみ	奈良市
たこ	かれい	ほたて	かき	あさり	さんま	いわし	しじみ	和歌山市
かつお	さば	あさり	たこ	ほたて	しじみ	さんま	たい	鳥取市
まぐろ	いわし	さんま	かつお	たこ	あさり	かき	ほたて	松江市
かつお	さば	あじ	さんま	あさり	ほたて	いわし	しじみ	岡山市
さば	さんま	かつお	かに	ほたて	いわし	あさり	しじみ	広島市
かつお	たこ	さんま	いわし	あさり	ほたて	かき	しじみ	山口市
かに	さば	あさり	ほたて	かき	かれい	いわし	しじみ	徳島市
あじ	さば	さんま	かれい	ほたて	あさり	いわし	しじみ	高松市
たこ	さんま	あさり	ほたて	かき	かれい	いわし	しじみ	松山市
あさり	たい	ほたて	さんま	かき	いわし	しじみ	かれい	高知市
ほたて	さんま	たこ	あさり	かき	かつお	いわし	しじみ	福岡市
さば	いわし	さんま	ほたて	たこ	かつお	かき	しじみ	佐賀市
まぐろ	いわし	かき	たこ	かつお	かれい	さんま	しじみ	長崎市
あさり	かつお	かれい	ほたて	さんま	いわし	かき	しじみ	熊本市
たこ	いわし	ほたて	さんま	あさり	かつお	かき	しじみ	大分市
たい	たこ	あさり	ほたて	かれい	さんま	かき	しじみ	宮崎市
あさり	かに	いわし	ほたて	さんま	かれい	かき	しじみ	鹿児島市
たこ	ほたて	かれい	かに	あじ	しじみ	かき	いわし	那覇市

※「かき（貝）」を「かき」、「ほたて貝」を「ほたて」と表記

	1	2	3	4	5	6	7	8	9	10
札幌市	さけ	まぐろ	えび	いか	ほたて	かに	かれい	さんま	たこ	ぶり
青森市	さけ	まぐろ	いか	ほたて	えび	かれい	ぶり	さんま	かに	かつお
秋田市	さけ	まぐろ	えび	いか	かれい	ぶり	ほたて	さんま	かつお	かに
山形市	まぐろ	さけ	いか	かつお	ぶり	えび	ほたて	さんま	かれい	たこ
盛岡市	まぐろ	さけ	かつお	ぶり	いか	えび	ほたて	かれい	さんま	かに
仙台市	まぐろ	さけ	かつお	えび	ぶり	いか	かれい	さんま	ほたて	かき
福島市	まぐろ	さけ	かつお	えび	いか	ぶり	かれい	さんま	ほたて	たこ
水戸市	まぐろ	さけ	かつお	ぶり	えび	いか	たこ	さんま	ほたて	かに
宇都宮市	まぐろ	さけ	えび	ぶり	いか	かつお	さんま	かに	ほたて	たこ
前橋市	まぐろ	さけ	えび	いか	ぶり	かに	さんま	あさり	かつお	あじ
さいたま市	まぐろ	さけ	ぶり	えび	いか	かつお	たこ	あさり	あじ	かに
千葉市	まぐろ	さけ	ぶり	えび	いか	かつお	かに	あじ	ほたて	さんま
東京都区部	まぐろ	さけ	ぶり	えび	いか	かつお	たこ	かに	あさり	ほたて
横浜市	まぐろ	さけ	えび	ぶり	いか	かに	ほたて	たこ	あじ	かつお
甲府市	まぐろ	さけ	えび	いか	あさり	ぶり	ほたて	かに	あじ	さんま
長野市	まぐろ	さけ	えび	ぶり	いか	ほたて	あさり	さんま	かれい	たこ
岐阜市	まぐろ	さけ	えび	ぶり	いか	かに	さんま	さば	たこ	かつお
静岡市	まぐろ	さけ	えび	かつお	かに	いか	ぶり	あじ	ほたて	さば
名古屋市	まぐろ	さけ	えび	ぶり	いか	かに	たこ	あさり	かつお	さんま
津市	まぐろ	ぶり	えび	さけ	いか	かに	かつお	たこ	あじ	さば
新潟市	さけ	ぶり	まぐろ	えび	いか	かに	かれい	ほたて	さんま	たこ
富山市	ぶり	まぐろ	いか	さけ	えび	あじ	かに	かれい	さば	さんま
金沢市	ぶり	かに	さけ	えび	いか	まぐろ	かれい	あじ	さば	たこ
福井市	ぶり	かに	さけ	いか	まぐろ	えび	かれい	たこ	あさり	さば
大津市	ぶり	さけ	まぐろ	えび	かに	いか	かれい	たい	たこ	かつお
京都市	さけ	ぶり	えび	まぐろ	かに	いか	かれい	たい	たこ	かつお
大阪市	まぐろ	さけ	えび	ぶり	いか	かに	たこ	たい	かれい	かつお
神戸市	ぶり	さけ	えび	まぐろ	かに	いか	たい	たこ	かつお	かれい
奈良市	えび	さけ	まぐろ	ぶり	かに	いか	たこ	かれい	たい	かつお
和歌山市	えび	まぐろ	ぶり	さけ	いか	かに	かつお	たい	さば	あじ
鳥取市	かに	ぶり	かれい	いか	えび	さけ	あじ	まぐろ	いわし	かき
松江市	ぶり	さけ	あじ	いか	かれい	えび	かに	さば	しじみ	たい
岡山市	ぶり	さけ	えび	いか	かに	まぐろ	かき	たこ	たい	かれい
広島市	ぶり	かき	さけ	えび	いか	たい	あじ	まぐろ	たこ	かれい
山口市	ぶり	えび	さけ	あじ	いか	たい	かれい	かに	まぐろ	さば
徳島市	ぶり	えび	さけ	まぐろ	かつお	いか	たい	たこ	あじ	さんま
高松市	ぶり	さけ	えび	まぐろ	いか	たこ	かつお	かに	かき	たい
松山市	さけ	ぶり	えび	かつお	たい	いか	かに	まぐろ	あじ	さば
高知市	かつお	まぐろ	ぶり	えび	いか	さけ	あじ	かに	さば	たこ
福岡市	ぶり	さけ	えび	たい	いか	あじ	かに	さば	まぐろ	かれい
佐賀市	ぶり	さけ	たい	えび	あじ	いか	かれい	まぐろ	かに	あさり
長崎市	ぶり	えび	さけ	あじ	たい	いか	かに	さば	あさり	ほたて
熊本市	ぶり	えび	さけ	たい	まぐろ	いか	あじ	かに	さば	たこ
大分市	ぶり	さけ	えび	いか	あじ	たい	かに	まぐろ	さば	かれい
宮崎市	ぶり	さけ	まぐろ	えび	あじ	かつお	いか	さば	かに	いわし
鹿児島市	さけ	ぶり	えび	まぐろ	いか	さば	あじ	たい	かつお	たこ
那覇市	まぐろ	さけ	えび	いか	ぶり	かつお	さんま	さば	たい	あさり

(出所) 総務省ホームページ:『家計調査(2人以上世帯、2012・2013年)』

外国からの輸入が多く、そうした魚介だからこそ全国で人気があるのかもしれません。回転寿司などで「サーモン」を好む子どもたちには、国産で天然物の「さけ」よりも、ノルウェーやチリで養殖された「さけ（サーモン）」のほうがずっと人気があります。魚介が大好きな日本人ですが、じつは〝国産・天然物へのこだわり〟はすでに薄らいでいます。

➔支出額での突出した1位は、「かつお」の高知市、「かき」の広島市

視点を変えて、18種類の生鮮魚介について、47都道府県庁所在市を支出額の大きい順に並べたのが、図表63です。

2ページにわたる表の右端は、1位が札幌市の「さけ」で、左端は、1位が長崎市の「あじ」です。1位の都市を太平洋側・東日本グループと日本海側・西日本グループに分け、前者を右、後者を左に分けたうえで、できるだけ、1位の都市が北海道から順に九州に向かうように、右から左への並べ方を決めました。

右から2つ目が「ほたて貝」で、1位が青森市、2位が札幌市です。「さけ」での1位と2位が入れ替わるかたちになっています。

3つ目が秋の味覚「さんま」で、1位が仙台市、2位以降は、盛岡市、秋田市、青森市、山形市、と東北地方が5位までを独占しています。6位が札幌市で、福島市は12位ですが、これ

は東日本大震災と福島原発事故の影響を受けてのもので、2010年までは、福島市も他の東北の県庁所在市と同じぐらい「さんま」を消費していました。東北6県の県庁所在市が1位から6位までを独占するのが、本来の姿です。

「さんま」の水揚げが圧倒的に多いのは北海道です。岩手・宮城・福島・茨城・千葉県でも水揚げがあります。しかし、産地より消費地を重視するという本書の視点で評価すれば、誰がなんといおうと、「さんま」は東北地方の魚です。多くの日本人が食べる主要な魚介のなかで、ひとつの地方で、これほどめだって愛されている魚は、他にないと感じます。「さんま好き」は東北地方の食文化のひとつです。

つぎの「まぐろ」は、静岡市が1位で、地理的には静岡市を中心にした地域で「まぐろ」の消費が多いといえます。実際に、2位が甲府市、3位が横浜市です。以下、東京都区部、前橋市、千葉市と、関東が続きますが、つぎに名古屋市が入ります。甲府市、横浜市、名古屋市は静岡県と隣接する県の県庁所在市です。

関東地方の人たちは、全国平均の1・5倍の「まぐろ」や「ぶり」を買います。先の図表62に戻って説明を補足すると、関東では2位の「さけ」との差が大きく、「まぐろ」の人気が際立っています。東北地方・沖縄県の人たちも「まぐろ」がいちばん好きですが、東北では、2位の「さけ」との差が小さいのです。

また、東海地方の名古屋市と津市でも、1位の「まぐろ」と2位の「さけ」や「ぶり」との差が大きくなっています。関東と東海で「まぐろ」の人気が高いのは、日本でいちばん「まぐろ」を食べる静岡（市・県）から地理的に近いからだといえそうです。

生鮮魚介では全国平均で1位の「まぐろ」は、日本の食文化を代表する魚介ですが、そんな「まぐろ」でも、やはり、都道府県庁所在市別で全国1位の静岡市の〝消費牽引力〟は絶大だといえます。

「あさり」の1位は甲府市で、2位は東京都区部です。3位に九州の佐賀市が入りますが、これは例外的で、関東・東海地方を中心に人気があります。ここまでが、太平洋側・東日本が優位に立つ生鮮魚介です。

つぎの「かつお」は、1位の高知市が突出した支出額になっています。18種類の生鮮魚介のなかで、1位の都市での支出額が2位の都市の2倍以上になっていて、ダントツの品目が2つあります。「かつお」と、すでに第2章の図表17でも紹介した「かき（貝）」で、誰もが1位の消費地を知っていそうな品目です（かきの1位は広島市）。

また、高知市と「かつお」は、できれば太平洋側・東日本に入れたい感じですので、この位置に置きました。「かつお」のつぎからは日本海側・西日本が優位に立つ魚介となります。

「いか」と「ぶり」の2品目で1位なのは、富山市です。「いか」を左に置いたのは、2位が青森市だからです。「ぶり」は日本海側・西日本グループではいちばん人気がある魚介です（図表62で確認できます）。こちらのグループのほうが〝魚介にうるさい〟感じがしますから、「本当の魚好きはまぐろよりぶりを好む」なんて声が、どこからか聞こえてきそうな気がします。

「たこ」の1位は大阪市です。たこ焼きに入っているものは集計にふくまれていませんが、さすがに、たこ焼きで知られた大阪です（家庭に「たこ焼き器」があるのがふつうだといわれています）。この1位を譲るわけにはいきません。2位が奈良市、3位が関西に近い高松市、4位が京都市、神戸市と和歌山市が6位と7位ですから、「たこ」は関西（近畿）地方の魚介だといえます。

「えび」も、1位が和歌山市、2位が奈良市、3位が京都市で、大阪市も5位に入っていますから、関西の魚介です。和歌山市は「さば」でも1位です。「さば」になると、2位に鹿児島市、3位に松江市と、中国・九州地方の都市が入ってきます。4位以降も、福岡市、大分市、山口市、広島市と続き、そのあとは四国の松山市と高知市が入ります。

「かれい」と「かに」と「いわし」の3品目で1位なのは、鳥取市です。18品目だけのランキングですから、3品目制覇はすごいと感じます。隣県の松江市も負けておらず、「しじみ」で1位です。北陸地方は富山市が2品目を制しましたが、山陰地方は鳥取市と松江市しかないのに、あわせて4品目を制しています。

図表63 生鮮魚介への消費支出額の都道府県庁所在市順位

2012・2013年平均 家計調査 2人以上世帯

ぶり	いか	かつお	あさり	まぐろ	さんま	ほたて貝	さけ	
富山	**富山**	**高知**	**甲府**	**静岡**	**仙台**	**青森**	**札幌**	1
金沢	青森	仙台	東京	甲府	盛岡	札幌	青森	2
山口	鳥取	静岡	佐賀	横浜	秋田	盛岡	長野	3
高松	金沢	水戸	横浜	東京	青森	秋田	前橋	4
長崎	和歌山	盛岡	名古屋	前橋	山形	仙台	仙台	5
佐賀	松江	福島	静岡	千葉	札幌	新潟	新潟	6
松江	新潟	山形	さいたま	名古屋	千葉	横浜	盛岡	7
徳島	札幌	和歌山	仙台	さいたま	名古屋	山形	福島	8
鳥取	秋田	宮崎	千葉	仙台	新潟	甲府	甲府	9
福井	京都	徳島	津	宇都宮	広島	静岡	山形	10
大分	甲府	松山	長野	津	松山	千葉	秋田	11
京都	高知	千葉	鳥取	盛岡	福島	東京	水戸	12
和歌山	福井	宇都宮	京都	水戸	水戸	長野	千葉	13
広島	大阪	高松	金沢	山形	津	奈良	京都	14
高知	山口	津	前橋	福島	横浜	名古屋	横浜	15
大津	佐賀	京都	大津	那覇	甲府	京都	さいたま	16
神戸	静岡	東京	高知	長野	長野	広島	佐賀	17
岡山	山形	さいたま	大阪	高知	前橋	福島	東京	18
福岡	広島	神戸	鹿児島	秋田	岐阜	水戸	大津	19
津	盛岡	奈良	長崎	和歌山	高松	さいたま	宇都宮	20
奈良	長崎	大阪	福井	青森	宇都宮	高松	静岡	21
新潟	奈良	横浜	新潟	富山	静岡	神戸	奈良	22
松山	仙台	青森	岐阜	岐阜	さいたま	大阪	神戸	23
鹿児島	神戸	鹿児島	和歌山	札幌	奈良	宇都宮	広島	24
大阪	大分	大津	熊本	大阪	東京	和歌山	松江	25
熊本	長野	名古屋	広島	奈良	徳島	福岡	山口	26
横浜	熊本	岡山	松山	大津	松江	津	大阪	27
東京	津	鳥取	岡山	京都	山口	鳥取	金沢	28
千葉	鹿児島	秋田	徳島	新潟	岡山	大分	岡山	29
宮崎	横浜	広島	宇都宮	徳島	大分	長崎	松山	30
名古屋	名古屋	山口	奈良	金沢	富山	岐阜	福岡	31
岐阜	岡山	前橋	高松	神戸	大津	前橋	和歌山	32
さいたま	千葉	新潟	盛岡	宮崎	京都	高知	名古屋	33
秋田	高松	岐阜	大分	鹿児島	福岡	松山	津	34
盛岡	福島	那覇	山形	福井	神戸	岡山	富山	35
仙台	徳島	長野	福岡	熊本	那覇	鹿児島	鹿児島	36
静岡	大津	熊本	福島	高松	金沢	佐賀	大分	37
山形	岐阜	長崎	山口	岡山	鳥取	山口	福井	38
長野	東京	松江	神戸	広島	大阪	熊本	高松	39
水戸	福岡	甲府	水戸	大分	佐賀	富山	岐阜	40
宇都宮	前橋	福井	富山	佐賀	和歌山	大津	那覇	41
青森	松山	福岡	宮崎	松山	高知	徳島	鳥取	42
前橋	宇都宮	佐賀	松江	鳥取	熊本	金沢	徳島	43
甲府	さいたま	富山	秋田	山口	長崎	宮崎	長崎	44
福島	宮崎	札幌	那覇	福岡	福井	福井	宮崎	45
札幌	水戸	金沢	札幌	松江	鹿児島	松江	熊本	46
那覇	那覇	大分	青森	長崎	宮崎	那覇	高知	47

※「東京」は「東京都区部」、残りは「〇〇市」

あじ	たい	かき(貝)	しじみ	いわし	かに	かれい	さば	えび	たこ
長崎	**佐賀**	**広島**	**松江**	**鳥取**	**鳥取**	**鳥取**	**和歌山**	**和歌山**	**大阪**
松江	熊本	高松	秋田	金沢	福井	秋田	鹿児島	奈良	奈良
山口	長崎	仙台	鳥取	松江	金沢	青森	松江	京都	高松
佐賀	山口	岡山	青森	大分	京都	金沢	福岡	山口	京都
宮崎	京都	神戸	甲府	広島	静岡	松江	大分	大阪	広島
大分	福岡	京都	水戸	長崎	和歌山	京都	山口	長崎	神戸
富山	広島	鳥取	札幌	佐賀	奈良	新潟	広島	神戸	和歌山
福岡	松山	奈良	仙台	山口	新潟	仙台	松山	津	東京
広島	大分	津	静岡	宮崎	神戸	山口	高知	名古屋	岡山
金沢	神戸	東京	東京	鹿児島	大阪	大津	静岡	富山	札幌
鹿児島	和歌山	名古屋	さいたま	福岡	札幌	札幌	佐賀	静岡	横浜
千葉	大阪	千葉	盛岡	千葉	大津	盛岡	宮崎	横浜	大津
鳥取	奈良	大阪	新潟	青森	松江	佐賀	大阪	岡山	福井
高知	鹿児島	和歌山	宇都宮	津	岐阜	大阪	長崎	大津	水戸
和歌山	高松	横浜	横浜	新潟	津	奈良	津	徳島	名古屋
静岡	大津	岐阜	福島	神戸	大分	福井	大津	鹿児島	津
熊本	岡山	長崎	金沢	和歌山	富山	広島	京都	高松	さいたま
松山	松江	甲府	富山	秋田	横浜	富山	奈良	熊本	松山
横浜	秋田	静岡	京都	熊本	福岡	神戸	鳥取	鳥取	仙台
津	徳島	福岡	福井	高知	長崎	岡山	金沢	金沢	高知
高松	金沢	松山	和歌山	富山	千葉	山形	高松	秋田	山形
東京	東京	さいたま	千葉	静岡	岡山	福島	富山	佐賀	金沢
甲府	名古屋	新潟	佐賀	松山	山口	和歌山	熊本	青森	千葉
さいたま	高知	札幌	前橋	京都	高松	福岡	甲府	広島	静岡
京都	宮崎	金沢	高知	大阪	青森	大分	名古屋	新潟	新潟
岡山	横浜	前橋	長野	大津	松山	長野	横浜	松山	甲府
前橋	岐阜	松江	広島	奈良	名古屋	千葉	岡山	福岡	山口
新潟	那覇	大津	大津	横浜	高知	高松	岐阜	大分	鹿児島
徳島	さいたま	宇都宮	岡山	名古屋	仙台	岐阜	長野	札幌	鳥取
大阪	鳥取	山形	徳島	東京	熊本	水戸	神戸	岐阜	岐阜
奈良	富山	盛岡	宮崎	岐阜	東京	横浜	千葉	千葉	熊本
福井	千葉	高知	山口	前橋	甲府	東京	さいたま	仙台	長野
神戸	新潟	佐賀	長崎	高松	盛岡	熊本	徳島	東京	徳島
名古屋	青森	徳島	山形	甲府	佐賀	名古屋	青森	高知	宇都宮
秋田	津	福島	奈良	福井	秋田	さいたま	福井	甲府	大分
大津	甲府	水戸	岐阜	長野	前橋	長崎	秋田	宮崎	青森
水戸	水戸	秋田	松山	さいたま	広島	甲府	前橋	長野	盛岡
岐阜	静岡	熊本	大阪	岡山	さいたま	松山	宇都宮	松江	福島
宇都宮	福井	山口	高松	盛岡	宇都宮	津	東京	福島	長崎
長野	長野	長野	大分	水戸	宮崎	前橋	新潟	福井	福岡
盛岡	宇都宮	大分	名古屋	宇都宮	山形	宇都宮	那覇	盛岡	前橋
青森	山形	富山	神戸	徳島	長野	徳島	札幌	山形	秋田
仙台	福島	青森	津	仙台	徳島	宮崎	仙台	さいたま	富山
山形	仙台	福井	那覇	福島	水戸	静岡	盛岡	宇都宮	佐賀
福島	盛岡	宮崎	福岡	札幌	鹿児島	鹿児島	福島	水戸	松江
札幌	札幌	鹿児島	鹿児島	山形	福島	高知	水戸	前橋	宮崎
那覇	前橋	那覇	熊本	那覇	那覇	那覇	山形	那覇	那覇

（出所）総務省ホームページ：『家計調査（２人以上世帯、2012・2013年）』

両市に隣接する広島市は、「かき」で堂々の1位です。ただし数量は、同じく瀬戸内海に面している高松市と僅差です。広島市が平均より25％高い価格で買うのに対して、高松市は平均の半値で買いますから、金額は大差になっています。

「たい」は、1位が佐賀市、2位が熊本市、3位が長崎市で、九州の魚だといえます。4位は九州に隣接する山口市で、福岡市も6位に入っています。

「あじ」は、1位が長崎市、2位が松江市、3位が山口市です。そのあと、佐賀市、宮崎市、大分市と続きますから、九州・中国地方の魚だといえます。

じつは、松江市は「あじ」への支出額では1位の長崎市と僅差です。「あじ」のランキングは上位がけっこう入れ替わっていて、2012年は長崎市、2013年は佐賀市が1位でした。もともと、2010年と2011年は松江市が1位でした。

松江市は、3位に入っている「さば」でも、2009年や2012年に和歌山市にかなり肉薄しました。山陰の鳥取市と松江市には、タッグを組んでの6品目制覇を狙っていただきたいと感じます。あるいは、「いわし」は1位の鳥取市に3位の松江市が挑み、「しじみ」は1位の松江市に3位の鳥取市が挑んでいるかたちですから、両市が熱いバトルを展開してもおもしろいでしょう。そういった盛り上げ方が、地域振興につながるかもしれません。家計調査は、宇都宮市と浜松市だけのものではないのです。

第 2 部

TSUKAERU ★
KAKEICHOSA

47都道府県庁
所在市別
食生活
データ 編

読み方の注意

総務省『家計調査』に基づき、「2人以上世帯」の食料費の品目別データを2012年と2013年の2年間について整理し、都道府県庁所在市すべての食生活の特徴を、各2ページで整理。各品目の1世帯当たりの消費を、全国平均＝100として指数化して表示。

家計調査は「金額」タイプである支出額のデータが基本となる。ただし、食料品の多くでは「数量」と「価格」のデータもあり、「金額＝数量×価格」だから、支出額を数量と価格に分解したうえでの比較を中心にしている。金額のデータしかないものは、支出額を比較している。また、価格は「いくらのものを買ったか」を示す、購入価格のデータ。

解説はすべて、全国平均（＝100）との比較を基本としている。「並み」は全国平均に近いとの意味。「大きい・小さい、多い・少ない、高い・安い、高・低（水準）」といった表現は、全国平均と比べてのもの。また、区別がわかりやすいように、「金額」は「大きい・小さい」、「数量」は「多い・少ない」、価格は「高い・安い」で表現する。なお、「高・低（水準）」という言葉は、金額・数量・価格で共通して使うことがある。

解説ページで文字が太字の品目は、左のリストにデータがある。リストでは、それぞれ全国平均より「(数量を）多く、(価格を）高く買う品目」、「(数量は少ないが、価格は）高く買う品目」、「(価格は安いが、数量は）多く買う品目」、「支出額が大きい品目」の4分類で整理している。原則として、数量は120以上、価格は110以上、支出額は120以上をリストアップしたうえで、1枚の表にまとまるように絞り込んだ。順位は47都道府県庁所在市でのもの。

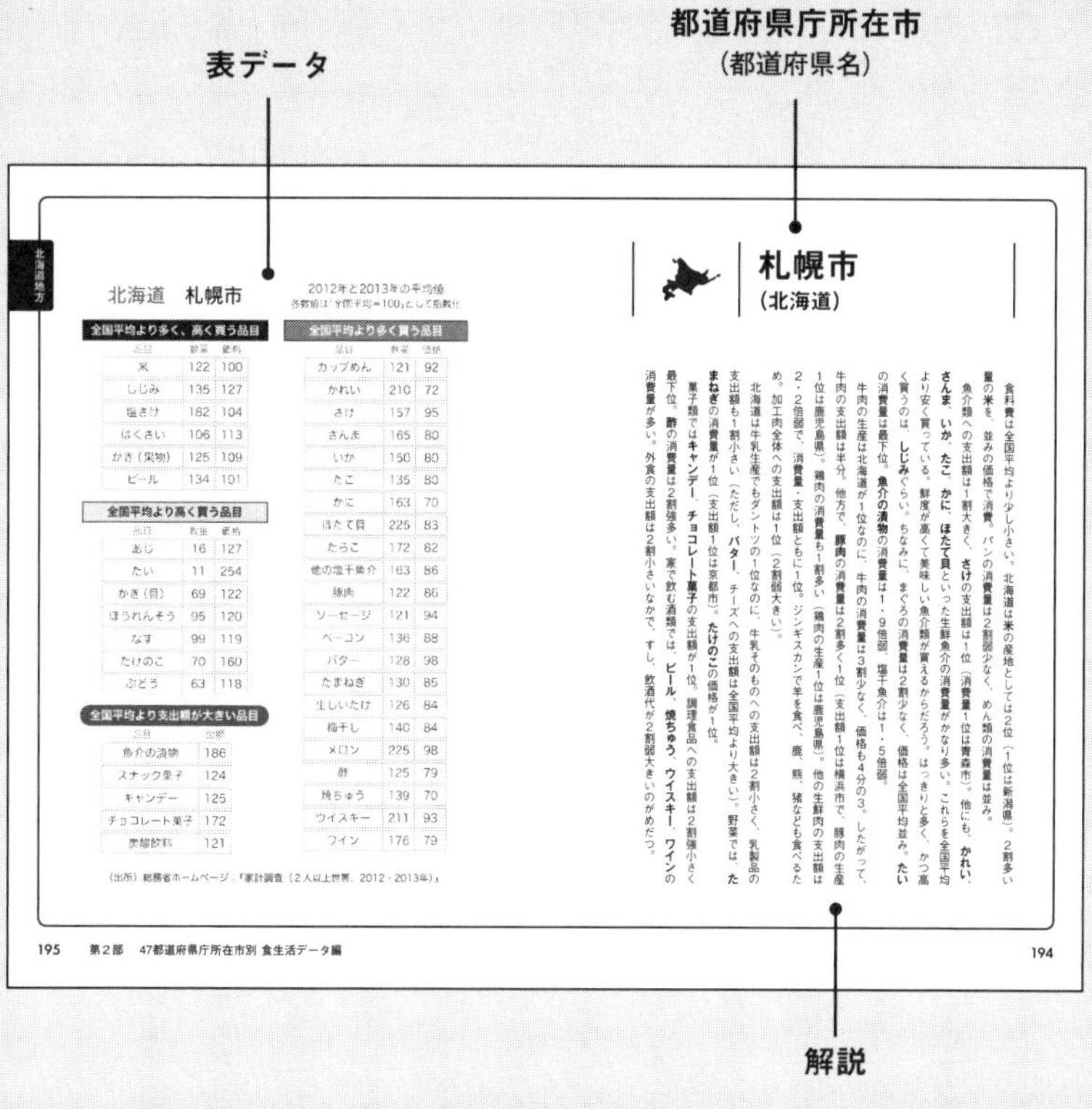

北海道地方

北海道　札幌市

2012年と2013年の平均値
各数値は「全国平均＝100」として指数化

全国平均より多く、高く買う品目

品目	数量	価格
米	122	100
しじみ	135	127
塩さけ	182	104
はくさい	106	113
かき（果物）	125	109
ビール	134	101

全国平均より高く買う品目

品目	数量	価格
あじ	16	127
たい	11	254
かき（貝）	69	122
ほうれんそう	95	120
なす	99	119
たけのこ	70	160
ぶどう	63	118

全国平均より支出額が大きい品目

品目	金額
魚介の漬物	186
スナック菓子	124
キャンデー	125
チョコレート菓子	172
炭酸飲料	121

全国平均より多く買う品目

品目	数量	価格
カップめん	121	92
かれい	210	72
さけ	157	95
さんま	165	80
いか	150	80
たこ	135	80
かに	163	70
ほたて貝	225	83
たらこ	172	62
他の塩干魚介	163	86
豚肉	122	86
ソーセージ	121	94
ベーコン	136	88
バター	128	98
たまねぎ	130	85
生しいたけ	126	84
梅干し	140	84
メロン	225	98
酢	125	79
焼ちゅう	139	70
ウイスキー	211	93
ワイン	176	79

（出所）総務省ホームページ：「家計調査（2人以上世帯、2012・2013年）」

195　第2部　47都道府県庁所在市別 食生活データ編

札幌市
（北海道）

食料費は全国平均より少し小さい。北海道は**米**の産地としては2位（1位は新潟県）。2割多い量の**米**を、並みの価格で消費。パンの消費量は2割弱少なく、めん類の消費量は並み。

魚介類への支出額は1割大きく、**さけ**の支出額は1位（消費量1位は青森市）。他にも、**かれい、さんま**、**いか**、**たこ**、**かに**、**ほたて貝**といった生鮮魚介の消費量がかなり多い。これらを全国平均より安く買っている。鮮度が高くて美味しい魚介類が買えるからだろう。はっきりと多く、かつ高く買うのは、**しじみ**ぐらい。ちなみに、まぐろの消費量は2割少なく、価格は全国平均並み。**たい**の消費量は最下位。**魚介の漬物**の消費量は1・9倍弱、塩干魚介は1・5倍弱。

牛肉の生産は北海道が1位なのに、牛肉の消費量は3割少なく、価格も4分の3。したがって、牛肉の支出額は半分。他方で、**豚肉**の消費量は2割多く1位（支出額1位は横浜市で、豚肉の生産1位は鹿児島県）。鶏肉の消費量も1割多い（鶏肉の生産1位は鹿児島県）。他の生鮮肉の支出額は2・2倍弱で、消費量・支出額ともに1位。ジンギスカンで羊を食べ、鹿、熊、猪なども食べるため。加工肉全体への支出額は1位（2割弱大きい）。

北海道は牛乳生産でもダントツの1位なのに、牛乳そのものへの支出額は2割小さく、乳製品の支出額も1割小さい（ただし、**バター**、チーズへの支出額は全国平均より大きい）。野菜では、**たまねぎ**の消費量が1位（支出額1位は京都市）。**たけのこ**の価格が1位。

菓子類では**キャンデー**、**チョコレート菓子**の支出額が1位。調理食品への支出額は2割強小さく最下位。**酢**の消費量は2割強多い。家で飲む酒類では、**ビール**、**焼ちゅう**、**ウイスキー**、**ワイン**の消費量が多い。外食の支出額は2割小さいなかで、すし、飲酒代が2割弱大きいのがめだつ。

194

札幌市
（北海道）

食料費は全国平均より少し小さい。北海道は**米**の産地としては2位（1位は新潟県）。2割多い量の**米**を、並みの価格で消費。パンの消費量は2割弱少なく、めん類の消費量は並み。

魚介類への支出額は1割大きく、**さけ**の支出額は1位（消費量1位は青森市）。他にも、**かれい**、**さんま**、**いか**、**たこ**、**かに**、**ほたて貝**といった生鮮魚介の消費量がかなり多い。これらを全国平均より安く買っている。鮮度が高くて美味しい魚介類が買えるからだろう。はっきりと多く、かつ高く買うのは、**しじみ**ぐらい。ちなみに、まぐろの消費量は2割少なく、価格は全国平均並み。**たい**の消費量は最下位。**魚介の漬物**の消費量は1・9倍弱、塩干魚介は1・5倍弱。

牛肉の生産は北海道が1位なのに、牛肉の消費量は3割少なく、価格も4分の3。したがって、牛肉の支出額は半分。他方で、**豚肉**の消費量は2割多く1位（支出額1位は横浜市で、豚肉の生産1位は鹿児島県）。鶏肉の消費量も1割多い（鶏肉の生産1位は鹿児島県）。他の生鮮肉の支出額は2・2倍弱で、消費量・支出額ともに1位。ジンギスカンで羊を食べ、鹿、熊、猪なども食べるため。加工肉全体への支出額は1位（2割弱大きい）。

北海道は牛乳生産でもダントツの1位なのに、牛乳そのものへの支出額は2割小さく、乳製品の支出額も1割小さい（ただし、**バター**、チーズへの支出額は全国平均より大きい）。野菜では、**たまねぎ**の消費量が1位（支出額1位は京都市）。**たけのこ**の価格が1位。

菓子類では**キャンデー**、**チョコレート菓子**の支出額が1位。調理食品への支出額は2割強小さく最下位。**酢**の消費量は2割強多い。家で飲む酒類では、**ビール**、**焼ちゅう**、**ウイスキー**、**ワイン**の消費量が多い。外食の支出額は2割小さいなかで、すし、飲酒代が2割弱大きいのがめだつ。

北海道　札幌市

2012年と2013年の平均値
各数値は「全国平均＝100」として指数化

全国平均より多く、高く買う品目

品目	数量	価格
米	122	100
しじみ	135	127
塩さけ	182	104
はくさい	106	113
かき（果物）	125	109
ビール	134	101

全国平均より高く買う品目

品目	数量	価格
あじ	16	127
たい	11	254
かき（貝）	69	122
ほうれんそう	95	120
なす	99	119
たけのこ	70	160
ぶどう	63	118

全国平均より支出額が大きい品目

品目	金額
魚介の漬物	186
スナック菓子	124
キャンデー	125
チョコレート菓子	172
炭酸飲料	121

全国平均より多く買う品目

品目	数量	価格
カップめん	121	92
かれい	210	72
さけ	157	95
さんま	165	80
いか	150	80
たこ	135	80
かに	163	70
ほたて貝	225	83
たらこ	172	82
他の塩干魚介	163	86
豚肉	122	86
ソーセージ	121	94
ベーコン	136	88
バター	128	98
たまねぎ	130	85
生しいたけ	126	84
梅干し	140	84
メロン	225	98
酢	125	79
焼ちゅう	139	70
ウイスキー	211	93
ワイン	176	79

（出所）総務省ホームページ：『家計調査（２人以上世帯、2012・2013年）』

青森市
（青森県）

消費支出そのものが、那覇市に次ぐ低水準で、食料費は全国平均より1割小さい。米の消費量は1割強多い。**中華めん**は並みの価格で3割多い量を買う。**カップめん**の消費量は6割強多く、消費量・支出額ともに1位。**即席めん**の消費量も3割多い。

生鮮魚介の消費量は1・5倍で1位（支出額1位は和歌山市）。鮮魚と貝類のどちらも消費量1位。個別にみると、**ほたて貝**の消費量は4・5倍弱で、消費量・支出額とも1位。**いか**の消費量は2・1倍強で1位（支出額1位は富山市）。**さけ**の消費量は1・6倍で1位（支出額1位は札幌市）。**さんま**の消費量は秋田市に次いで2位。**いわし**、**かれい**、**かに**、**しじみ**、さば、えびの消費量も多い。他の鮮魚の消費量は2・1倍で1位（支出額1位は秋田市）。他の貝の消費量は1・7倍。

塩さけ、**たらこ**の消費量が2倍以上で、塩干魚介の支出額は1位（消費量1位は盛岡市）。**食塩**の消費量が2・2倍弱、みそも3割多い。塩分を好む。**梅干し**の消費量は1・5倍弱で、だいこん漬、はくさい漬の消費量も1割以上多い。**ほうれんそう**、**もやし**は消費量・支出額とも1位。

生鮮肉全体の消費量は並みで、価格は2割安い。**ソーセージ**の消費量は3割多く1位（支出額1位は福井市）。**わかめ**（生）、**こんぶ**（乾）の消費量は6〜9割多く、こんぶつくだ煮の消費量も2割多い。**りんご**は青森県が第1位の生産地で、消費量も2・6倍で第1位（支出額1位は盛岡市）。

果実・野菜ジュースと**炭酸飲料**の支出額は1位。菓子類への支出額は1割小さく、下から2番目（最下位は那覇市）。**ウイスキー**の消費量と支出額は1位。**焼ちゅう**、**発泡酒・ビール風アルコール飲料**の消費量も多い。ビールの消費量も1割多い。全体に「甘党より辛党（酒好き）」。外食への支出額は4割小さく、最下位。外食の**中華そば**への支出額だけは4割弱多い。

青森県　青森市

2012年と2013年の平均値
各数値は「全国平均＝100」として指数化

全国平均より多く、高く買う品目

品目	数量	価格
中華めん	129	100
ほうれんそう	131	103
ブロッコリー	123	100
もやし	142	102
なす	138	101
メロン	127	101

全国平均より高く買う品目

品目	数量	価格
干ししいたけ	71	118
グレープフルーツ	93	115

全国平均より支出額が大きい品目

品目	金額
魚介の漬物	186
納豆	137
こんにゃく	137
やきとり	164
ハンバーグ	128
果実・野菜ジュース	140
炭酸飲料	151
外食：中華そば	136

全国平均より多く買う品目

品目	数量	価格
カップめん	165	92
即席めん	130	88
いわし	178	74
かれい	293	69
さけ	162	90
さんま	205	76
いか	214	74
かに	136	67
しじみ	235	91
ほたて貝	446	60
塩さけ	239	80
たらこ	207	77
ソーセージ	131	90
ごぼう	131	79
トマト	130	81
わかめ	158	70
こんぶ	190	68
梅干し	146	90
りんご	260	76
食塩	216	49
焼ちゅう	150	87
ウイスキー	260	89
発泡酒・ビー*	135	94

＊発泡酒・ビール風アルコール飲料

（出所）総務省ホームページ：『家計調査（2人以上世帯、2012・2013年）』

盛岡市
（岩手県）

食料費と、米の消費量は並み。パンの消費量は2割少ないが、価格は1位。ただ、食パンは1割高く買う。「わんこそば」が有名な岩手県だけあって、めんを好む。**乾うどん・そば**の消費量は6割多く、**中華めん**は3割強多い。

魚介類の支出額は1割大きい。**かつお**は、1・9倍強の消費量を1割高く買う。まぐろは、1割多い量を1割高く買う。**かれい**、**しじみ**、**さんま**、**ほたて貝**、**さけ**、いかなどを多く食べる。**かき（貝）**は半分しか食べないが、価格は1位。牛肉は、3割少ない量を2割安く買う。豚肉は、1割弱多い量を1割安く買う。鶏肉への支出額は2割少ない。「肉より魚」という食生活。

塩干魚介の消費量は1位（支出額1位は青森市）。この点での青森市とのライバル関係は、**りんご**ではちょうど逆になっている。**塩さけ**は2・5倍強の消費量で、たらこも3割、他の塩干魚介も7割多い。**だいこん漬**は少し高い価格で3割多い量を買う。はくさい漬も、1割多い量を1割高く買う。塩辛い食べ物が好きで、**食塩**の消費量も1・6倍弱で、**梅干し**も4割強多く食べる。

生鮮野菜の消費量は1割多い。**だいこん**の消費量は1位（支出額1位は仙台市）。**ほうれんそう**、**ごぼう**、ねぎ、もやし、なすの消費量も2割以上多い。生の**わかめ**の消費量は1位（支出額1位は仙台市）。乾燥させた**こんぶ**もよく使う。**豆腐**は消費量・支出額ともに1位。生鮮果物の消費量は2割多い。りんごの支出額は1位（消費量は1位青森市に次いで2位）。いちご、すいかの消費量も多い。**キウイフルーツ**の価格は1位。**つゆ・たれ**の支出額は1位。

酒好きも多い。**ウイスキー**の消費量は2・1倍で、**清酒**、**ビール**、**発泡酒・ビール風アルコール飲料**、**焼ちゅう**は2〜4割多い量を飲む。他の酒の支出額は1位。

岩手県　盛岡市

2012年と2013年の平均値
各数値は「全国平均＝100」として指数化

全国平均より多く、高く買う品目

品目	数量	価格
中華めん	134	105
かつお	193	108
かれい	143	104
しじみ	129	109
煮干し	146	100
ほうれんそう	135	108
豆腐	126	107
だいこん漬	129	103
グレープフルーツ	152	107
清酒	137	100
ビール	121	101
発泡酒・ビー*	139	100

全国平均より高く買う品目

品目	数量	価格
かき（貝）	49	146
キウイフルーツ	84	114
砂糖	74	120
ワイン	83	122

全国平均より多く買う品目

品目	数量	価格
乾うどん・そば	161	82
さけ	131	93
さんま	170	88
ほたて貝	184	94
塩さけ	255	91
だいこん	142	89
ごぼう	150	81
干ししいたけ	179	82
わかめ	193	90
こんぶ	171	79
梅干し	144	87
りんご	246	92
食塩	157	66
みそ	139	84
焼ちゅう	124	89
ウイスキー	208	91

全国平均より支出額が大きい品目

品目	金額
魚介の漬物	167
魚介の缶詰	129
納豆	152
つゆ・たれ	132
ようかん	124
ゼリー	146
ハンバーグ	135
外食：中華そば	163

＊発泡酒・ビール風アルコール飲料

（出所）総務省ホームページ：『家計調査（2人以上世帯、2012・2013年）』

仙台市
（宮城県）

食料費の水準は全国平均より少し高く、北海道・東北地方では第1位。穀類（主食）の支出額、米の消費量は、ともに1割以上小さい。パンの消費量は2割強少ないが、**食パン**を1割強高く買い、価格は1位。**乾うどん・そば**の消費量は3割弱多い。

魚介類の支出額は2割大きく1位。**さんま**の支出額は1位（消費量1位は秋田市）。**まぐろ**、**かつお**、**さけ**、**かれい**、**しじみ**、**かき（貝）**、**ほたて貝**は、少し高い価格でたくさん食べる。**あじ**は3割高く、あさり、干しあじは2割高く買う。肉類の支出額は1割小さく、肉より魚の食生活。

健康志向の品目がめだつ。生の**わかめ**は少し高い価格で1・8倍の量を消費し、支出額1位（消費量1位は盛岡市）。乾燥させた**こんぶ**の消費量は1・6倍。生鮮野菜の消費量は1割多い。**だいこん**の支出額は1位（消費量1位は盛岡市）。**ほうれんそう**、**さやまめ**、**なす**、**ごぼう**の消費量も多い。他にもたくさんの種類の野菜を、多く高く買う。生鮮果物の消費量は1割多い。

納豆の支出額は1・5倍。**食用油**は2割高いものを1割強少なく使う。**酢**（価格1位）、ソース、しょう油、ケチャップ、マヨネーズといった調味料は、1割以上高いものを1〜4割少なく使う。

笹かまぼこで有名なだけあって、**かまぼこ**の支出額は4・6倍で圧倒的1位。

乳製品全体への支出額は2割大きい。**ヨーグルト**、チーズの支出額も2割以上大きい。和生菓子への支出額の大きさは、金沢市に次いで2位。洋生菓子も好き。**緑茶**、**紅茶**も多く飲み、全体に健康志向で、豊かな食生活をしている。**清酒**、**ウイスキー**、**ワイン**といったお酒も多く飲む（しかも、高級志向で2割高く買う）。外食の支出額は全体的に1割小さいが、めん類での外食（**日本そば・うどん**、**中華そば**、**他のめん類**）は好き。

宮城県　仙台市

2012年と2013年の平均値
各数値は「全国平均＝100」として指数化

全国平均より多く、高く買う品目

品目	数量	価格
カップめん	123	103
まぐろ	133	105
かつお	225	104
さけ	121	104
かれい	154	114
さんま	170	102
しじみ	140	119
かき（貝）	126	133
ほたて貝	132	104
ほうれんそう	132	112
さやまめ	124	103
なす	114	110
わかめ	181	103
はくさい漬	146	111
みかん	124	103
グレープフルーツ	151	100
いちご	123	100
緑茶	129	103
紅茶	130	108
清酒	112	118
ウイスキー	127	118
ワイン	131	123

全国平均より多く買う品目

品目	数量	価格
乾うどん・そば	127	90
だいこん	136	94
ごぼう	127	87
こんぶ	158	77
なし	212	65

全国平均より高く買う品目

品目	数量	価格
食パン	82	113
あじ	37	129
食用油	87	121
酢	72	167

全国平均より支出額が大きい品目

品目	金額
かまぼこ	462
魚介の漬物	134
ヨーグルト	126
納豆	151
チョコレート菓子	126
乳酸菌飲料	127
外食：日本そば*	147
外食：中華そば	174
外食：他のめん類	164

*外食：日本そば・うどん

（出所）総務省ホームページ：『家計調査（2人以上世帯、2012・2013年）』

秋田市
（秋田県）

食料費は並みで、米の消費量も並みだが、価格は最も安い。食パンの消費量・支出額は最下位。めん類の消費量は2割多く、価格は1割高いため、支出額は3割強大きく1位（消費量1位は高松市）。「稲庭《いなにわ》うどん」が有名で、**乾うどん・そば**の消費量・支出額は1位。中華めんは消費量・価格とも1割高い水準。

さんまの消費量は1位（支出額1位は仙台市）だが、いちばん安く買う。**かれい**の消費量は2・3倍、**いわし**は1・3倍強、**しじみ**は2・8倍強、**ほたて貝**は2・3倍。**たい**の消費量は1・6倍で、中部地方から東側では1位。日本海側・西日本グループの魚介の好みがときどきみえる。他の鮮魚の支出額は1位（消費量1位は青森市）で、他の貝の消費量は8割以上多い。つまり、魚介の好みが広い。塩干魚介の消費量は5割多く、**塩さけ**の支出額は1位。他の塩干魚介の消費量も4割多い。なお、2013年だけでみると、**たらこ**の消費量は福岡市を抜いて1位になった（福岡市での減少が原因で、支出額はまだ福岡市が1位）。

肉類の支出額は2割弱小さい。豚肉の消費量は1割強多く、**ベーコン**の消費量は3割弱多い。

生鮮野菜の消費量は2割多い。**ほうれんそう**の消費量は1・5倍強で、消費量・支出額とも1位。**ねぎ**の消費量は1位（支出額1位は静岡市）。**さやまめ**の消費量は1・9倍強。**生しいたけ**の消費量は1位（支出額1位は富山市）。**わかめ**の支出額は1・5倍強。**だいこん漬**の消費量・支出額とも1位。**メロン**の消費量は1・9倍弱で、**グレープフルーツ**は1・7倍、**りんご**も1・7倍弱。なし、ぶどう、かき（果物）、もも、すいかも1割以上多い。**みそ**の消費量は1・6倍で、消費量・支出額とも1位。**清酒**の消費量は1・7倍弱で、**焼ちゅう**は1・5倍、**ウイスキー**は1・4倍。ビールも2割多く、発泡酒・ビール風アルコール飲料も3割多い。

秋田県　秋田市

2012年と2013年の平均値
各数値は「全国平均＝100」として指数化

全国平均より多く、高く買う品目

品目	数量	価格
乾うどん・そば	211	131
カップめん	120	100
塩さけ	223	112
ほうれんそう	155	104
だいこん漬	154	100
グレープフルーツ	170	101
メロン	186	100
清酒	167	100

全国平均より高く買う品目

品目	数量	価格
もち	53	138
さといも	67	121
コーヒー	93	117

全国平均より支出額が大きい品目

品目	金額
魚介の漬物	156
魚介のつくだ煮	148
納豆	133
やきとり	120
外食：中華そば	152
外食：飲酒代	130

全国平均より多く買う品目

品目	数量	価格
いわし	135	85
かれい	231	91
さけ	130	88
さんま	212	74
たい	160	66
いか	152	78
しじみ	285	79
ほたて貝	232	64
たらこ	177	87
煮干し	200	80
ベーコン	127	90
ねぎ	146	66
もやし	127	85
さつまいも	128	76
だいこん	125	91
さやまめ	194	85
なす	141	97
生しいたけ	157	74
わかめ	153	80
りんご	166	94
みそ	159	82
焼ちゅう	149	88
ウイスキー	142	98

（出所）総務省ホームページ：『家計調査（2人以上世帯、2012・2013年）』

山形市
（山形県）

食料費は並みで、米の消費量は2割弱多い。めん類の支出額は2割大きい。外食の支出額は1割小さいが、外食の**中華そば**の支出額は2・4倍弱で1位。外食の**日本そば・うどん**は1・3倍。家でも外でも、めん好き。

魚介類の支出額は並み。**かつお**、**さんま**、**いか**、**ほたて貝**は消費量が3～5割多い。まぐろは1割多く、並みの価格で買う。**塩さけ**は1・5倍弱の量を少し高く、**たらこ**は1・7倍弱の量を1割安く買う。他の塩干魚介の消費量も4割多い。肉類の支出額は並みだが、これは「肉より魚」の北海道・東北地方では山形市だけ。**牛肉**の消費量は3割強多い。なお、山形県は牛肉の名産地（「米沢牛」あるいは「山形牛」）。豚肉の消費量は2割少なく、鶏肉は1割少ない。

生鮮果物の支出額は2割強大きく1位（消費量1位は長野市）。**なし**（ラフランスなど洋なしもふくむ）の消費量は2・2倍。**他の果物**に分類されたものは、2・5倍の価格で1割多い消費量。名産のさくらんぼなどがふくまれる。

こんぶの消費量は1・7倍で、**こんぶつくだ煮**も3割弱多い。**しょう油**の消費量・支出額とも1位。**食塩**の消費量が2・4倍弱、**みそ**は1・3倍弱。**緑茶**は2割強高い価格で買う。**さといも**の支出額は2・4倍で、1位（消費量は熊本市に次ぐ2位）。**たけのこ**の消費量は1位（支出額1位は京都市）。**こんにゃく**の支出額は2倍強で1位、**納豆**の支出額は1・6倍で3位。これらから、「主菜は牛肉が好きだが、全体に魚介と肉のバランスがとれた和食好き」というイメージにあった副菜メニューが、いろいろと想像できそう。酒類は、**ウイスキー**、**ワイン**、**発泡酒・ビール風アルコール飲料**の消費量が2～6割弱多い。

山形県　山形市

2012年と2013年の平均値
各数値は「全国平均＝100」として指数化

全国平均より多く、高く買う品目

品目	数量	価格
生うどん･そば	115	110
カップめん	135	101
かつお	142	112
塩さけ	146	105
ほうれんそう	137	103
さといも	167	145
こんぶつくだ煮	127	104
他の果物	110	250
しょう油	165	114

全国平均より高く買う品目

品目	数量	価格
もち	88	115
たこ	77	117
緑茶	70	123

全国平均より支出額が大きい品目

品目	金額
納豆	160
こんにゃく	206
チョコレート菓子	136
冷凍調理食品	128
外食：日本そば**	132
外食：中華そば	237
外食：飲酒代	137

全国平均より多く買う品目

品目	数量	価格
乾うどん･そば	154	78
中華めん	121	98
さんま	147	90
いか	137	77
ほたて貝	149	82
たらこ	166	92
牛肉	133	81
ごぼう	121	96
たけのこ	232	69
きゅうり	139	91
こんぶ	168	83
りんご	164	73
なし	222	89
ぶどう	126	72
すいか	154	54
食塩	237	57
みそ	126	90
ウイスキー	156	98
ワイン	122	95
発泡酒・ビー*	139	99

＊発泡酒・ビール風アルコール飲料
＊＊外食：日本そば・うどん

（出所）総務省ホームページ：『家計調査（２人以上世帯、2012・2013年）』

福島市
（福島県）

食料費は並みよりやや小さいが、米の消費量は並みより少し多い。パンの消費量は最下位。カップめんの消費量が2割弱多いが、じつはカップめんは北海道・東北・北陸地方——冬の寒さがきつい場所——で消費量が多く、全国でみても寒い時期に売れるから、自然なこと。

魚介への支出額は平均並み。**かつお**の消費量は2倍、**さけ**は2割強多い。まぐろは1割多い量を並みの価格で買う。さんまは、いまは1割多い消費量だが、震災前の数年では6割多かった。かつおの消費量も、震災を境に大幅に低下していて、震災前は高知市に次ぐ2位だった。あさり、しじみ、ほたて貝の消費量も大幅に低下したが、しじみは、それでも全国平均より1割多い。**塩さけ**の消費量は4割弱多く、価格も1割高く買う。

肉類の支出額は2割小さい。卵の支出額は1割強大きいだけだが、高知・奈良市に次ぐ全国3位グループ（京都・和歌山市とほぼ同じ）。**梅干し**の消費量は、和歌山市に次いで2位。**納豆**の支出額は1・6倍で、水戸市に次ぐ2位（3位の山形市とは僅差）。……福島市には全国1位の品目は少ないが、このように1位を狙える品目はいくつもある。

ももの消費量は5倍で、圧倒的な1位（支出額でも1位）。2位は、平均の3・2倍の量を消費する甲府市（山梨県は産地としては1位で、福島県が2位）。福島市民が本当に「もも好き」だとわかる。**りんご**、**なし**の消費量は4割前後多い。

緑茶は2割強高く買い、他の茶葉もやはり2割強高く買う。酒類では、**清酒**の消費量が2割強大きい。外食の**中華そば**の支出額は2・2倍弱、外食の**他のめん類**の支出額も4割強大きい。外食での**飲酒代**は3割弱大きい。

福島県　福島市

2012年と2013年の平均値
各数値は「全国平均＝100」として指数化

全国平均より多く、高く買う品目

品目	数量	価格
かつお	200	104
塩さけ	137	110
なす	104	114

全国平均より高く買う品目

品目	数量	価格
かれい	96	112
あじ	30	122
かに	33	135
オレンジ	74	117
メロン	49	113
バナナ	82	112
酢	91	114
ソース	70	112
緑茶	66	124
コーヒー	86	113

全国平均より支出額が大きい品目

品目	金額
魚介の缶詰	120
納豆	161
おにぎり・その他	122
サラダ	129
冷凍調理食品	136
乳酸菌飲料	127
外食： 中華そば	216
外食：他のめん類	144
外食：飲酒代	126

全国平均より多く買う品目

品目	数量	価格
さけ	125	97
たらこ	136	88
もやし	122	84
さといも	120	94
にんじん	122	96
たけのこ	121	79
きゅうり	134	94
わかめ	142	81
こんぶ	144	76
梅干し	154	84
だいこん漬	133	93
はくさい漬	127	99
りんご	136	81
なし	147	70
もも	505	74
みそ	125	86
清酒	125	95

（出所）総務省ホームページ：『家計調査（2人以上世帯、2012・2013年）』

水戸市
（茨城県）

食料費は並みで、米の消費量は2割少ない。**かつお**の消費量は2・3倍で、**しじみ**の消費量は2・4倍。**まぐろ**、**さけ**、**さんま**も2割以上多く消費。**塩さけ**の消費量は4割強多く、**しらす干し**は2割強多い。たらこ、干しあじも1割多い。

牛・豚・鶏肉の消費量はどれも全国平均より少ない。ただ、豚肉は並みに近い。**ハム**の消費量は4割多く、消費量・支出額ともに1位。乳製品の支出額が1位で、そのなかの**ヨーグルト**の支出額も1位。**干しのり**の支出額は1・5倍で、千葉市に次ぐ2位。……干しのりは大差をつけられているから1位を狙えそうにないが、水戸市はもともと1位の品目が少なからずある。

「水戸納豆」というブランド名が広く知られているだけあって、**納豆**の支出額は1・6倍強で1位。しかし1・5倍以上の都市は、他に福島・山形・前橋・盛岡・仙台市の5ヵ所があって、納豆の1位争いは「ぎょうざの1位争い」よりも激戦。果物の支出額は1割大きい。4倍の量を消費する**メロン**の消費量・支出額は、圧倒的な1位。**他の柑きつ類**の消費量は1・5倍強。**グレープフルーツ**は3割多く、**もも**は4割弱高く、**すいか**は2割弱高く買う。

マーガリンの価格は1位。菓子類への支出額は1割大きい。**プリン**、**ビスケット**の支出額は1位。**せんべい**の支出額は4割大きく、ケーキも2割大きい。調理食品の支出額は並みだが、**しゅうまい**、**ハンバーグ**、調理パンは2割以上大きい。**紅茶**は3割高い価格で買い、**緑茶**、他の茶葉も2割高く買う。酒類の支出額は1割小さいが、**清酒**は1割多い消費量を2割弱高く買う。外食の支出額は少し大きく、外食の**洋食**への支出額は1・9倍弱で1位。外食の**他のめん類**の支出額は2倍で1位。外食の和食、中華食も4割大きい。

茨城県　水戸市

2012年と2013年の平均値
各数値は「全国平均＝100」として指数化

全国平均より多く、高く買う品目

品目	数量	価格
わかめ	122	103
みかん	109	112
なし	128	100
紅茶	108	129
緑茶	102	122
清酒	109	117

全国平均より高く買う品目

品目	数量	価格
生うどん・そば	84	110
かぼちゃ	93	117
干ししいたけ	46	125
もも	86	137
すいか	82	117
マーガリン	64	115
ウイスキー	72	111

全国平均より多く買う品目

品目	数量	価格
乾うどん・そば	124	75
まぐろ	126	91
かつお	228	98
さけ	120	94
さんま	120	89
しじみ	238	86
塩さけ	144	85
しらす干し	124	95
ハム	139	92
ねぎ	125	68
れんこん	135	86
はくさい漬	151	77
グレープフルーツ	131	98
他の柑きつ類	155	84
メロン	402	95
ジャム	120	90

全国平均より支出額が大きい品目

品目	金額
魚介のつくだ煮	132
ヨーグルト	132
干しのり	149
納豆	165
プリン	143
せんべい	142
ビスケット	144
しゅうまい	122
ハンバーグ	128
外食：洋食	187
外食：他のめん類	198

（出所）総務省ホームページ：『家計調査（2人以上世帯、2012・2013年）』

宇都宮市
（栃木県）

食料費は並みで、米の消費量は1割少なく、パンも1割少ない。カップめんの消費量は2割多い。魚介類の支出額は1割以上小さい。ただし、**まぐろ**の消費量は3割多い。肉類の支出額は2割少ないが、**ベーコン**の消費量は2割多い。まとめると、食料費が並みなのに、主食（穀類）、魚介類、肉類の消費規模が1割程度小さく、他方で、主食的調理食品と外食への支出額は1割大きい。内食の（家で調理する）比率が低く、中食・外食の比率が高いというイメージ。たとえば、外食ではめん好きだが、内食のめん類の消費量は並み。

果物の消費量では、**いちご**の消費量が4割多く、消費量・支出額とも1位。なお、栃木県は「とちおとめ」ブランドで知られる全国1位のいちご産地。**グレープフルーツ**の消費量は1・6倍で、**なし**は4割強多い。調味料の支出額は1割小さい。内食比率が低いため、たいていの調味料は少ない量を並みの価格で買うが、**食塩**の価格だけは5割高くて1位。菓子類の支出額は1割大きく、**せんべい**の支出額は1位。**ようかん**は1・5倍強で、**ゼリー**、**チョコレート**、**チョコレート菓子**、他の洋生菓子、アイスクリーム・シャーベットも2割以上大きい。

調理食品の支出額は1割弱大きく、なかでも**ぎょうざ**の支出額1位が有名だが、**調理パン**も1位。茶類への支出額は2割以上大きい。**緑茶**と**紅茶**は、消費量は平均より少ないが、はっきりと高く買う。飲料の支出額は1位で、そのなかの茶飲料の支出額は4割弱大きく、これも1位。

酒類への支出額は並み。外食での飲酒代も並み。外食の**ハンバーガー**の支出額は4割強大きく1位。他の外食では、**日本そば・うどん**、**中華そば**、**他のめん類**、**すし**、**中華食**、**洋食**の支出額が3～8割大きい。

栃木県　宇都宮市

2012年と2013年の平均値
各数値は「全国平均＝100」として指数化

全国平均より多く、高く買う品目

品目	数量	価格
乾うどん・そば	100	113
かつお	112	109
しじみ	118	108

全国平均より高く買う品目

品目	数量	価格
あじ	47	124
たい	23	166
たこ	68	112
かき（貝）	58	128
食塩	55	149
緑茶	96	117
紅茶	88	136

全国平均より多く買う品目

品目	数量	価格
まぐろ	131	97
ベーコン	120	96
わかめ	125	89
梅干し	144	91
グレープフルーツ	161	93
なし	144	95
いちご	138	92

全国平均より支出額が大きい品目

品目	金額
魚介の漬物	131
納豆	124
ようかん	155
ゼリー	125
せんべい	156
チョコレート	121
チョコレート菓子	122
調理パン	157
サラダ	134
ぎょうざ	224
ハンバーグ	134
冷凍調理食品	121
コーヒー飲料	122
炭酸飲料	128
乳飲料	131
ミネラルウォーター	124
外食：日本そば*	144
外食：中華そば	180
外食：他のめん類	174
外食：すし	139
外食：中華食	135
外食：洋食	177
外食：ハンバーガー	144

＊外食：日本そば・うどん

（出所）総務省ホームページ：『家計調査（2人以上世帯、2012・2013年）』

前橋市
（群馬県）

食料費は並みより少し小さく、米の消費量は1割多い。食パンの消費量は2割少なく、他のパンの消費量は並み。めん類の消費量は1割強多く、**生うどん・そば**は消費量も価格も2割高い水準。**乾うどん・そば**は3割弱多い消費量。**即席めん**の価格は1位。

鮮魚の消費量は1割少ないが、**まぐろ**は6割多く、北海道・東北・関東地方では1位（全国でも、静岡・甲府市に次ぐ3位）。**さけ**の消費量も3割強多い。塩干魚介が好きで、**塩さけ**は2割強多い量を、**たらこ**は2割高く買う。しらす干しは1割高く、干しあじは2割多い量を買う。**梅干し、だいこん漬**は2〜4割多い消費量で、他の野菜の漬物の支出額は3割大きい。**乾燥スープ**の支出額は3割大きく1位。塩分摂取量が多くなりそうだが、**食塩**そのものは2割弱少ない消費量を2割高い価格で買う。**納豆**の支出額は1・5倍。

生鮮肉の支出額は3割小さく、消費量は最下位。野菜では、**きゅうり**、**トマト**の消費量が3割前後多い。他に、さつまいもの消費量が1割多く、かぼちゃの価格が1割高い以外は、めだった野菜がない。生鮮果物の消費量は1割多い。**グレープフルーツ**の消費量は2・3倍強で、消費量・支出額とも1位。**りんご**、他の柑きつ類の消費量は3割多い。

主食的調理食品の支出額は1割強大きく、なかでも、**弁当**、**しゅうまい**、**やきとり**、**ハンバーグ**の支出額は2〜3割大きい。飲料の支出額は1割大きい。**緑茶**は3割高く、他の茶葉は4割高く買う。酒類の支出額は1割小さい。外食での飲酒代の支出額も1割小さい。外食の支出額は1割小さい。外食のめん（**日本そば・うどん**、**他のめん類**）は好きだが、喫茶代の支出額は4割強小さく、関東地方で最下位。関東のなかでは、外での飲食を好まない傾向がはっきりしている。

群馬県　前橋市

2012年と2013年の平均値
各数値は「全国平均＝100」として指数化

全国平均より多く、高く買う品目

品目	数量	価格
生うどん・そば	119	121
塩さけ	123	102
たらこ	116	122
りんご	130	104
なし	123	101
いちご	118	103

全国平均より高く買う品目

品目	数量	価格
即席めん	81	113
いわし	66	117
たい	20	140
干ししいたけ	37	135
食塩	84	118
砂糖	74	115
酢	77	117
緑茶	96	130

全国平均より多く買う品目

品目	数量	価格
乾うどん・そば	126	95
まぐろ	159	96
さけ	135	94
きゅうり	133	95
トマト	126	96
梅干し	124	84
だいこん漬	139	74
グレープフルーツ	234	98
清酒	129	90
ウイスキー	125	97

全国平均より支出額が大きい品目

品目	金額
魚介の漬物	129
ヨーグルト	120
納豆	152
乾燥スープ	128
まんじゅう	129
弁当	124
しゅうまい	123
やきとり	120
ハンバーグ	133
茶飲料	121
乳酸菌飲料	167
外食：日本そば*	135
外食：他のめん類	146

＊外食：日本そば・うどん

（出所）総務省ホームページ：『家計調査（2人以上世帯、2012・2013年）』

さいたま市
（埼玉県）

食料費は1割弱大きく、米の消費量は1割弱少ない。パンとめん類は、量も価格も少しずつ高い水準。特に、他のめん類の消費量は3割強多い。

生鮮魚介は、1割少ない消費量を1割高く買う。ただし、**まぐろ**は3割強多い量を少し高く買う。**しじみ**も3割多い量を1割高く買う。あさりの消費量も2割多く、他の貝は4割高く買う。**さしみ盛合わせ**の価格は1位。**干しあじ**の消費量は4割多い。

肉類への支出額は並み。牛肉の消費量は1割少なく、豚肉の消費量は1割多く、鶏肉の消費量は並み。ハムとベーコンの消費量は1割多い。

主要な野菜で消費量が多い品目がめだつ。**ねぎ**は4割弱多く、**レタス**、**かぼちゃ**、**きゅうり**、**トマト**、**ピーマン**は2割多い。キャベツ、ほうれんそう、はくさい、ブロッコリー、じゃがいも、さといも、だいこん、にんじん、たまねぎ、なすは1割前後多い。

ぶどうは3割強少ない消費量を3割強高く買い、価格で1位。**かき（果物）**、**もも**の消費量は3割前後少ないが、価格は2割高い。**食塩**、**砂糖**、**酢**は、少ない消費量を高い価格で買う。ソース、マヨネーズも同じ傾向。ドレッシングの支出額は僅差の2位（1位は長野市、消費量1位は熊本市）。左ページの「(消費量は平均より少ないが）全国平均より高く買う品目」が多く、少ない消費量を高い価格で求めるというイメージ。

調理食品では、**そうざい材料セット**の支出額が4割大きい。飲料の支出額は1割大きい。**紅茶**は2割高く買い、**ミネラルウォーター**の支出額は4割強大きい。外食の支出額は2割大きく、**日本そば・うどん**、**他のめん類**、**中華食**、**洋食**、**他の主食的外食**がめだつ。

埼玉県　さいたま市

2012年と2013年の平均値
各数値は「全国平均＝100」として指数化

全国平均より多く、高く買う品目

品目	数量	価格
まぐろ	134	104
しじみ	128	112
干しあじ	140	106
チーズ	120	102
レタス	120	102
かぼちゃ	120	103
きゅうり	121	101
ウイスキー	189	102

全国平均より支出額が大きい品目

品目	金額
納豆	125
せんべい	131
調理パン	124
そうざい材料セット	141
茶飲料	129
ミネラルウォーター	144
外食：日本そば*	127
外食：他のめん類	141
外食：中華食	143
外食：洋食	135
他の主食的外食	131

*外食：日本そば・うどん

全国平均より高く買う品目

品目	数量	価格
食パン	99	110
生うどん・そば	98	121
いわし	59	123
たこ	91	113
さしみ盛合わせ	89	121
卵	89	113
干ししいたけ	60	116
豆腐	98	110
梅干し	94	130
だいこん漬	67	126
ぶどう	67	133
かき（果物）	63	119
もも	74	119
食塩	71	124
砂糖	65	117
酢	72	130
紅茶	94	121

全国平均より多く買う品目

品目	数量	価格
バター	123	96
ねぎ	137	80
トマト	123	98
ピーマン	122	96

（出所）総務省ホームページ：『家計調査（2人以上世帯、2012・2013年）』

千葉市
（千葉県）

食料費は並みで、米とパンの消費行動にはあまり特徴がない。スパゲッティ、もちの消費量は1割強多い。**まぐろ**は4割多い消費量を少し高く買う。**しらす干し**、**あじ**、**いわし**、**かつお**、**さんま**、**あさり**の消費量は3～5割多い。**干しあじ**は6割強、**たらこ**も2割多い。**かに**の価格は1・6倍弱で1位。他方で、肉類への支出額は1割小さい。肉類、乳製品でめだった品目はない。関東地方のなかでは、肉より魚という傾向がいちばん強い。

南関東の4都市（東京都区部、さいたま・千葉・横浜市）は生鮮野菜の消費量が1割以上多く、なかでも千葉市が消費量1位（支出額1位は東京都区部）。**ねぎ**の消費量は秋田市に次ぐ2位。**さつまいも**の消費量は徳島市に次ぐ2位。乾物・海藻への支出額は3割強大きく1位。**干しのり**の支出額が1位で、そのウエイトが高いため。わかめ、こんぶの消費量も1割強多い。**梅干し**の消費量は1・5倍、**はくさい漬**も3割弱多く、だいこん漬も1割強多い。他の野菜の漬物も2割多い。

果物の支出額は2割大きい。**グレープフルーツ**の消費量・支出額はともに前橋市に次ぐ2位。**かき（果物）**の消費量は1・7倍弱で、**メロン**は1・6倍。**もも**、**オレンジ**、**ぶどう**、**すいか**の消費量も2～5割弱多い。左のリストの「（価格は平均より安いが）全国平均より多く買う品目」が多く、少し安い価格で、多くの量を消費というお得なパターンを好む感じ。

調理食品の支出額は並み。**やきとり**の支出額は4割強大きい。**ミネラルウォーター**の支出額は1・6倍強で、茶飲料は3割大きい。酒類の支出額は1割小さいが、2割高い**ウイスキー**を4割多く消費。**ワイン**の価格は2割強高く1位。外食の支出額も、そのなかの飲酒代も並み。喫茶代は1割強小さい。品目別でみたエンゲル係数は3位の高さだが、安く買うモノも多く、買い物上手の印象。

千葉県　千葉市

2012年と2013年の平均値
各数値は「全国平均＝100」として指数化

全国平均より多く、高く買う品目

品目	数量	価格
まぐろ	142	106
しらす干し	130	101
さやまめ	151	103
なし	135	107
かき（果物）	167	107
もも	130	101
ウイスキー	138	118

全国平均より高く買う品目

品目	数量	価格
たい	49	124
かに	63	157
ほたて貝	95	120
ワイン	89	124

全国平均より支出額が大きい品目

品目	金額
魚介のつくだ煮	150
干しのり	187
果物加工品	142
やきとり	143
冷凍調理食品	128
ミネラルウォーター	164
外食：中華食	132

全国平均より多く買う品目

品目	数量	価格
あじ	140	96
いわし	148	92
かつお	140	96
さんま	133	88
あさり	136	86
たらこ	122	96
干しあじ	163	99
ねぎ	140	75
レタス	125	95
さつまいも	172	75
さといも	133	85
だいこん	131	98
れんこん	125	96
トマト	138	97
梅干し	150	81
はくさい漬	126	87
グレープフルーツ	228	87
オレンジ	146	99
ぶどう	126	80
すいか	146	87
メロン	158	76
ジャム	122	94

（出所）総務省ホームページ：『家計調査（2人以上世帯、2012・2013年）』

東京都区部
（東京都）

食料以外もふくむ消費支出額が全国トップで、この点では生活水準がいちばん高い都市。食料費は2割弱大きく、これも1位だが、穀類（主食）への支出額は並み。米の消費量は2割少ないが、価格は2割弱高く1位。食パン、他のパン、生うどん・そば、乾うどん・そば、中華めん、小麦粉は、1割以上高く買う。他のパンの価格も1位。「高く買うからエンゲル係数が高くなる」パターンの典型例。スパゲッティの支出額は1位（消費量1位は横浜市）。

魚介類の支出額は少し大きい。さんまは東北地方で好まれる魚だが、価格は2割弱高く、東京都区部が1位。**まぐろ**は3割弱多い消費量を2割高く買っており、価格は京都市に次ぐ2位。肉類の支出額は少し大きい。牛・豚・鶏・合いびき肉、ハム、ソーセージ、ベーコンのどれも1割前後高く買う。北海道・東北・関東地方で全国平均より高く牛肉を買うのは、東京都区部と横浜市だけ。「関東は豚肉中心」といわれることもあるが、東京の豚肉の量は並み（わずかに少ない）。

チーズは、消費量・支出額・価格のすべてで1位。生鮮野菜の支出額は1位。1割多い消費量を1割高く買う。**トマト**の支出額は1位（消費量1位は新潟市）。**ブロッコリー**の消費量は1位（支出額1位は横浜市）。**かぼちゃ**の価格は1位。果物では、みかんの価格が1位。

当然ながら1位の品目が多い。調味料では、**食用油**、ケチャップの価格が1位。調理食品では、**サラダ**の支出額が1位。飲料では、**ミネラルウォーター**の支出額が1位。**ワイン**の消費量・支出額も1位。外食の支出額は1・5倍で1位。そのなかの食事代の支出額も1位。多種多様な外国料理が楽しめる街だから、**他の主食的外食**の支出額も1位。左のリストでは、1割以上高く買う品目を40品目以上省いたほどで、多く買う品目を平均より安く買うケースは本当に珍しい。

関東地方

東京都　東京都区部

2012年と2013年の平均値
各数値は「全国平均＝100」として指数化

全国平均より多く、高く買う品目

品目	数量	価格
まぐろ	127	121
あさり	123	109
しじみ	129	112
しらす干し	128	107
干しあじ	129	111
バター	135	102
チーズ	128	108
レタス	120	106
ブロッコリー	130	100
もやし	125	113
さやまめ	161	107
かぼちゃ	103	125
トマト	127	106
はくさい漬	127	102
グレープフルーツ	147	102
いちご	123	102
ジャム	123	101
紅茶	135	104
ウイスキー	156	104
ワイン	239	110

外食：飲酒代	161
他の主食的外食	222

全国平均より多く買う品目

品目	数量	価格
ねぎ	128	99
もも	129	92
すいか	131	91

全国平均より高く買う品目

品目	数量	価格
たい	67	136
かき（貝）	93	126
ほたて貝	88	129
食用油	80	128
食塩	67	145
みそ	84	122

全国平均より支出額が大きい品目

品目	金額
魚介の漬物	132
干しのり	135
調理パン	139
うなぎのかば焼き	131
サラダ	152
しゅうまい	154
やきとり	133
ミネラルウォーター	192
外食：喫茶代	161

（出所）総務省ホームページ：『家計調査（2人以上世帯、2012・2013年）』

横浜市
（神奈川県）

食料費は1割大きく、米は並みの消費量を1割高く買う。食パンも他のパンも、消費量と価格がともに少しずつ高い。中華めんとカップめんも、同じ。**スパゲッティ**の消費量は1位（支出額1位は東京都区部）。他のめん類（ぎょうざの皮、ビーフンなど）の消費量は1・7倍強で、消費量・支出額ともに1位。**もち**の消費量も1位（支出額1位は富山市）。横浜市も1位の品目がめだつ。また、1割以上高く買う品目を10品目以上、左のリストから省いているほどで、平均より高く買う品目がめだつ。

魚介類も肉類も支出額は1割大きい。**まぐろ**は4割強多い消費量を1割高く買う。**あじ**、**ほたて貝**の消費量が2割以上多く、**しらす干し**、**干しあじ**は4割多い。牛肉は並みの量を1割高く買い、豚肉は1割強多い量を少し高く買う。その結果、豚肉の支出額は2割大きく1位。鶏肉と合いびき肉は、並みの量を1割高く買う。**バター**の消費量が1位（支出額1位は京都市）。

生鮮野菜は、2割多い消費量を少し高く買い、支出額は東京都区部と僅差の2位。横浜市が支出額トップの野菜はいくつもあり、キャベツ（支出額は1割強大きいだけで、消費量1位は長野市）、**レタス**（消費量1位も横浜市）、**ブロッコリー**（消費量1位は東京都区部）、**かぼちゃ**（消費量1位は静岡市）、**きゅうり**（消費量1位は山形市）、**ピーマン**（消費量1位は那覇市）の支出額で1位。**果物加工品**の支出額も1位。

調味料では、ケチャップの支出額で1位（消費量1位は和歌山市）。調理食品への支出額は1割大きく、そのなかでは、**しゅうまい**の支出額が1位。外食の支出額は1割大きく、**他の主食的外食**は1・5倍弱。やはり、多彩な料理が食べられる街だからだろう。

神奈川県　横浜市

2012年と2013年の平均値
各数値は「全国平均＝100」として指数化

全国平均より多く、高く買う品目

品目	数量	価格
まぐろ	144	110
しらす干し	141	104
干しあじ	142	110
レタス	140	100
ブロッコリー	126	108
さやまめ	143	110
かぼちゃ	123	113
きゅうり	133	105
なす	132	104
ピーマン	126	103
グレープフルーツ	149	107
ジャム	135	102
ワイン	138	123

全国平均より高く買う品目

品目	数量	価格
たい	55	137
かき（貝）	89	119
かつお節･削り節	97	132
卵	91	117
こんぶつくだ煮	89	117
食用油	87	123
食塩	69	145

全国平均より多く買う品目

品目	数量	価格
スパゲッティ	133	87
もち	128	89
あじ	125	91
ほたて貝	127	98
ベーコン	120	96
バター	137	99
ねぎ	135	95
たけのこ	154	94
トマト	134	97
いちご	125	95
ウイスキー	138	87

全国平均より支出額が大きい品目

品目	金額
魚介のつくだ煮	137
果物加工品	142
ビスケット	123
調理パン	148
うなぎのかば焼き	127
しゅうまい	282
やきとり	126
他の主食的外食	146
外食：喫茶代	128

（出所）総務省ホームページ：『家計調査（２人以上世帯、2012・2013年）』

甲府市
（山梨県）

食料費は並みで、米の消費量は1割以上多く、価格も1割弱高い。食パンと他のパンの消費量は2割少ないが、価格は1割弱高く買う。**生うどん・そば**は1割弱多い消費量を2割高く買い、価格は1位。「ほうとう」もここに入る。**中華めん**も2割高く買う。

生鮮魚介は、全体で1割少ない量を1割高く買う。**まぐろ**は1・9倍の消費量を少し高く買うので、支出額は2倍。まぐろの消費量・支出額は、ともに静岡市に次ぐ2位。山梨県は海に面していないが、まぐろの消費は静岡市に近いかどうかのほうが重要な要因になる（第1部第5章参照）。**あさり**は消費量・支出額とも1位。**しじみ**の消費量は2・3倍、**さけ**は3割多い。**あじ**、**いか**、**かき（貝）**、たい、さば、いわし、かれい、さんま、えび、かには、少ない量を高く買う。**干しあじ**は消費量・支出額とも1位。**しらす干し**は1・5倍弱の消費量を1割高く買う。

牛肉の消費量は3割少なく、鶏肉は1割少ない。他方、豚肉は1割多い。加工肉の消費量は並み。**レタス**、**だいこん**、**きゅうり**、**さといも**の消費量は1〜3割多い。**卵**の価格は2割高く1位。**豆類**の支出額は1・7倍で1位。**ぶどう**の消費量は1・9倍で、消費量・支出額とも1位。**もも**の消費量は3・2倍だが、1位の福島市（5倍）には大差をつけられている。また、長野市と和歌山市も3倍超で、三つ巴の2位争い。

カレールウの価格は1割強高いだけだが1位。調理食品の支出額は1割大きく、**ハンバーグ**は1・5倍強で1位。**サラダ**、**カツレツ**、**やきとり**の支出額の大きさもめだつ。外食では、**中華そば**の支出額が4割弱大きく、**他のめん類**は1・6倍。発泡酒・ビール風アルコール飲料は、消費量・支出額とも最下位。**ワイン**と**ウイスキー**の消費量は3割強多い。

山梨県　甲府市

2012年と2013年の平均値
各数値は「全国平均＝100」として指数化

全国平均より多く、高く買う品目

品目	数量	価格
生うどん・そば	107	122
まぐろ	191	105
あさり	161	100
しらす干し	146	111
きゅうり	127	105
さといも	113	114
ぶどう	191	109
もも	319	112
ワイン	133	111

全国平均より高く買う品目

品目	数量	価格
中華めん	99	118
もち	68	125
あじ	79	122
いか	99	115
かき（貝）	78	121
卵	84	122
メロン	46	122
バナナ	83	115
ソース	82	120
カレールウ	91	115
紅茶	82	129

全国平均より多く買う品目

品目	数量	価格
さけ	128	94
しじみ	229	90
干しあじ	215	92
レタス	120	94
だいこん	129	93
わかめ	133	97
はくさい漬	127	92
ウイスキー	133	87

全国平均より支出額が大きい品目

品目	金額
魚介の漬物	179
魚介のつくだ煮	144
果物加工品	122
豆類	170
スナック菓子	126
おにぎり・その他	122
サラダ	132
カツレツ	166
やきとり	141
ハンバーグ	155
外食：中華そば	137
外食：他のめん類	160

（出所）総務省ホームページ：『家計調査（2人以上世帯、2012・2013年）』

長野市
(長野県)

左のリストの「全国平均より多く、高く買う品目」は、原則として「数量が120以上か、価格が110以上で、もう一方も100以上の品目」を載せている。長野市の場合、該当する品目がひとつもなかったが、それに近い品目をひとつ載せた。「(平均より少ない量を)全国平均より高く買う品目」も相対的に少ない。価格にシビアで、高く買うことを嫌う感じ。

食料費は並み。米、食パン、他のパンの消費量は2割前後少ない。**乾うどん・そば**の消費量は2割強多い。生鮮魚介は、1割少ない消費量を並みの価格で買う。平均より消費量が2割以上多い魚介は、**さけ**、**あさり**だけ。塩干魚介への支出額は並み。**たらこ**の消費量は4割弱多い。

生鮮肉の支出額は最下位。牛肉の消費量は半分。豚肉は並みで、鶏肉は1割強少ない。加工肉への支出額は少しだけ小さい。野菜は1割多い量を1割安く買う。典型例はトマト。長野県は全国1位のレタスの産地として知られるが、レタスの消費量は1割多いだけ(価格は2割安い)。一方で、**キャベツ**の消費量は1位(支出額1位は横浜市)。**ブロッコリー**、**たけのこ**、**きゅうり**の消費量は2〜4割多い。**他のきのこ**の消費量・支出額はともに1位。

生鮮果物の消費量は2割強多く、1位(支出額1位は山形市)。**りんご**の消費量は2・4倍で、3位(青森・盛岡市に次ぐ)。**他の柑きつ類**の量は2割多く、価格は少し高い。**もも**の消費量は福島市に次いで2位。**みそ**の支出額は2位(1位の秋田市とは僅差だが、消費量では10ポイントの差をつけられている)。**ドレッシング**の支出額は1位(2位さいたま市と僅差、消費量1位は熊本市)。

調理食品の支出額は少し小さいが、**調理パン**は1・6倍弱。外食への支出額は1割大きく、**中華そば**は1・6倍、**中華食**は1・5倍と、中華好き。**飲酒代**は1・5倍。

長野県　長野市

2012年と2013年の平均値
各数値は「全国平均＝100」として指数化

全国平均より多く、高く買う品目

品目	数量	価格
他の柑きつ類	119	105

全国平均より高く買う品目

品目	数量	価格
いわし	57	127
いか	83	112
ハム	74	115
さといも	84	121
干ししいたけ	61	115
こんぶ	94	119
梅干し	68	114
ケチャップ	78	112
緑茶	68	131

全国平均より支出額が大きい品目

品目	金額
魚介の漬物	165
魚介の缶詰	130
納豆	125
ようかん	136
調理パン	157
うなぎのかば焼き	120
外食：中華そば	160
外食：中華食	150
外食：洋食	129
外食：飲酒代	150

全国平均より多く買う品目

品目	数量	価格
乾うどん・そば	123	85
小麦粉	152	90
さけ	132	97
あさり	122	89
たらこ	136	92
キャベツ	128	80
ブロッコリー	124	89
たけのこ	139	74
きゅうり	127	84
他のきのこ	147	90
わかめ	128	95
りんご	238	88
グレープフルーツ	124	89
ぶどう	163	84
もも	337	81
すいか	127	92
食塩	135	84
みそ	149	87
ドレッシング	125	95

（出所）総務省ホームページ：『家計調査（2人以上世帯、2012・2013年）』

新潟市
（新潟県）

食料費は並み。**米**の生産では日本一のブランド力を誇る新潟県の県庁所在市だけあって、米の消費量は2割弱多く、価格も少し高い。支出額は静岡市に次ぐ2位。もちの消費量は3割多い（横浜市に次いで僅差の2位）。パンとめんの消費は、消費量も価格も並み。

生鮮魚介は、2割多い量を2割安く買う。まぐろの消費量は4割近く少なく、かつおも3割少ない。東日本タイプではなく、日本海側で好まれる魚介である**いわし**の消費量が1・6倍、**かれい**は2・2倍強、**かに**も2倍。ぶりの消費量も1割強多い。他の鮮魚も2割多い。塩干魚介の消費量は4割多く、**塩さけ**の消費量は2・8倍弱で1位（支出額1位は秋田市）。

生鮮肉は、1割少ない量を1割安く買う。牛肉の消費量は最下位。加工肉への支出額は並み。豚肉は2割多い消費量で、**合いびき肉**の価格は1位だが、全体的に「肉より魚」。

生鮮野菜は2割多く、並みの価格。**さやまめ**の消費量は2・9倍で、消費量・支出額とも1位。**トマト**の消費量は1位（支出額は東京都区部、千葉・横浜市に次ぐ4位）。**なす**の消費量も1位（支出額1位は京都市）。**干ししいたけ**の価格は1位。生鮮果物は2割多い消費量。**すいか**の消費量は2倍で、消費量・支出額とも1位。**なし**の消費量は2・5倍弱。**もも**、**メロン**、みかん、りんご、いちご、オレンジも消費量は並以上。

マヨネーズ・マヨネーズ風調味料の支出額は1割強大きいだけだが1位（消費量1位は鳥取市）。**食塩**の消費量は1・6倍。洋風の調味料はどれも少し高く買う。酒類の支出額は3割大きく、1位。**清酒**の消費量は1・9倍で、消費量・支出額とも1位。焼ちゅう、ビール、ウイスキーの消費量は1割多い、ビールと**発泡酒・ビール風アルコール飲料**を足した消費量は、高知市に次ぐ2位。外食の支出額は1割強小さいが、外食の**飲酒代**は4割大きい。家でも外でも酒好き。

新潟県　新潟市

2012年と2013年の平均値
各数値は「全国平均＝100」として指数化

全国平均より多く、高く買う品目

品目	数量	価格
米	117	106
カップめん	125	101
ブロッコリー	122	100
さといも	159	122
さやまめ	292	104
清酒	188	105
発泡酒・ビー*	153	103

全国平均より高く買う品目

品目	数量	価格
合いびき肉	43	121
干ししいたけ	91	136

全国平均より支出額が大きい品目

品目	金額
魚介の漬物	172
魚介の缶詰	178
調理パン	138
カツレツ	149
天ぷら・フライ	147
そうざい材料セット	147
外食：中華そば	155
外食：飲酒代	138

全国平均より多く買う品目

品目	数量	価格
乾うどん・そば	130	83
いわし	160	78
かれい	223	79
さけ	145	85
いか	142	85
かに	199	64
しじみ	160	88
ほたて貝	146	89
塩さけ	276	89
たらこ	177	90
だいこん	133	88
れんこん	177	91
たけのこ	168	90
トマト	138	94
なす	143	98
こんぶつくだ煮	135	96
グレープフルーツ	184	91
なし	245	84
もも	141	96
すいか	198	79
メロン	131	85
食塩	158	76
紅茶	140	71

＊発泡酒・ビール風アルコール飲料

（出所）総務省ホームページ：『家計調査（２人以上世帯、2012・2013年）』

富山市
（富山県）

食料費は少し大きい。米の消費量は並み。食パンも他のパンも消費量は1割強多い。乾うどん・そばは量・価格とも1割高い。**もち**は、数量・価格とも2割高い水準で、支出額は1位（消費量1位は横浜市）。

鮮魚の消費量は3割多い。ただし、まぐろは少し多いだけ。**ぶり**は消費量・支出額とも1位。**いか**は支出額が1位（消費量1位は青森市）。**かに**の消費量は1・6倍強多く、いわし、かれいは1割前後多い。日本海側・西日本グループの魚介消費パターン。**さしみ盛合わせ**として買う消費量が1・7倍弱で1位（支出額1位は広島市）。**魚介の漬物**への支出額は2・3倍で1位。貝類の消費量は2割少ない。ただ、他の貝は2割多い消費量を少し高く買う。**塩さけ**の消費量は1・7倍弱で、**たらこ**は3割多い。

生鮮肉の消費量は1割少ない。牛・豚・鶏肉のどれも消費量は平均より少ない。**合いびき肉**は2割強多い。加工肉の支出額は1割大きく、**ハム**の消費量は3割多い。肉より魚。

生しいたけの支出額は3割強大きく1位（消費量1位は秋田市）。**なす**は1割多い消費量を2割高く買う。**たけのこ**の消費量は6割多く、**さといも**は4割多い。**れんこん**の価格は2割高い。もやし、さつまいも、じゃがいも、かぼちゃの消費量も、1割以上多い。**オレンジ**は消費量・支出額とも1位。**バナナ**の消費量は1位（支出額1位は鳥取市）。**なし**の消費量は2倍弱で、いちごは2割多い。

こんぶの消費量は2倍弱で、価格は1割高く、消費量・支出額とも1位。**かまぼこ**の支出額は1・9倍強。**ワイン**と**清酒**を2割ほど高く買い、発泡酒・ビール風アルコール飲料の価格は1位。5％高いだけだが、それだけ発泡酒の比率が高い（第3のビールの比率が低い）といえる。

富山県　富山市

2012年と2013年の平均値
各数値は「全国平均＝100」として指数化

全国平均より多く、高く買う品目

品目	数量	価格
もち	118	119
あじ	165	104
いか	136	118
なす	110	120
こんぶ	197	108
だいこん漬	142	100
はくさい漬	163	103
こんぶつくだ煮	148	101
オレンジ	175	100
なし	195	108
清酒	102	116

全国平均より高く買う品目

品目	数量	価格
れんこん	85	118
干ししいたけ	79	116
かき（果物）	74	120
食塩	81	117
ワイン	61	119

全国平均より多く買う品目

品目	数量	価格
カップめん	137	87
ぶり	320	87
かに	163	61
さしみ盛り合わせ	166	82
塩さけ	167	96
たらこ	132	86
合いびき肉	125	99
ハム	131	93
さといも	142	98
たけのこ	159	96
生しいたけ	133	96
すいか	133	81
バナナ	121	92

全国平均より支出額が大きい品目

品目	金額
かまぼこ	193
魚介の漬物	229
せんべい	135
調理パン	141
サラダ	133
カツレツ	165
天ぷら・フライ	134
冷凍調理食品	152
ぞうざい材料セット	152
外食：中華そば	134
外食：和食	126

（出所）総務省ホームページ：『家計調査（2人以上世帯、2012・2013年）』

金沢市
（石川県）

食料費は少し大きく、米の消費量は並み。食パンと他のパンの消費量は1割多い。**生うどん・そば**の消費量は3割強多く、**もち**は1割多い消費量を2割高く買う。

鮮魚の消費量は1割強多い。まぐろの消費量はほぼ半分。**かれい**の消費量は2・2倍強で、**かに**は2・1倍、**ぶり**は1・8倍強、**いわし**は1・6倍。いわし、**しじみ**の価格は1位。**いか**の価格は2割強高い。他の鮮魚と他の貝の消費量は4割前後多く、多種類の魚介を食べているとわかる。

牛・豚肉の量は少し少ない。鶏肉の量は1割少ない。加工肉の消費はほぼ全国並み。肉より魚という傾向があるが、他は全国平均に近い印象。ただ、多く食べる魚と野菜を少し高く買うケースがめだつ。……左ページの左半分が高く買う品目だが、1割前後高く買う野菜6品目（後述）を省いている。高級志向のため、食料費が少し大きくなっている感じ。

れんこんの支出額は1位で、価格は1割高い（消費量1位は佐賀市）。**なす**の価格は1位。レタス、さつまいも、ほうれんそう、はくさい、さやまめ、ブロッコリーは1割前後高く買う。果物全体の消費は並み。**かき（果物）**は2割強高く買い、オレンジ、みかんも1割以上高く買う。

調味料はほとんどが高く買っており、やはり高級志向。カレールウの消費量は2割多く1位（支出額1位は鳥取市）。菓子類の支出額は2割以上大きく1位。和生菓子でも洋生菓子でも1位。個別には、**ケーキ**、**チョコレート**、アイスクリーム・シャーベットの支出額は1位。**緑茶**は多く安くだが、**紅茶**と**コーヒー**の価格は1位。スイーツ好きだから、紅茶とコーヒーの味にこだわるという感じ。調理食品の支出額は1割大きく、**そうざい材料セット**は2・2倍弱、**調理パン**、**うなぎのかば焼き**は4割前後大きい。外食の支出額は1割大きく、**洋食**、**すし**、**ハンバーガー**は3割前後大きい。

石川県　金沢市

2012年と2013年の平均値
各数値は「全国平均＝100」として指数化

全国平均より多く、高く買う品目

品目	数量	価格
もち	109	120
あじ	130	111
いわし	161	128
ぶり	185	108
いか	106	125
かに	209	100
れんこん	156	110
こんぶ	129	107
だいこん漬	120	110
コーヒー	109	117
清酒	102	116

全国平均より高く買う品目

品目	数量	価格
しじみ	74	139
なす	79	130
はくさい漬	92	123
かき（果物）	64	125
砂糖	78	122
酢	76	121
紅茶	53	150

全国平均より多く買う品目

品目	数量	価格
生うどん・そば	134	74
かれい	224	89
合いびき肉	130	95
たけのこ	124	93
こんぶつくだ煮	134	99
緑茶	135	58

全国平均より支出額が大きい品目

品目	金額
魚介の漬物	138
油揚げ・がんもどき	145
ふりかけ	138
カステラ	167
ケーキ	124
プリン	133
スナック菓子	160
チョコレート	134
チョコレート菓子	153
調理パン	141
うなぎのかば焼き	136
そうざい材料セット	216
乳酸菌飲料	132
外食：すし	126
外食：洋食	127
外食：ハンバーガー	133

（出所）総務省ホームページ：『家計調査（2人以上世帯、2012・2013年）』

福井市
(福井県)

食料費は並み。米の消費量は1割多く、価格は1割安い。食パンの消費量は1割少なく、他のパンは1割多い。**中華めん**、**もち**は2割高く買う。乾うどん・そば、**スパゲッティ**、他のめん類は1割前後高く、生うどん・そばは少し高く買う。スパゲッティの価格は1位。

ぶりの消費量は2割強多く、**かれい**は4割多い。**かに**は2・5倍。しかし、魚介類への支出額は1割小さい。消費量が少なく、他方で少し高く買うケースが多い。**あじ**、**いわし**、**たい**、**いか**、さんま、えび、あさり、しじみ、ほたて貝、他の貝、たらこ、しらす干しが、少なく高くの例。あじの価格は1位。生鮮肉は1割少ない量を1割高く買う。そのなかで、牛肉は1割多い消費量を並みの価格で買う。豚・鶏肉は、2割少ない消費量を1割以上高く買う。**ソーセージ**の支出額は1位(消費量1位は青森市)。

生鮮野菜は、少ない消費量を高く買う品目がめだつ。**はくさい**、ねぎ、レタス、ブロッコリー、だいこん、にんじん、**れんこん**、きゅうり、ピーマン、キャベツ、たまねぎ、たけのこ、なす、トマト、**さつまいも**などがそのパターン。**ほうれんそう**、**さといも**は多く高く買う。生鮮果物も、少ない消費量を高く買う品目がめだつ。たとえば、**みかん**、もも、ぶどう、りんご、グレープフルーツ、他の柑きつ類、メロン、キウイフルーツ。**かき(果物)**、**いちご**の価格は1位。

こんぶつくだ煮の消費量は1位(支出額1位は奈良市)。**油揚げ・がんもどき**の支出額は1・9倍で1位。**ふりかけ**の支出額は1・6倍強で1位。調理食品の**コロッケ**、**カツレツ**、**天ぷら・フライ**、**やきとり**の支出額が1位。**コーヒー飲料**の支出額も1位。外食の支出額は1割小さいが、**日本そば・うどん**は3割大きく、**中華そば**は4割大きい。

福井県　福井市

2012年と2013年の平均値
各数値は「全国平均＝100」として指数化

全国平均より多く、高く買う品目

品目	数量	価格
もち	102	119
ぶり	123	114
合いびき肉	130	101
ソーセージ	118	101
ほうれんそう	110	113
さといも	110	136

全国平均より高く買う品目

品目	数量	価格
スパゲッティ	82	115
中華めん	82	120
あじ	51	145
いわし	63	117
たい	28	150
いか	97	116
ベーコン	83	112
はくさい	80	115
さつまいも	68	143
れんこん	48	120
こんぶ	99	154
みかん	88	117
かき（果物）	47	170
いちご	78	113

全国平均より多く買う品目

品目	数量	価格
かれい	142	91
かに	248	90
こんぶつくだ煮	170	88
緑茶	139	45
他の茶葉	143	67

全国平均より支出額が大きい品目

品目	金額
油揚げ・がんもどき	189
ふりかけ	163
ようかん	151
せんべい	129
チョコレート菓子	145
コロッケ	150
カツレツ	232
天ぷら・フライ	165
やきとり	200
ハンバーグ	137
冷凍調理食品	130
そうざい材料セット	132
コーヒー飲料	165
外食：日本そば*	130
外食：中華そば	138

＊外食：日本そば・うどん

（出所）総務省ホームページ：『家計調査（２人以上世帯、2012・2013年）』

北陸地方

岐阜市
（岐阜県）

食料費は並みで、左のリストに載せる基準を満たす品目――消費量が2割以上多いか、価格が1割以上高い食料品――がかなり少ない（47都道府県庁所在市でいちばん少ない）。米の消費量は1割多い。食パンと他のパンの消費量は少し多め。めん類の消費量は1割少ない。**もち**の支出額は1位富山市と僅差の2位で、消費量は横浜・新潟市に次ぐ3位。

魚介類の支出額は2割小さい。**かに**の消費量は2割多く、**たい**の価格は4割高く、**ほたて貝**は2割弱高く買う。牛肉は少し、豚肉は1割、鶏肉は1割強少ない消費量を、どれも少し高く買う。

生鮮野菜の消費量は1割少ない。**さといも**の消費量が4割多い以外は、めだった野菜がない。**干ししいたけ**の消費量は1・7倍弱、**こんぶつくだ煮**は3割多い。**魚介のつくだ煮**の支出額は2割大きい。生鮮果物の消費量は1割少ないが、**かき（果物）**は2・7倍で、消費量・支出額とも1位。それ以外に、並以上の消費量の主な果物はない（バナナの消費量だけはほぼ並み）。**みかん**、**オレンジ**、**他の柑きつ類**、グレープフルーツは価格が1割高い。

しょう油の価格は1割高く、それ以外にはめだつ調味料がない。ようかんとまんじゅうに他の和生菓子を加えて、和生菓子の支出額をみると、3割大きい。調理食品の支出額は1割小さく、そのなかで**そうざい材料セット**だけが、1・8倍強の支出額。

茶飲料の支出額は3割大きい。酒類への支出額は2割小さい。焼ちゅうは、消費量・支出額ともに最下位。外食の支出額は3割弱大きい。外食の**すし**の支出額は4割大きく1位。**和食**は1・9倍で1位。**中華食**は1・8倍強で、名古屋・神戸市と僅差の3位。**日本そば・うどん**は4割大きく、**中華そば**は3割大きい。**喫茶代**は名古屋市に次いで2位。外食好きだが、飲酒代は並み。

岐阜県　岐阜市

2012年と2013年の平均値
各数値は「全国平均＝100」として指数化

全国平均より多く、高く買う品目

品目	数量	価格
もち	120	116
かつお節・削り節	108	115

全国平均より高く買う品目

品目	数量	価格
いわし	71	110
たい	50	139
ほたて貝	64	117
たらこ	61	113
みかん	69	112
オレンジ	96	112
他の柑きつ類	53	112
しょう油	90	111
他の茶葉	75	150
ワイン	82	110

全国平均より多く買う品目

品目	数量	価格
かに	121	89
さといも	142	80
干ししいたけ	167	91
こんぶつくだ煮	131	99
かき（果物）	270	73

全国平均より支出額が大きい品目

品目	金額
魚介のつくだ煮	121
そうざい材料セット	184
茶飲料	129
外食：日本そば*	139
外食：中華そば	130
外食：すし	142
外食：和食	190
外食：中華食	185
外食：洋食	147
外食：喫茶代	212

＊外食：日本そば・うどん

（出所）総務省ホームページ：『家計調査（2人以上世帯、2012・2013年）』

東海地方

静岡市
（静岡県）

食料費は1割大きく、中部地方では1位（全国では東京都区部、京都市に次ぐ3位）。**米**への支出額は1位（消費量は佐賀市に次ぐ2位）。食パンと他のパンは、消費量も価格も並み。めん類の支出額は並みだが、他のめん類（ぎょうざの皮など）は消費量が3割多い。

魚介類の支出額は2割大きい（仙台市に次いで2位）。ただし、生鮮魚介の消費量は並みで、1割強高く買う。**まぐろ**は2・4倍の消費量を少し高く買い、消費量・支出額とも1位。静岡県こそが、まぐろ消費の中心地。**かつお**は1・9倍の消費量を2割高く買う。**しらす干し**の消費量は4・1倍強で、消費量・支出額とも1位。**干しあじ**の消費量は1・9倍で、消費量・支出額とも甲府市に次ぐ2位。他方で、肉類の支出額は並み。他の生鮮肉の消費量が3割多い以外は、肉でめだつ品目はない。圧倒的に、肉より魚。

生鮮野菜は1割多い消費量を少し高く買う。**ねぎ**は3割多い消費量を1割高く買い、支出額は1位（消費量1位は秋田市）。**じゃがいも**の消費量は3割多く1位（支出額1位は京都市）。**かぼちゃ**の消費量も1位（支出額1位は横浜市）。**さといも**、**れんこん**、**さつまいも**、**さやまめ**は消費量が4割前後多い。

生鮮果物の消費量は1割強多く、**みかん**の消費量は1位（支出額1位は和歌山市）。**他の柑きつ類**は2・3倍弱。**いちご**の消費量は宇都宮市に次ぐ2位。**メロン**の価格は4割高い。調理食品の支出額は2割多く1位。**すし（弁当）**の支出額は1位。**カツレツ**、**そうざい材料セット**は1・6倍ほど。他にも**うなぎのかば焼き**、**サラダ**、**しゅうまい**など、3割以上大きい調理食品がいろいろ。茶類の支出額は1位で、そのなかの**緑茶**は消費量・支出額とも1位。酒類では、**清酒**の価格が1位。外食の支出額は並みだが、**日本そば・うどん**は1・6倍弱。喫茶代は3割小さく、飲酒代は並み。

東海地方

静岡県　静岡市

2012年と2013年の平均値
各数値は「全国平均＝100」として指数化

全国平均より多く、高く買う品目

品目	数量	価格
米	122	107
まぐろ	242	105
かつお	189	120
ねぎ	128	112
じゃがいも	128	101
さといも	136	100
れんこん	145	101
だいこん漬	137	102
はくさい漬	142	102
緑茶	247	108

全国平均より多く買う品目

品目	数量	価格
かに	169	95
しじみ	156	98
しらす干し	414	82
干しあじ	190	96
かつお節・削り節	202	91
さつまいも	143	79
さやまめ	143	98
かぼちゃ	134	94
みかん	181	81
他の柑きつ類	226	76
いちご	134	83

全国平均より高く買う品目

品目	数量	価格
乾うどん・そば	85	127
あじ	98	126
たい	30	144
メロン	71	142
清酒	79	125
ウイスキー	99	122

全国平均より支出額が大きい品目

品目	金額
他の魚肉練製品	228
魚介のつくだ煮	147
魚介の缶詰	144
ビスケット	136
すし（弁当）	131
うなぎのかば焼き	130
サラダ	140
カツレツ	157
しゅうまい	139
そうざい材料セット	160
ミネラルウォーター	154
外食：日本そば*	156
外食：すし	129

＊外食：日本そば・うどん

（出所）総務省ホームページ：『家計調査（2人以上世帯、2012・2013年）』

名古屋市
（愛知県）

左のリストでは「高く買う品目」ばかりがめだつうえに、1割以上高く買う品目を10以上省いている。他方で、2割以上多く買いながら安く買う品目は3つだけ。たいていの場合、名古屋市民は「自分たちが2割以上多く買うモノについては、安く買わない」といえる。食料費は少しだけ大きく、主食はおおむね並み。食パンの消費量は2割多い。……ジャムではなく、小倉あんを塗って食べる「小倉トースト」が有名。「きしめん」をふくむ**生うどん・そば**は1割高く、**乾うどん・そば**は2割高く買う。

生鮮魚介は1割少ない量を1割高く買う。**まぐろ**は3割弱多い消費量を1割強高く買い、支出額は4割大きい。**さば**の価格は2割高く1位。他にも、**あじ**、**かれい**、**たい**、**かに**、かつお、たこ、えび、かき（貝）、さしみ盛合わせの価格が平均より高い。

牛肉、豚肉、鶏肉の消費量は少し少なく、価格は牛肉が2割弱高く、豚・鶏肉が少し高い。**生しいたけ**の価格は1位。野菜は高く買うパターンがめだつ。たとえば、**ねぎ**、**たけのこ**、はくさい、レタス、ほうれんそう、にんじん、**さといも**、さつまいも、さやまめ、なす。果物では、**キウイフルーツ**の消費量・支出額がともに1位。**他の柑きつ類**の価格は1位で、他の果物も3割弱高く買う。

食塩の価格は2割強高い。主食的調理食品の支出額は1割大きい。そのうちの**おにぎり・その他**は支出額1位。外食の支出額は2割大きい。外食の**和食**の支出額は岐阜市に次いで2位。**中華食**は1位（神戸・岐阜市と僅差）。他にも、支出額が平均より大きい外食はいろいろある。外食の**喫茶代**の支出額は2・2倍強で1位。……名古屋市の喫茶店は、モーニングセットが豪華で、ランチにご飯つきの定食がある店も多い。酒類では、**ウイスキー**の価格が1・5倍弱で1位。東京都区部に次いで、大津市と並んで、なんでも高く買う傾向が強い。

愛知県　名古屋市

2012年と2013年の平均値
各数値は「全国平均＝100」として指数化

全国平均より多く、高く買う品目

品目	数量	価格
生うどん･そば	105	110
もち	114	107
まぐろ	126	113
あさり	123	102
ねぎ	112	113
さといも	160	103
干ししいたけ	136	105
キウイフルーツ	125	102

全国平均より高く買う品目

品目	数量	価格
乾うどん･そば	76	118
あじ	54	133
かれい	55	121
さば	81	122
たい	62	144
かに	68	130
牛肉	96	117
たけのこ	70	126
生しいたけ	80	118
わかめ	69	123
こんぶ	57	136
はくさい漬	61	136
他の柑きつ類	57	125
食塩	69	123
ウイスキー	48	147

全国平均より多く買う品目

品目	数量	価格
オレンジ	157	98
すいか	149	86
他の茶葉	146	78

全国平均より支出額が大きい品目

品目	金額
他の魚肉練製品	144
魚介のつくだ煮	128
まんじゅう	145
すし（弁当）	121
おにぎり・その他	131
うなぎのかば焼き	137
外食：日本そば*	137
外食：他のめん類	126
外食：すし	131
外食：和食	185
外食：中華食	188
外食：洋食	167
外食：ハンバーガー	126
外食：喫茶代	225

＊外食：日本そば・うどん

（出所）総務省ホームページ：『家計調査（2人以上世帯、2012・2013年）』

東海地方

津市
（三重県）

食料費は少しだけ小さく、米は1割多い消費量を1割安く買う。パンはおおむね並み。めん類は少しだけ少なく買う。

魚介類への支出額は並み。生鮮魚介は1割高く買う。**まぐろ**、**いわし**、**かつお**の消費量は2割以上多い。**ぶり**も2割多い（太平洋側で三重県の東には、ぶりを1割以上多く食べる都市はない）。さんまも1割多い（三重県の西には、さんまを1割以上多く食べる都市はない）。つまり、東日本でよく食べられる魚も、西日本でよく食べられる魚も好き。どちらかといえば、魚介の消費傾向は太平洋側・東日本グループに入る（ぶりより、まぐろへの支出額のほうが大きいから）。

生鮮肉は1割強高く買う。国産最高ブランドの「松阪牛」で有名な三重県だけあって、**牛肉**の消費量は2割弱多く、価格は3割高く、そのため支出額は1・5倍。肉の消費は西日本型（東日本は豚肉好き、西日本は牛肉好きといわれる）。ハム、ソーセージ、ベーコンは、どれも1割高く買う。**粉ミルク**の価格は7割高く1位。野菜は1割少ない消費量を1割高く買う。**ねぎ**は2割高く、**ほうれんそう**は1割強高く買う。果物は、**なし**を5割強多く、**みかん**、**他の果物**を2割多く買う。**りんご**、**ぶどう**、**もも**は1〜2割少ない消費量を1〜2割高い価格で買う。

調理食品の支出額は少し小さい。**そうざい材料セット**の支出額だけは3割強大きいが、他にめだった調理食品はない。酒類の支出額は3割小さく、最下位。ビールの消費量・支出額ともに最下位。ビールと発泡酒・ビール風アルコール飲料をあわせた消費量でも最下位（1位の高知市のちょうど半分）。外食の飲酒代も3割弱小さい（最下位の大津市に次ぐ低水準）。〝酒をつつしむ〟点では日本一の都道府県庁所在市。外食の支出額は2割小さいが、喫茶代は1割大きい。

三重県　津市

2012年と2013年の平均値
各数値は「全国平均＝100」として指数化

全国平均より多く、高く買う品目

品目	数量	価格
まぐろ	121	101
いわし	123	102
ぶり	118	102
えび	112	106
かき（貝）	111	112
牛肉	117	128
牛乳	102	113
なし	155	108
しょう油	113	107

全国平均より多く買う品目

品目	数量	価格
かつお	121	93
あさり	130	89
合いびき肉	120	96
みかん	121	91
他の果物	121	81
緑茶	151	68

全国平均より高く買う品目

品目	数量	価格
さけ	77	113
たい	45	114
いか	83	110
かに	91	115
たらこ	42	131
しらす干し	53	112
他の塩干魚介	94	113
かつお節・削り節	99	113
粉ミルク	65	170
ほうれんそう	76	113
ねぎ	77	122
わかめ	55	137
りんご	88	110
ぶどう	80	112
もも	78	121
みそ	74	117
紅茶	85	112

全国平均より支出額が大きい品目

品目	金額
他の魚肉練製品	155
魚介のつくだ煮	172
せんべい	122
そうざい材料セット	134

（出所）総務省ホームページ：『家計調査（2人以上世帯、2012・2013年）』

東海地方

大津市
（滋賀県）

食料費は並みで、米の消費パターンも並み。食パン、他のパンへの支出額は2割ほど大きい。どちらかといえばパン食で、これは関西地方の特徴（パンの消費量が1〜4割多い）。パンに塗る**マーガリン**の消費量も3割多いが、これも関西の特徴。めんの消費量や支出額はおおむね平均を下回る。「めんよりパン」という感じ。

魚介類への支出額は並み。まぐろの消費量は4割少ない。ぶり、さけの支出額がまぐろを上回る。**かつお**の価格は1位。**かれい**の価格も1位。高く買う魚がめだつ。**かに**は3割強高く、**ほたて貝**は1割強高く買う。**しらす干し**、**たらこ**も価格が2割以上高い。他の鮮魚も3割多い量を1割高く買う。**いわし**は、2割多い消費量を2割強安く買うが、消費量が2割以上多い品目で1割以上安く買う品目はこれだけ。東京都区部に次ぎ、名古屋市と並んで、なんでも高く買う傾向が強い。

生鮮肉は並みの量を2割高く買う。**牛肉**は3割強多い消費量を3割高く買う。豚肉は1割少なく1割高く、**鶏肉**は1割弱多く1割高く、**合いびき肉**は2割多く少し高く買う。**ハム**、**ベーコン**は1割ほど高く買い、他の生鮮肉、ソーセージも高く買う。

野菜、果物は高く買うパターンがめだつ。**ねぎ**、**たけのこ**、**メロン**は4割前後高く、**さつまいも**、**さといも**、**れんこん**、**りんご**は2〜3割ほど高く買う。調味料では、**みそ**の価格が1位。**食塩**、**酢**、**マヨネーズ・マヨネーズ風調味料**を1〜2割高く買う。

菓子類の支出額は並みで、せんべい、キャンデーは1割ほど大きいが、他にめだつ品目はない。調理食品の支出額は並み。**そうざい材料セット**は2・4倍。飲料（酒類は除く）の支出額は最下位。酒類は少し小さい。外食の支出額は1割小さく、めだつ外食はない。外食の飲酒代は最下位。

滋賀県　大津市

2012年と2013年の平均値
各数値は「全国平均＝100」として指数化

全国平均より多く、高く買う品目

品目	数量	価格
かれい	126	123
牛肉	134	128
鶏肉	107	111
合いびき肉	119	106
ほうれんそう	103	112
はくさい	106	112
なす	116	109
こんぶつくだ煮	136	108

全国平均より多く買う品目

品目	数量	価格
いわし	120	77
マーガリン	132	91

全国平均より支出額が大きい品目

品目	金額
魚介のつくだ煮	129
油揚げ・がんもどき	123
うなぎのかば焼き	132
コロッケ	128
そうざい材料セット	239

全国平均より高く買う品目

品目	数量	価格
かつお	65	134
かに	84	135
ほたて貝	54	113
たらこ	69	122
しらす干し	88	126
他の塩干魚介	86	124
ハム	95	113
ベーコン	80	111
ねぎ	79	143
さつまいも	94	128
さといも	84	130
ごぼう	72	110
れんこん	72	117
たけのこ	70	146
わかめ	61	121
こんぶ	74	140
りんご	88	119
なし	78	111
メロン	84	135
バナナ	94	112
食塩	76	121
みそ	57	137
酢	86	118
マヨネーズ・*	88	110

＊マヨネーズ・マヨネーズ風調味料

（出所）総務省ホームページ：『家計調査（2人以上世帯、2012・2013年）』

京都市
（京都府）

食料費は1割強大きく、東京都区部に次ぐ2位（都道府県庁所在市の比較であり、川崎市は京都市より上位だが除いている）。品目別でみたエンゲル係数が日本でいちばん高く、1位の品目がやたらに多いことが、豊かな食生活を窺わせる。まず、穀類の支出額は2割大きく1位。米、**食パン**、他のパンの支出額は2～3割ほど大きい。他のめん類（ぎょうざの皮など）の価格は1位。

生鮮魚介は、並みの量を2割高く買う。生鮮魚介の価格は1位。**まぐろ**の価格も1位。**ほたて貝**の価格は5割弱高く1位。**魚介のつくだ煮**の支出額は1位。肉類の支出額は3割大きい。生鮮肉の価格は1位。**牛肉**は消費量で1位（支出額1位は和歌山市）。豚肉とソーセージの価格は1割以上高く1位。生鮮魚介と生鮮肉の両方で価格1位（両方で支出額1位は和歌山市）。

乳卵類の支出額は1位。**牛乳**の消費量・支出額とも1位。**バター**の支出額は1位。生鮮野菜は1割多い消費量を1割高く買う。じゃがいもの支出額は1位（消費量1位は静岡市）。たまねぎの支出額は1位（消費量1位は札幌市）。**なす**の支出額は1位（消費量1位は新潟市）。**たけのこ**の支出額は1位（消費量1位は山形市）。さやまめ、ピーマンは価格が1位。**だいこん漬**の価格も1位。他の野菜の漬物は支出額が1位。果物の消費量は並み。グレープフルーツの価格は1位。

調味料への支出額は1割大きく1位。**ジャム**の支出額は1位（消費量1位は奈良市）。風味調味料の支出額は1位。菓子類、調理食品の支出額は1割大きい。**うなぎのかば焼き**の支出額は1位。**ぎょうざ**の支出額は、宇都宮市に次ぐ2位（浜松市を除いているため）。**コーヒー**は消費量・支出額とも1位（先にみたように牛乳も両方で1位）。外食の**喫茶代**の支出額は3割大きい。**緑茶**だけは1・8倍の消費量を4割安く買う。たくさん飲む緑茶だけは、安くてもいいと考えているようだ。酒類の支出額は並み。外食の支出額は1割弱大きい。外食の飲酒代の支出額は2割小さい。

京都府　京都市

2012年と2013年の平均値
各数値は「全国平均＝100」として指数化

全国平均より多く、高く買う品目

品目	数量	価格
かれい	155	118
たい	170	127
ぶり	120	114
かに	138	121
しらす干し	161	115
牛肉	160	122
合いびき肉	134	110
牛乳	125	105
バター	136	105
たけのこ	176	137
なす	143	113
こんぶ	130	144
ジャム	141	101
紅茶	124	119
ワイン	118	101

全国平均より多く買う品目

品目	数量	価格
食パン	133	98
生うどん・そば	141	84
かき（貝）	163	89
緑茶	180	62
コーヒー	154	94

全国平均より高く買う品目

品目	数量	価格
まぐろ	53	124
かつお	94	119
さけ	96	117
いか	84	137
ほたて貝	65	145
れんこん	82	135
だいこん漬	96	135
もも	82	123
食塩	68	140

全国平均より支出額が大きい品目

品目	金額
魚介のつくだ煮	193
豆類	154
油揚げ・がんもどき	148
他の和生菓子	132
他の洋生菓子	137
うなぎのかば焼き	172
コロッケ	140
ぎょうざ	146
そうざい材料セット	132
外食：中華食	143
外食：喫茶代	132

（出所）総務省ホームページ：『家計調査（2人以上世帯、2012・2013年）』

大阪市
（大阪府）

食料費は並みで、量的には「**米よりパン**」。ただし、米は1割高く買う（消費量は1割少ない）。**食パン**、**他のパン**は消費量が2割ほど多い。**マーガリン**も2割多い。

魚介類の支出額は並み。生鮮魚介は1割少ない量を1割以上高く買う。ぶりは1割多い量を並みの価格で。**たこ**の支出額は1位（消費量1位は高松市）。**たい**は2割強多い消費量を4割高く買う。**かに**は4割強高く買い、**えび**の消費量は2割強多い。**さば**、**いか**、**ほたて貝**、さんま、まぐろ、あじ、いわし、かつお、さけ、他の鮮魚は少ない量を高く買う。他の貝の価格は1・9倍で1位。

肉類の支出額は2割大きい。**牛肉**は1・6倍弱の消費量を少し高く買う。豚肉、鶏肉も1割ほど高く買う。他の生鮮肉も3割高い価格で1位。加工肉の支出額は1割小さい。量的には、魚より肉。

生鮮野菜は少し多く、少し高く買い、支出額は1割大きい。**はくさい**の消費量は4割多く、2割弱高く買い、価格と支出額で1位（消費量1位は和歌山市）。他に、野菜で並み以上の消費量・価格は、**ねぎ**、**れんこん**、キャベツ、ほうれんそう、ブロッコリー、さつまいも、じゃがいも、だいこん、たまねぎ、さやまめ、なす、ピーマン、生しいたけ。レタスはすべて並み。**トマト**の価格は1位。**もやし**、**たけのこ**の消費量は少ないが、3〜4割高く買う。納豆の支出額は最下位。

果物の支出額は1割小さく、少ない量を高くというパターンがめだつ。たとえば、**もも**、**メロン**、りんご、みかん、なし、ぶどう、いちご、バナナ。**酢**は2割弱多い消費量を1割高く買う。**ソース**、ケチャップの消費量は2割ほど多い。**みそ**は2割強高く買う。スナック菓子、チョコレート菓子の支出額は3割小さく最下位。**他の主食的調理食品**の支出額は1位。**うなぎのかば焼き**の支出額は京都市に次ぐ2位。**コーヒー**、紅茶は2割前後多い量を1割安く買う。酒類の支出額は並み。外食の支出額は1割大きい。**他の主食的外食**は1・5倍弱で、喫茶代は2割大きいが、飲酒代は2割小さい。

大阪府　大阪市

2012年と2013年の平均値
各数値は「全国平均＝100」として指数化

全国平均より多く、高く買う品目

品目	数量	価格
食パン	122	100
かれい	123	111
たい	125	140
えび	123	100
牛肉	157	106
合いびき肉	136	102
はくさい	138	116
ねぎ	100	132
れんこん	110	116
こんぶつくだ煮	108	127
酢	117	108

全国平均より多く買う品目

品目	数量	価格
他のパン	124	98
生うどん・そば	127	88
たこ	151	93
かき（貝）	123	87
マーガリン	121	92
ソース	125	94
コーヒー	121	90
ビール	125	99
ウイスキー	145	82

全国平均より高く買う品目

品目	数量	価格
米	90	110
さば	98	117
いか	93	119
かに	87	145
ほたて貝	71	117
もやし	80	130
たけのこ	82	138
トマト	90	114
わかめ	58	125
こんぶ	86	124
もも	81	118
メロン	61	122
みそ	62	123

全国平均より支出額が大きい品目

品目	金額
揚げかまぼこ	134
うなぎのかば焼き	160
サラダ	126
コロッケ	127
他の主食的調理食品	120
外食：中華食	130
他の主食的外食	146

（出所）総務省ホームページ：『家計調査（２人以上世帯、2012・2013年）』

近畿地方

神戸市
（兵庫県）

食料費は並みで、米よりパン。米は1割少ない量を1割高く買う。**食パン**、**他のパン**、パン全体のすべてで消費量・支出額とも1位（価格は並み）。他のめん類（ぎょうざの皮など）の消費量は2割多い。

魚介類の支出額は並み。**かき（貝）**の消費量は1・8倍、**たい**は1・7倍で、**ぶり**、**たこ**、**かに**は2割前後多い。**さけ**の価格は2割強高く、1位。**塩さけ**の価格も1位。まぐろは半分の消費量を1割高く買う。他にも、**しじみ**、**ほたて貝**、えびなど、高く買う魚介がめだつ。生鮮肉は並みの消費量を2割高く買う。**牛肉**は2割高く買い、支出額は全国平均の1・6倍だが、関西地方では最下位。**鶏肉**とハムの価格は1位。豚肉、合いびき肉、ソーセージも1割高く買う。

生鮮野菜の価格は1位で、高く買うパターンがめだつ。**レタス**、**だいこん**の価格は1位。**ねぎ**の価格は4割高く、**もやし**、**れんこん**は3割高く、**さつまいも**、たまねぎ、さやまめ、きゅうり、**キャベツ**、たけのこ、さといもは2割高い。**はくさい**、にんじん、トマト、ごぼう、じゃがいも、なすは1割ほど高く買う。**梅干し**、**こんぶ**の価格は1位。

果物も高く買い、**すいか**の価格は1位。**メロン**、もも、りんごは2〜3割高い。菓子の支出額は並み。他の洋生菓子だけは1・5倍強で支出額1位。飲料と茶葉の支出額は1割小さいが、**紅茶**は消費量・支出額とも1位。緑茶、他の茶葉、**コーヒー**の量は2割前後多い。紅茶以外を安く買って、紅茶で贅沢を楽しむという感じ。日本でいちばん「紅茶とパン」という食生活が好き。

酒類の支出額は1割以上小さい。消費量が多いのはワインだけ（1割多い）。外食の飲酒代の支出額も2割弱小さい。外食の支出額は並みだが、中華そばは1・9倍弱、**喫茶代**は1・6倍強。左のリストでは、1割以上高く買う品目を20以上省いており、なんでも高く買う傾向が強い。

兵庫県　神戸市

2012年と2013年の平均値
各数値は「全国平均＝100」として指数化

全国平均より多く、高く買う品目

品目	数量	価格
食パン	141	102
他のパン	130	101
たい	171	104
ぶり	118	109
たこ	121	105
かに	127	100
牛肉	135	119
鶏肉	101	116
はくさい	125	114
さつまいも	105	124
生しいたけ	126	101
かき（果物）	127	109
紅茶	197	103

全国平均より支出額が大きい品目

品目	金額
揚げかまぼこ	135
魚介のつくだ煮	190
カステラ	128
コロッケ	145
外食：和食	143
外食：中華食	186
外食：喫茶代	164

全国平均より高く買う品目

品目	数量	価格
さけ	77	125
しじみ	34	139
ほたて貝	61	137
塩さけ	80	122
キャベツ	88	121
レタス	81	122
ねぎ	94	138
もやし	74	129
だいこん	89	127
れんこん	94	129
こんぶ	57	164
梅干し	92	140
すいか	72	133
メロン	51	126
食塩	66	127

全国平均より多く買う品目

品目	数量	価格
生うどん・そば	131	87
かき（貝）	178	82
ソース	155	92
ジャム	128	79
コーヒー	126	94

（出所）総務省ホームページ：『家計調査（2人以上世帯、2012・2013年）』

奈良市
(奈良県)

食料費は少しだけ大きく、関西地方のなかでは京都市に次ぐ2位。**緑茶**の消費量は2倍(静岡市に次ぐ2位)で、価格は4割安いが、2割以上多く消費する品目でこれほど安く買うモノは他になく、全体的に高く買う傾向が強い(左のリストでは省いた、1割以上高く買う品目が8つある)。これらの傾向は、緑茶の件もふくめて京都市によく似ている。**米**の消費量は2割多く、**食パン**と**生うどん・そば**も3割弱多い。**小麦粉**の消費量・支出額とも1位。

生鮮魚介は少し少ない消費量を少し高く買い、支出額は並み。**たい**の消費量は1・7倍、**かき(貝)**は1・5倍弱。**かれい、たこ、えび、かに**は消費量が2~3割強多い。塩干魚介の消費量は3割少ないが、価格は2割強高くて1位。**しらす干し**は、3割多い消費量を2割高く買う。生鮮肉への支出額は3割大きい。どの生鮮肉も少し高く買い、そのなかで**牛肉**の消費量は1・6倍。

牛乳の消費量は2割多いだけだが、京都市に次ぐ2位。**卵**は2割多い消費量を並みの価格で買い、支出額は2位(1位は高知市)。野菜の支出額は1割大きい。**はくさい**の消費量は3割多い。**こんぶつくだ煮**の支出額は1位で、価格も1位。**かき(果物)**の消費量は1・9倍で、岐阜市に次ぐ2位。価格は2割強安いが、2割以上多く買う品目で価格が2割以上安いのは緑茶以外ではこれだけ。

マーガリンの消費量は1位(支出額1位は松江市)。**ソース**は4割弱多い。**ジャム**の消費量は1位(支出額1位は京都市)。菓子類の支出額は1割大きく、**まんじゅう**は4割大きい。関西から西側で、菓子類の支出額がはっきりと大きいのは、奈良・京都市だけ。調理食品の支出額は並みだが、**そうざい材料セット**は1・6倍強。酒類の支出額は少し小さい。外食の支出額は並みで、**喫茶代**は4割強大きい。外食では、和食と中華食の支出額が2割以上大きい。

奈良県　奈良市

2012年と2013年の平均値
各数値は「全国平均＝100」として指数化

全国平均より多く、高く買う品目

品目	数量	価格
食パン	128	100
かれい	135	102
たこ	133	104
えび	128	109
かに	125	107
しらす干し	132	118
牛肉	158	105
合いびき肉	147	102
牛乳	119	101
卵	118	101
バター	132	103
はくさい	128	103
こんぶ	128	112
梅干し	126	120
こんぶつくだ煮	113	135
酢	119	121
紅茶	154	105

全国平均より支出額が大きい品目

品目	金額
まんじゅう	142
そうざい材料セット	163
外食：喫茶代	145

全国平均より高く買う品目

品目	数量	価格
もち	92	117
さけ	88	110
しじみ	49	130
ほたて貝	88	114
たらこ	58	136
ねぎ	90	122
れんこん	98	128
もも	87	117
みそ	69	120
ウイスキー	42	120

全国平均より多く買う品目

品目	数量	価格
米	118	96
生うどん・そば	126	81
小麦粉	155	96
たい	168	98
かき（貝）	146	96
かき（果物）	192	77
マーガリン	133	93
ソース	136	90
ジャム	147	95
緑茶	200	58

（出所）総務省ホームページ：『家計調査（2人以上世帯、2012・2013年）』

和歌山市
（和歌山県）

食料費は少し小さい。品目別でみたエンゲル係数は、京都市に次ぐ2位の高さ。米の消費量は並み。食パンと他のパンの消費量は1割多い。めん類の消費量は1割多い。

生鮮魚介の消費量・価格が1割ずつ高いため、支出額は2割大きく、1位（消費量1位は青森市）。**えび**の消費量は1・8倍で、消費量・支出額とも1位。**さば**は4割強多い消費量を2割弱高く買い、支出額は1位（消費量1位は松江市）。**かつお**の消費量は1・7倍、**たい**は1・6倍。まぐろは1割少ない量を並みの価格で買う。他の鮮魚への支出額は5割大きい。**たらこ**の価格は1位。**しらす干し**の消費量は3・8倍で、消費量・支出額とも静岡市に次ぐ2位。**梅干し**は2・6倍強の消費量を少し高く買い、消費量・支出額とも1位。

肉類への支出額は3割大きく、1位。**牛肉**は1・5倍の消費量を3割高く買い、価格と支出額が1位（消費量は京都・奈良・大阪市に次ぐ4位）。他の生鮮肉の支出額は4割大きく、そのため、生鮮肉の支出額でも1位（消費量1位は福岡市）。加工肉への支出額は1割小さい。生鮮の魚介と肉の両方で支出額1位（両方で価格1位は京都市）。メリハリを利かせて、魚でも肉でも豊かな食生活にみえる。生活水準が高いために、エンゲル係数が高いというパターン。

はくさいの消費量は1位（支出額1位は大阪市）。**みかん**の支出額は1位（消費量1位は静岡市）。他の柑きつ類の消費量は4割強多い。**酢**の消費量は1位（支出額1位は鹿児島市）。**ケチャップ**の消費量も1位（支出額1位は横浜市）。

酒類の支出額は2割弱小さいが、ビールの価格は7%高く1位（プレミアムビールの比率が高い）。外食の支出額は2割小さく、飲酒代の支出額は半分未満で最下位。

和歌山県　和歌山市

2012年と2013年の平均値
各数値は「全国平均＝100」として指数化

全国平均より多く、高く買う品目

品目	数量	価格
さば	145	116
たい	162	109
ぶり	131	104
いか	110	117
塩さけ	102	121
牛肉	152	131
鶏肉	123	100
さつまいも	123	105
梅干し	264	103
みかん	144	114

全国平均より高く買う品目

品目	数量	価格
かれい	92	111
かに	95	141
たらこ	61	158
豚肉	99	113
ねぎ	82	127
れんこん	76	128
たけのこ	65	117
こんぶ	92	115
食塩	72	120
焼ちゅう	65	113
ウイスキー	47	120

全国平均より多く買う品目

品目	数量	価格
生うどん・そば	143	70
小麦粉	126	98
かつお	172	92
たこ	120	96
えび	178	95
かき（貝）	125	86
しらす干し	378	83
合いびき肉	148	95
はくさい	143	85
干ししいたけ	141	83
かき（果物）	139	86
もも	309	89
マーガリン	125	99
砂糖	123	87
酢	157	78
ケチャップ	126	84

全国平均より支出額が大きい品目

品目	金額
揚げかまぼこ	129
豆類	130
うなぎのかば焼き	140

（出所）総務省ホームページ：『家計調査（2人以上世帯、2012・2013年）』

鳥取市
（鳥取県）

食料費は少し小さい。米は1割少ない消費量を1割安く買う。カップめんは消費量・価格とも1割程度高く、支出額は2割大きい。**即席めん**は消費量・支出額とも1位。

生鮮魚介は、4割多い量を2割安く買う。**かに**の消費量は6・1倍で、消費量・支出額とも1位。**かれい**の消費量は4・4倍弱で、消費量・支出額とも1位。**いわし**の消費量は3・1倍で、消費量・支出額とも1位。隣県の松江市、北陸の富山市とともに、日本海側・西日本グループでの魚介消費の中心地のひとつ。**さば**、**ぶり**、他の鮮魚の消費量も4〜5割多い。**かき（貝）**の消費量は2・2倍弱。塩干魚介は3割多く、2割安く買い、その大半は**他の塩干魚介**（消費量1位で、支出額は青森市が1位）。**ちくわ**の支出額は1位。他の魚肉練製品は1・8倍。

生鮮肉も加工肉も、消費パターンはおおむね並み。ただし、**合いびき肉**の消費量は1・7倍強で、消費量・支出額とも1位。**牛乳**の価格は1位。**卵**の消費量は1位（支出額1位は高知市）。**バター**は価格が1位。生鮮野菜は、1割少ない量を並みの価格で買う。**はくさい漬**は消費量・支出額とも1位。生鮮果物は2割多く、並みの価格で買う。**なし**は名産地でもあり、消費量は3・4倍で、消費量・支出額とも1位。**バナナ**の支出額は1位（消費量1位は富山市）。

砂糖の支出額は1位（消費量1位は松江市）。**マヨネーズ・マヨネーズ風調味料**は消費量1位（支出額1位は新潟市）。**カレールウ**の支出額は1位（消費量1位は金沢市）。**スナック菓子**の支出額は1位。**冷凍調理食品**の支出額は1位。**コーヒー**の消費量は京都市に次ぐ2位。ミネラルウォーターへの支出額は4分の1で、最下位。ウイスキーとワインの消費量が4割前後少ない一方で、**発泡酒・ビール風アルコール飲料**への支出額は3割弱大きい。酒類の支出額は並み。他の酒の支出額は4割強大きい。外食の支出額は2割小さく、そのなかの喫茶代は4分の3の支出額。

鳥取県　鳥取市

2012年と2013年の平均値
各数値は「全国平均＝100」として指数化

全国平均より多く、高く買う品目

品目	数量	価格
即席めん	153	103
いか	144	108
しじみ	169	131
合いびき肉	175	103
牛乳	108	114
もやし	111	128
豆腐	104	123
だいこん漬	117	111
はくさい漬	290	113
こんぶつくだ煮	129	107
なし	339	114
バナナ	118	103
砂糖	111	116
カレールウ	118	102
発泡酒・ビー*	125	104

全国平均より支出額が大きい品目

品目	金額
ちくわ	242
まんじゅう	165
スナック菓子	163
冷凍調理食品	173
乳飲料	138

全国平均より高く買う品目

品目	数量	価格
バター	88	113
こんぶ	74	121
酢	84	124

全国平均より多く買う品目

品目	数量	価格
食パン	122	96
あじ	136	97
いわし	309	92
かれい	437	68
さば	146	75
ぶり	141	99
かに	608	59
かき（貝）	216	65
他の塩干魚介	175	82
卵	130	83
オレンジ	129	89
かき（果物）	162	93
すいか	158	85
メロン	133	94
マヨネーズ・**	121	91
他の茶葉	148	83
コーヒー	152	74

＊発泡酒・ビール風アルコール飲料　＊＊マヨネーズ・マヨネーズ風調味料

（出所）総務省ホームページ：『家計調査（２人以上世帯、2012・2013年）』

松江市
（島根県）

食料費は少し小さい。米の消費量は並みで、価格は1割安い。**食パン**の消費量は2割多い。めん類は1割弱少ない消費量を1割高く買う。たとえば**乾うどん・そば**の価格は1割強高い。**もち**の価格は3割高い。

鮮魚は2割多く2割安く買う。貝類は5割多く2割安く買い、貝類がめだつ魚介好き。宍道《しんじ》湖が名産の**しじみ**の消費量は3・6倍で、消費量・支出額とも1位。他の貝は6倍近い量を半値で買い、消費量・支出額とも1位。長崎市、福岡市に次いでまぐろの量が少ない（全国平均の5分の1程度の都市が、最下位から順に、長崎・福岡・松江市）。**あじ**の消費量は2・7倍強で1位（支出額1位は長崎市）。**いわし**の消費量は鳥取市に次ぐ2位。**さば**の消費量は1位（支出額1位は和歌山市）。他の鮮魚は4割多い消費量を2割高く買う。全国より1割以上高く買う生鮮魚介は、たいてい、消費量が4割前後少ない。**かまぼこ**の支出額は1・5倍。肉類への支出額は少し小さい。

生鮮野菜は1割少ない量を少し安く買う。例外として、**ごぼう**は、1割多い消費量を1割高く買う。**さつまいも**は2割少ない消費量を3割高く買う。**豆類**の支出額は1・5倍。果物への支出額は並み。**なし**の価格は1位（なしの名産地の鳥取県は隣県）。**砂糖**の消費量は1位（支出額1位は鳥取市）。**マーガリン**の支出額は1位（消費量1位は奈良市）。**しょう油**の消費量は1・5倍弱で、価格は1割高い。**食塩**、**ソース**は2割前後高く買う。

調理食品の支出額は1割小さく、全国平均より大きな支出額の調理食品はほぼない（コロッケが少し上回る程度）。**緑茶**の消費量は1・6倍。酒類の支出額は1割以上大きい。**清酒**の消費量は4割強多く、**焼ちゅう**は3割多い。主要な酒は平均より少ない消費量で高く買い、たとえば**ウイスキー**の価格は1割強高い。外食の支出額は1割小さく、外食での**飲酒代**は2割強大きい。

島根県　松江市

2012年と2013年の平均値
各数値は「全国平均＝100」として指数化

全国平均より多く、高く買う品目

品目	数量	価格
もち	106	129
いわし	200	103
いか	124	103
合いびき肉	122	103
牛乳	107	111
ごぼう	108	110
こんぶ	103	124
なし	162	153
ぶどう	123	105
マーガリン	117	108
しょう油	146	112
清酒	143	104
焼ちゅう	132	101

全国平均より多く買う品目

品目	数量	価格
食パン	120	99
あじ	275	92
かれい	233	82
さば	182	85
たい	191	64
ぶり	183	80
えび	127	85
しじみ	361	99
わかめ	158	85
砂糖	127	96
緑茶	159	79
他の茶葉	120	89

全国平均より高く買う品目

品目	数量	価格
乾うどん・そば	97	115
かき（貝）	66	116
しらす干し	57	125
かつお節・削り節	88	114
ベーコン	89	115
さつまいも	80	129
食塩	92	117
ソース	79	123
ウイスキー	44	114

全国平均より支出額が大きい品目

品目	金額
かまぼこ	151
豆類	150
スナック菓子	135
チョコレート菓子	125
外食：和食	123
外食：飲酒代	125

（出所）総務省ホームページ：『家計調査（2人以上世帯、2012・2013年）』

中国地方

岡山市
（岡山県）

食料費は1割近く小さい。米は平均価格で買うが、消費量は3割少なく、消費量・支出額とも最下位。他方で、パンの消費量は3割多く、「米よりパン」。特に、**他のパン**の消費量は3割多く、1位の神戸市に近い2位。また、**マーガリン**の消費量は2割多い（関西地方以外では1位）。このあたりは、神戸市がある兵庫県の隣県だからか。めん類は1割多い消費量を1割安く買う。そのなかで、**生うどん・そば**は4割弱多い消費量を2割安く買う。**もち**の価格は1位。

魚介類の支出額は1割強小さい。**ぶり**は2割多い消費量を1割弱高く買う。**たい**の消費量は4割多い。**えび**は2割強多く、**かき（貝）**は1・8倍（かきの名産地の広島県が隣県）。**かに**は2割高く買う（かにの消費量1位の鳥取市が隣県にある）。周囲の県からの影響が強そうな消費パターン。**干しあじ**の価格は1位（ただし消費量は平均の3割だけ）。

肉類への支出額は並み。**合いびき肉**の消費量は1・6倍強。牛肉と鶏肉の消費量は1割多い。豚肉と加工肉の支出額は1割前後小さい。

生鮮野菜への支出額は2割小さい。**ほうれんそう**、**ねぎ**、**さつまいも**、**さといも**、**さやまめ**は少ない消費量を1~2割強高く買う。生鮮果物は1割弱多い消費量を1割安く買い、並みの支出額。**ぶどう**の消費量は1・8倍で、消費量・支出額とも甲府市に次いで2位。**もも**の消費量は2・5倍強だが、3倍を超える都市が4ヵ所あるために5位。支出額では福島・福井市に次いで3位。

しょう油、**みそ**の価格は2割弱高い。**まんじゅう**の支出額は1・5倍。調理食品でめだつものはない。**他の茶葉**の消費量は1・7倍強、**コーヒー**の消費量は2割強多い。酒類の支出額は2割小さいが、**ウイスキー**の価格は3割高い。外食の支出額は1割小さい。

岡山県　岡山市

2012年と2013年の平均値
各数値は「全国平均＝100」として指数化

全国平均より多く、高く買う品目

品目	数量	価格
ぶり	121	106
ぶどう	182	112
もも	255	112
ソース	133	104

全国平均より多く買う品目

品目	数量	価格
他のパン	128	95
生うどん・そば	136	78
たい	142	97
えび	123	88
かき（貝）	182	88
合いびき肉	164	91
マーガリン	122	95
他の茶葉	174	58
コーヒー	123	98

全国平均より支出額が大きい品目

品目	金額
まんじゅう	150
乳飲料	120
他の主食的外食	127

全国平均より高く買う品目

品目	数量	価格
即席めん	99	111
もち	55	153
いわし	64	111
かに	81	120
しらす干し	50	116
干しあじ	28	128
他の塩干魚介	77	114
ベーコン	84	114
ほうれんそう	80	111
ねぎ	67	125
さつまいも	85	116
さといも	50	126
さやまめ	61	110
わかめ	53	128
こんぶ	67	133
しょう油	89	117
みそ	62	117
ウイスキー	48	128

（出所）総務省ホームページ：『家計調査（2人以上世帯、2012・2013年）』

広島市
（広島県）

食料費は並み。米、食パン、他のパンは、消費量・支出額・価格ともおおむね並み。めん類は、少しだけ多い消費量を1割安く買って、支出額は少しだけ小さい。穀類の消費は、全国平均にかなり近い。主食と一緒に飲食するモノについて、全国販売の前にテストをおこなうなら、都道府県庁所在市のなかで広島市がいちばん適しているかもしれない。

生鮮魚介は、1割多い消費量を少し高く買う。**たい**の消費量は2倍弱。**いわし**は4割弱多い消費量を3割弱高く買う。**あじ**、**さば**、**ぶり**、**たこ**の消費量は1～3割多く、価格も並以上。他の鮮魚の消費量は3割多く、価格は1割高い。**さしみ盛合わせ**として買うときの支出額は1位（消費量1位は富山市）。貝類の支出額は1位（消費量1位は青森市）で、価格も1位。**かき（貝）**の消費量・支出額とも1位。消費量は2位の高松市と僅差だが、価格は高松市の2・5倍で、支出額は大差。

生鮮肉は1割多い量を並みの価格で、**牛肉**の消費量は4割多く、**鶏肉**も2割多い。他の生鮮肉の消費量は6割弱多い。**牛乳**の消費量は2割多いだけだが、京都・奈良市に次いで3位。生鮮野菜の消費量・価格は並み。キャベツ、ほうれんそう、はくさい、レタス、ブロッコリー、だいこん、たまねぎ、きゅうりは、消費量・価格がほぼ並み。**れんこん**の消費量は、佐賀市に次いで2位。広島県はレモンの生産量が1位で、**他の柑きつ類**（レモンなどをふくむ）の消費量は1・5倍強。

他地域では「広島風」と呼ばれるお好み焼きに、独特の**ソース**をかけることでも有名で、ソースの消費量・支出額はともに1位。調理食品への支出額は並みで、めだつのは**そうざい材料セット**だけ。めだつ飲料はなし。酒類への支出額は2割大きい。**ビール**の消費量・支出額は1位。主要な酒は、どれも少し高め。外食への支出額は並みで、**他の主食的外食**以外はめだつ外食がない。

広島県　広島市

2012年と2013年の平均値
各数値は「全国平均＝100」として指数化

全国平均より多く、高く買う品目

品目	数量	価格
あじ	129	115
いわし	136	127
さば	120	105
たい	197	103
ぶり	113	119
たこ	128	100
さしみ盛合わせ	133	105
かき（貝）	371	125
牛肉	141	100
ごぼう	130	101
ぶどう	112	117
酢	117	111
ビール	135	103
発泡酒・ビー*	120	100

全国平均より高く買う品目

品目	数量	価格
スパゲッティ	81	113
いか	80	131
しじみ	66	128
かつお節・削り節	68	119
ねぎ	98	118
さつまいも	94	119
たけのこ	53	123
わかめ	58	138
こんぶ	81	121
かき（果物）	87	124
食塩	81	130
しょう油	95	120
焼ちゅう	97	115

全国平均より支出額が大きい品目

品目	金額
揚げかまぼこ	132
干しのり	125
まんじゅう	157
そうざい材料セット	147
他の主食的外食	123

全国平均より多く買う品目

品目	数量	価格
鶏肉	121	91
牛乳	118	99
れんこん	180	87
かぼちゃ	133	77
はくさい漬	150	92
他の柑きつ類	153	83
ソース	157	99
ジャム	122	98

＊発泡酒・ビール風アルコール飲料

（出所）総務省ホームページ：『家計調査（2人以上世帯、2012・2013年）』

中国地方

山口市
（山口県）

食料費は1割弱小さい。米は少しだけ少ない量を1割安く買う。パンの消費量は1割少ない。カップめんの価格は1位。

生鮮魚介は少し多い消費量を並みの価格で買う。**えび**の価格は1位。**あじ**の消費量は2・1倍強で、2割弱高く買う。支出額は2・5倍で、長崎・松江市に次ぐ3位。**たい**の消費量は2・6倍で5位（支出額は4位）。**いわし**、**かれい**、**ぶり**の消費量は4割前後多く、どれも1〜2割高く買う。他の鮮魚の消費量は3割多く、貝類は2〜3割少ない（しかも少し安く買う）。

生鮮肉は並みの価格で、少し多い消費量。**牛肉**は3割多い消費量を1割安く買う。他の生鮮肉の消費量は3割多く。加工肉の支出額は並み。生鮮野菜、生鮮果物は1割少ない消費量を1割安く買う。**ごぼう**の消費量は3割多く、**れんこん**は2割強多い。**ねぎ**は3割高く、**かき（果物）**は2割強高く買う。さつまいも、グレープフルーツの価格も1割高い。他にめだつ野菜・果物はない。

はくさい漬の消費量は3割多く、**だいこん漬**の価格は2割高い。**ちくわ**、**かまぼこ**の支出額は1・5倍ほど。揚げかまぼこは2割強大きい。**砂糖**、**ドレッシング**の価格は1位。

菓子類の支出額は並み。**まんじゅう**の支出額は1・9倍弱で1位。**チョコレート菓子**は1・5倍弱。調理食品への支出額は1割小さく、めだつのは**そうざい材料セット**（支出額は1・6倍強）だけ。**他の茶葉**の消費量は1・8倍弱で、消費量・支出額とも1位。

酒類の支出額は1割大きい。**焼ちゅう**、**発泡酒・ビール風アルコール飲料**の消費量は3〜5割多く、価格も少し高い。**清酒**の価格は1割強高く、ビール、ウイスキー、ワインも少し高い。外食への支出額は2割小さいが、**和食**は4割強大きい。外食の喫茶代は半分。

山口県　山口市

2012年と2013年の平均値
各数値は「全国平均＝100」として指数化

全国平均より多く、高く買う品目

品目	数量	価格
即席めん	121	109
あじ	214	116
いわし	139	118
かれい	144	108
さば	125	103
ぶり	142	122
えび	109	119
合いびき肉	144	102
だいこん漬	106	118
しょう油	114	115
マヨネーズ・*	101	113
焼ちゅう	149	103
発泡酒・ビー**	134	104

全国平均より多く買う品目

品目	数量	価格
たい	262	90
煮干し	247	83
牛肉	132	91
ごぼう	130	98
れんこん	125	86
はくさい漬	131	93
他の茶葉	177	87

全国平均より高く買う品目

品目	数量	価格
いか	88	126
塩さけ	67	118
しらす干し	37	126
牛乳	92	111
ねぎ	72	129
こんぶ	84	119
かき（果物）	55	123
砂糖	85	140
ドレッシング	79	111
清酒	81	114

全国平均より支出額が大きい品目

品目	金額
ちくわ	147
かまぼこ	148
ふりかけ	136
まんじゅう	186
他の和生菓子	130
ビスケット	131
チョコレート菓子	146
そうざい材料セット	164
乳飲料	130
外食：和食	143

＊マヨネーズ・マヨネーズ風調味料　＊＊発泡酒・ビール風アルコール飲料

（出所）総務省ホームページ：『家計調査（2人以上世帯、2012・2013年）』

中国地方

徳島市
（徳島県）

食料費は並みで、米の消費量も並み（価格は1割安い）。**食パン**も**他のパン**も、1割以上多い消費量を並み以上の価格で買う。このあたりは関西地方の影響を感じるが、マーガリンの消費量は1割少ない。めん類は、消費量・支出額・価格ともに並み。

生鮮魚介は、1割少ない消費量を少し安く買う。**かつお**の消費量は1・5倍で、高知市からの影響を感じる。**ぶり**の消費量は3割強多く、**えび**は2割強多い。**しじみ**の価格は2割高いが、これらの他は、生鮮魚介でめだつ品目がない。塩干魚介は、2割強少ない量を2割弱高く買う。**塩さけ**、**たらこ**を1〜3割高く買い、**他の塩干魚介**の価格は1位。**ちくわ**の支出額は1・8倍強。

生鮮肉は、並みの消費量を1割強高く買う。**牛肉**は3割多い消費量を1割強高く買う。豚肉、鶏肉、他の生鮮肉も高く買う。**合いびき肉**の消費量は4割多い。加工肉の消費量はどれも少ない。

生鮮野菜の支出額は1割小さい。**さつまいも**は2・5倍の消費量を3割弱高く買い、消費量・支出額ともに1位。生鮮果物は少し多い消費量を少し安く買う。**みかん**は4割弱多い消費量を3割弱安く買う。**りんご**の消費量は3割多い。**他の柑きつ類**は5割多い消費量を1割高く買う。**なし**、**ぶどう**、**メロン**は、少ない消費量を1〜3割強高く買う。

ソースの消費量は1・5倍弱で、**酢**の価格は3割高い。菓子の支出額は並みだが、**チョコレート菓子**は3割大きい。調理食品の支出額は並み。**やきとり**の支出額は1・5倍弱。**そうざい材料セット**は1・9倍。飲料の支出額は並み。酒類の支出額は1割小さいが、**焼ちゅう**は少し多い消費量を1割高く買う。ただし、外食での飲酒代は1割強大きい。外食の支出額は1割大きいが、外食での喫茶代は2割強小さい。

徳島県　徳島市

2012年と2013年の平均値
各数値は「全国平均＝100」として指数化

全国平均より多く、高く買う品目

品目	数量	価格
食パン	110	107
他のパン	114	100
ぶり	135	106
牛肉	129	114
合いびき肉	142	110
さつまいも	248	126
わかめ	126	110
豆腐	100	123
りんご	131	104
他の柑きつ類	149	111
焼ちゅう	104	110

全国平均より多く買う品目

品目	数量	価格
かつお	150	99
えび	123	88
はくさい	125	92
生しいたけ	142	79
はくさい漬	129	93
みかん	137	73
ソース	146	88
他の茶葉	165	67

外食：ハンバーガー	127

全国平均より高く買う品目

品目	数量	価格
小麦粉	85	123
しじみ	60	118
塩さけ	75	115
たらこ	36	128
他の塩干魚介	84	133
ねぎ	72	125
レタス	92	111
もやし	87	131
こんぶ	54	120
なし	81	112
ぶどう	87	112
メロン	43	134
酢	74	129

全国平均より支出額が大きい品目

品目	金額
揚げかまぼこ	145
ちくわ	183
干しのり	136
チョコレート菓子	129
やきとり	147
そうざい材料セット	191
乳飲料	171

（出所）総務省ホームページ：『家計調査（２人以上世帯、2012・2013年）』

高松市
（香川県）

食料費は並みで、米は消費量・価格とも1割程度低い。**食パン**は1割強多い消費量を1割高く買うが、他のパンは消費量・価格とも並み。「讃岐うどん」で知られ、めん類の消費量は1位（支出額1位は秋田市）。**生うどん・そば**の消費量・支出額はともに1位。**乾うどん・そば**の消費量・支出額は秋田市に次いで、2位。うどんは、秋田と香川（讃岐）の争い。

生鮮魚介への支出額は並み。**たこ**の消費量は1・7倍弱で1位（支出額は大阪・奈良市に次ぐ3位）。「明石のたこ」が有名だが、明石（兵庫県）を挟んで、大阪市と高松市がたこの消費を競っている。**かき（貝）**の消費量は1位の広島市と大差ない2位。**ぶり**の消費量は1・5倍で、価格も1割高い。**たい**の消費量は1・9倍だが、価格は2割安い。**いわし、かれい、いか、ほたて貝**は、少ない消費量を高く買う。塩干魚介類への支出額は3割小さい。**揚げかまぼこ**の支出額は1・8倍弱。

生鮮肉の支出額は並み。**牛肉**の消費量は2割多い。**合いびき肉**の消費量は3割多い。他の生鮮肉は3割強多い。加工肉への支出額は2割小さい。牛乳の消費量は1割多い。生鮮野菜の支出額は1割小さい。**さつまいも、はくさい、かぼちゃ**の消費量は2割以上多い。**ねぎ**の価格は2割高い。果物の支出額は並み。**もも**の消費量は1・7倍弱。**かき（果物）**は1・5倍、**みかん**は2割強多い。

菓子の支出額は並み。調理食品の支出額は少し小さい。**そうざい材料セット**の支出額は1・6倍。飲料の支出額は少し小さい。**他の茶葉**の消費量は4割多く、**コーヒー**は2割多い。酒類の支出額は2割強小さい。発泡酒・ビール風アルコール飲料だけが、消費量・価格とも並み（少し低い）。あとの主たる酒は、2〜3割少ない消費量。外食の支出額は少し大きい。外食での**日本そば・うどん**の支出額は1位。他のめん類での外食の支出額は3割大きい。

香川県　高松市

2012年と2013年の平均値
各数値は「全国平均＝100」として指数化

全国平均より多く、高く買う品目

品目	数量	価格
食パン	115	111
生うどん・そば	193	102
乾うどん・そば	197	109
ぶり	151	110
さつまいも	126	110
しょう油	127	117
酢	110	120

全国平均より高く買う品目

品目	数量	価格
スパゲッティ	82	111
もち	71	115
いわし	63	121
かれい	77	112
いか	70	127
ほたて貝	63	133
ねぎ	84	120
こんぶ	75	114
こんぶつくだ煮	62	110
みそ	73	120

全国平均より多く買う品目

品目	数量	価格
たい	188	81
たこ	166	83
かき（貝）	361	50
牛肉	121	97
合いびき肉	129	99
はくさい	120	97
かぼちゃ	125	79
わかめ	142	73
みかん	125	91
かき（果物）	148	69
もも	166	99
他の茶葉	138	80
コーヒー	120	94

全国平均より支出額が大きい品目

品目	金額
揚げかまぼこ	177
まんじゅう	153
スナック菓子	128
そうざい材料セット	158
外食：日本そば*	258
外食：和食	142
外食：中華食	128
外食：洋食	155
外食：ハンバーガー	133
外食：喫茶代	122

＊外食：日本そば・うどん

（出所）総務省ホームページ：『家計調査（2人以上世帯、2012・2013年）』

四国地方

松山市
（愛媛県）

食料費は1割弱小さく、米は並みの消費量を1割安く買う。パンの支出額は2割大きい。めん類は1割多い消費量を少し安く買う。**生うどん・そば**の消費量は3割強多い。

生鮮魚介は1割少ない量を少し安く買う。**たい**の消費量は2・1倍。**かつお**の消費量は1・5倍。**かに**の価格は4割強高く、**いか**は2割強高い。瀬戸内海を挟んで広島県と向かいあっているが、かき（貝）の消費量は1割少ない。

生鮮肉の消費量は1割多い。**牛肉**の消費量は4割弱多い。鶏肉も他の生鮮肉も1割強多い（豚肉は1割少ない）。加工肉への支出額は1割小さいが、**ハム**、ソーセージ、ベーコンの価格は1割前後高い。**卵**の消費量は2割弱多い。

生鮮野菜の消費量は1割小さい。消費量は少なく、価格は少し高く買う野菜が多く、たとえば、**ねぎ**、**もやし**、キャベツ、はくさい、レタス、ブロッコリー、さつまいも、じゃがいも、だいこん、にんじん、トマト。生鮮果物は、1割多い量を1割強安く買う。**オレンジ**の価格は1位だが、消費量は平均の3割だけ。これは、愛媛県がはっさく、甘夏、伊予かん、デコポンなど、いろいろな柑きつ類の生産で知られ、選択肢が多いからで、**他の柑きつ類**は消費量が2・9倍強で1位（支出額1位は隣県の高知市）。

食塩、**ケチャップ**、**ソース**は1割高く買う。菓子の支出額は並み。調理食品の支出額は1割小さい。飲料の支出額は並み。酒類の支出額は1割小さい。主要なお酒で平均より多く飲むのは、**発泡酒・ビール風アルコール飲料**だけ。**ウイスキー**の価格は4割弱高い。外食の支出額は1割強小さい。外食での飲酒代は3割小さい。

愛媛県　松山市

2012年と2013年の平均値
各数値は「全国平均＝100」として指数化

全国平均より多く、高く買う品目

品目	数量	価格
他のパン	119	103
さば	109	113
あじ	109	108
ぶり	100	110
みかん	131	100
ソース	115	109
発泡酒・ビー*	112	104

全国平均より高く買う品目

品目	数量	価格
いわし	86	115
いか	65	123
かに	62	145
しじみ	55	111
ハム	85	112
ねぎ	77	123
もやし	81	120
わかめ	64	131
豆腐	95	113
オレンジ	31	133
メロン	53	145
食塩	80	110
ケチャップ	97	111
ウイスキー	60	136

全国平均より多く買う品目

品目	数量	価格
生うどん・そば	133	90
かつお	150	93
たい	212	90
牛肉	136	86
合いびき肉	168	99
卵	117	91
れんこん	131	87
他の柑きつ類	294	72
かき（果物）	131	70
他の茶葉	132	69

全国平均より支出額が大きい品目

品目	金額
揚げかまぼこ	151
ちくわ	136
ふりかけ	135
スナック菓子	125
チョコレート菓子	133
冷凍調理食品	126
ココア・ココア飲料	126
果実・野菜ジュース	125
外食：ハンバーガー	133

＊発泡酒・ビール風アルコール飲料

（出所）総務省ホームページ：『家計調査（2人以上世帯、2012・2013年）』

四国地方

高知市
（高知県）

食料費は並みで、穀類の支出額は1割小さい。米は1割少ない消費量を並みの価格で買う。食パンは1割多い消費量を1割高く買う。他のパンの消費量は2割少ない。めん類は2割少ない消費量を1割高く買う。**中華めん**の価格は1位。

生鮮魚介は消費量・支出額・価格のどれもが並み。**かつお**は5・2倍の消費量を1割強高く買い、6倍の支出額。消費量・支出額ともに圧倒的な1位。まぐろは1割多い消費量を1割安く買う。**さば**の消費量は4割強多く、**ぶり**、**あじ**は3割ほど多い。塩干魚介は1割多い消費量を並みの価格で買う。**しらす干し**の消費量は2・1倍強で、**干しあじ**は4割多い。

生鮮肉への支出額は並み。牛肉と鶏肉の量は1割前後多く、豚肉の量は2割少ない。牛・豚・鶏肉とも価格は並み。加工肉への支出額は2割強小さいが、**ベーコン**の価格は1位。**卵**は消費量・価格が1割ずつ高く、支出額は2割大きくて1位（消費量1位は鳥取市）。

生鮮野菜の支出額は1割小さい（1割少ない消費量を少し高く買う）。ブロッコリー、ごぼうの価格は1位。**はくさい漬**の消費量は2・6倍弱で、消費量・支出額とも鳥取市に次ぐ2位。生鮮果物の消費量はほとんどが並みだが、**他の柑きつ類**の支出額は2・4倍弱で1位（消費量1位は松山市）。

調味料の多く――食塩、しょう油、ソースなど――は、並み前後の消費量を少し高く買う。**酢**は4割少ない消費量を3割強高く、みそは1割少ない消費量を1割安く買う。菓子の支出額は少し小さいが、**カステラ**、**チョコレート菓子**など、めだって大きいものがたくさんある。調理食品への支出額は1割強大きい。**そうざい材料セット**への支出額は1位。**乳飲料**の支出額は1位。酒類への支出額は2割大きい。しかも、外食での**飲酒代**の支出額は2・1倍強で1位。**発泡酒・ビール風アルコール飲料**の消費量・支出額とも1位（ビールと発泡酒などをあわせた消費量でも1位）。

高知県　高知市

2012年と2013年の平均値
各数値は「全国平均＝100」として指数化

全国平均より多く、高く買う品目

品目	数量	価格
即席めん	137	104
あじ	127	104
かつお	521	115
ぶり	129	104
干しあじ	138	103
合いびき肉	152	101
卵	109	110
はくさい漬	256	122
なし	136	142
発泡酒・ビー*	205	104

全国平均より高く買う品目

品目	数量	価格
中華めん	60	122
ベーコン	77	117
キャベツ	82	127
ねぎ	66	138
豆腐	88	123
もも	82	124
メロン	49	141
酢	60	133
紅茶	71	132
ウイスキー	58	135

全国平均より多く買う品目

品目	数量	価格
さば	144	85
しらす干し	214	95
かつお節・削り節	160	91
はくさい	133	95
たけのこ	161	82
他の柑きつ類	286	83

全国平均より支出額が大きい品目

品目	金額
揚げかまぼこ	132
ちくわ	136
かまぼこ	145
つゆ・たれ	131
ようかん	129
まんじゅう	148
カステラ	175
スナック菓子	141
チョコレート菓子	150
冷凍調理食品	161
そうざい材料セット	430
乳飲料	206
外食：洋食	132
外食：飲酒代	213

*発泡酒・ビール風アルコール飲料

（出所）総務省ホームページ：『家計調査（２人以上世帯、2012・2013年）』

福岡市
（福岡県）

食料費は並みで、米は並みの消費量を少しだけ高い価格で買う。パンの消費量は1割多い。めん類の支出額は1割小さいが、**スパゲッティ**の消費量は2割強多い。

生鮮魚介は、少し少ない量を並みの価格で買う。**たい**の消費量は2・7倍強。**あじ**は4割弱多く、**さば**は3割多く、**いわし**は2割多い。**まぐろ**は平均の2割の消費量。ぶりは2割弱多い量を1割弱高く買う。**たらこ**の消費量は2・7倍強で、消費量・支出額とも1位。しかし2013年だけでみると、消費量は僅差で秋田市に1位を譲っている（それでも支出額は圧倒的な1位）。

生鮮肉の消費量は2割多く、1位（和歌山市と僅差で、支出額は和歌山市が大差をつけて1位）。**牛肉**も**鶏肉**も消費量が4割弱多く、鶏肉の消費量・支出額はともに1位。**合いびき肉**の支出額は3割大きい。「もつ鍋」で有名だが、もつは他の生鮮肉にふくまれる。そのためか、他の生鮮肉は4割多い消費量を1割弱高く買う。加工肉への支出額は1割小さい。

生鮮野菜全体の消費量・支出額・価格はすべて並み。**さといも**の消費量は3割多い。**ねぎ**、**もやし**、**たけのこ**は2〜3割強高く買う。生鮮果物の消費量は2割小さい。**干ししいたけ**の消費量は1・6倍強。**しょう油**の価格は1位。**食塩**、**みそ**、**砂糖**、**ソース**の価格は1〜4割弱高く、酢やケチャップも少し高く買う。

菓子の支出額は1割小さい。弁当は1割強大きな支出額だが、他の調理食品への支出額はどれも小さい。飲料の支出額は1割小さい。酒類の支出額は少し小さいが、**ワイン**の消費量は3割多い。外食の支出額は少し大きい。外食ではめん類（**日本そば・うどん**、**他のめん類**）が好きで、**飲酒代**の支出額は3割大きい。調理食品を買って帰るよりは、飲み食いして帰るという感じ。

福岡県　福岡市

2012年と2013年の平均値
各数値は「全国平均＝100」として指数化

全国平均より多く、高く買う品目

品目	数量	価格
あじ	136	114
いわし	122	119
さば	129	114
たらこ	275	121
合いびき肉	126	104

全国平均より高く買う品目

品目	数量	価格
まぐろ	22	119
いか	71	118
しじみ	31	128
かき（貝）	71	126
しらす干し	33	112
干しあじ	70	112
キャベツ	96	114
ねぎ	84	128
もやし	88	123
たけのこ	75	134
こんぶ	78	117
ぶどう	84	116
食塩	74	135
しょう油	76	121
みそ	80	137
砂糖	75	110
ソース	83	110
緑茶	71	126
他の茶葉	93	130
清酒	74	117
焼ちゅう	89	114

全国平均より多く買う品目

品目	数量	価格
スパゲッティ	123	94
たい	273	78
牛肉	136	90
鶏肉	137	96
さといも	129	89
干ししいたけ	164	86
わかめ	120	84
コーヒー	122	94
ワイン	132	99

全国平均より支出額が大きい品目

品目	金額
ミネラルウォーター	128
外食：日本そば*	145
外食：他のめん類	157
外食：飲酒代	129

＊外食：日本そば・うどん

（出所）総務省ホームページ：『家計調査（2人以上世帯、2012・2013年）』

九州・沖縄地方

佐賀市
（佐賀県）

食料費は並み。**米**の消費量は2割強多く1位（支出額1位は静岡市）。パンとめん類は、どちらも1割少ない消費量を並みの価格で買う。**即席めん**の消費量は3割多い。

生鮮魚介は、1割多い量を少し安く買う。**たい**の消費量は3・5倍強で、消費量・支出額とも1位（支出額2位は熊本市、3位は長崎市で、たいは九州地方で好まれている魚）。**あじ**の消費量は2・3倍で、松江・長崎市に次ぐ3位。**いわし**の消費量は1・8倍弱で、**かれい**は1・5倍、**ぶり**は4割多い。さば、他の鮮魚も2割多い。**あさり**の消費量は1・6倍弱。他の貝は3割強多い。

生鮮肉は1割多い消費量を並みの価格で買う。**牛肉**の消費量は3割多い。**合いびき肉**は1・6倍弱で、他の生鮮肉は3割多い。加工肉の支出額は1割小さい。

生鮮野菜は並みの量を少し安く買う。**れんこん**の消費量は2・1倍弱で1位（価格は3割安く、支出額1位は金沢市に譲った）。**ごぼう**の消費量は1・5倍強で、消費量・支出額とも1位。全体に「和食好き」という感じ。生鮮果物は2割弱少ない量を並みの価格で買う。**メロン**の価格は1・5倍強で、1位。**なし**は4割多い消費量を2割弱高く買う。

食用油の支出額は1位（消費量は熊本市に次ぐ2位）。**食塩**の支出額は4割大きく、1位（消費量1位は山形市）。**しょう油**の支出額は3割大きい。**ジャム**の価格は1位。菓子類への支出額は並み。**ようかん**の支出額は1位。調理食品の支出額は少し大きいだけだが、**調理パン**、**冷凍調理食品**は4割ほど大きい。**そうざい材料セット**は3・5倍。飲料への支出額は少し大きい。酒類の支出額は少し小さい。ワインの消費量は半分。それ以外のお酒は平均からプラスマイナス1割以内の消費量。外食の支出額は並みだが、**和食**は1・8倍弱、**洋食**は1・5倍強。

佐賀県　佐賀市

2012年と2013年の平均値
各数値は「全国平均＝100」として指数化

全国平均より多く、高く買う品目

品目	数量	価格
あじ	232	104
ぶり	140	105
なし	141	116
しょう油	124	107
緑茶	109	140
焼ちゅう	102	121

全国平均より多く買う品目

品目	数量	価格
米	124	97
即席めん	129	94
いわし	177	96
かれい	148	88
たい	353	91
あさり	156	83
牛肉	128	98
合いびき肉	156	93
はくさい	130	94
れんこん	206	69
ごぼう	155	94
生しいたけ	147	77
わかめ	136	74
梅干し	126	91
食用油	142	97

全国平均より高く買う品目

品目	数量	価格
かつお節・削り節	67	123
ねぎ	80	122
メロン	42	153
食塩	99	142
ジャム	59	138

全国平均より支出額が大きい品目

品目	金額
揚げかまぼこ	146
ちくわ	150
干しのり	124
ふりかけ	133
ようかん	187
まんじゅう	126
スナック菓子	131
チョコレート菓子	132
調理パン	139
冷凍調理食品	136
そうざい材料セット	351
外食：他のめん類	137
外食：和食	177
外食：洋食	155

（出所）総務省ホームページ：『家計調査（２人以上世帯、2012・2013年）』

九州・沖縄地方

長崎市
（長崎県）

食料費は1割小さい。**米**の消費量は2割多く、佐賀・静岡・札幌市に次ぐ4位（価格は並みで、支出額は6位）。食パンの消費量は1割少なく、他のパンの消費量は1割多い。ほとんどのめんの消費量は並みより少なく、スパゲッティだけが並み。

生鮮魚介は1割強多い量を少し安く買う。**あじ**は2・6倍強の消費量で、支出額は1位（消費量は1位松江市に次ぐ2位）。**ぶり**の価格は3割高く1位（消費量も2割強多い）。**たい**の消費量は2・7倍で4位。**いわし**の消費量は1・7倍。**さば**、**えび**は2割前後多い。他の鮮魚は7割弱多く消費。**さしみ盛合わせ**の消費量は4割強多く、富山市に次ぐ2位。まぐろの消費量・支出額は5分の1未満で最下位。**かき（貝）**の消費量は4割多い。他の貝は2割多い。**かまぼこ**の支出額は2・3倍で、仙台市に次ぐ2位（ただし仙台市の半分ほど）。

生鮮肉の支出額は並み。**合いびき肉**の消費量は4割多い。他の生鮮肉は2割多い。加工肉の支出額は並みだが、**ベーコン**の支出額は1位（消費量は那覇市に次ぐ2位で、3位札幌市とは僅差）。ベーコンの消費量1位争いは、北端から南端を結んでの三つ巴。

生鮮野菜は、少し少ない量を少し安く買う。しかし高く買う野菜もあり、**はくさい**、**ねぎ**、**もやし**、**たけのこ**は1～3割弱高く買う。生鮮果物の支出額は2割小さい。**みかん**、**すいか**は消費量が3割以上多い。菓子類の支出額は1割弱小さいが、**カステラ**の支出額は7・3倍強で圧倒的な1位。調理食品の支出額は1割小さい。飲料の支出額は2割弱小さい。**緑茶**の価格は1位。酒類の支出額は少し小さい。かつては外国産が中心だった**ウイスキー**と**ワイン**は、2割以上高いものを飲む。外食の支出額は2割弱小さい。

長崎県　長崎市

2012年と2013年の平均値
各数値は「全国平均＝100」として指数化

全国平均より多く、高く買う品目

品目	数量	価格
米	120	101
いわし	171	101
ぶり	125	129
えび	117	105
合いびき肉	141	103
他の茶葉	105	117

全国平均より高く買う品目

品目	数量	価格
いか	74	133
たこ	60	116
しらす干し	28	116
キャベツ	98	112
はくさい	93	116
ねぎ	62	127
もやし	93	114
たけのこ	84	115
こんぶ	98	111
りんご	67	115
食塩	75	117
緑茶	96	146
ウイスキー	36	123
ワイン	68	122

全国平均より多く買う品目

品目	数量	価格
あじ	263	99
さば	123	91
たい	268	95
さしみ盛合わせ	143	89
かき（貝）	138	72
煮干し	250	85
ベーコン	136	99
干ししいたけ	133	88
わかめ	134	61
みかん	135	55
すいか	130	71
みそ	121	98

全国平均より支出額が大きい品目

品目	金額
揚げかまぼこ	129
かまぼこ	228
カステラ	735

（出所）総務省ホームページ：『家計調査（2人以上世帯、2012・2013年）』

熊本市
（熊本県）

食料費は1割小さい。米の消費量は並みで、価格は1割安い。食パンの消費量は2割少なく、他のパンの消費量は1割少ない。めん類の消費量は3割弱少ないが、めん類の価格は1位で、そのなかの**乾うどん・そば**の価格は4割強高く1位。

魚介類の支出額は2割小さい（鮮魚が1割強小さく、貝類が3割強小さく、塩干魚介が2割小さい）。**たい**の消費量は3・3倍で、消費量・支出額ともに佐賀市に次ぐ2位。**あじ**は1割強多い消費量を1割高く買う。**いか**は3割高く買う。少し高く買う魚として他に、ぶり、いわし、かれい、さば、さんまがある。魚介好きという感じではない。魚より肉。

生鮮肉の量は1割強大きい。**牛肉**と**鶏肉**の消費量は3割前後多い。豚肉の消費量は1割少ない。**合いびき肉**の消費量は4割多い。他の生鮮肉は、6割強多い量を2割高く買う（熊本県は馬刺しが有名で、馬肉は他の生鮮肉に入る）。加工肉の支出額は少し小さい。

生鮮野菜は、少し少ない消費量を1割安く買う。トマトの産地として知られるが、トマトは並みの消費量を1割強安く買う。**さといも**の消費量は1・7倍で、1位（支出額1位は山形市）。**干ししいたけ**の消費量は1・6倍強。生鮮果物は並みの消費量を1割強安く。**他の柑きつ類**の消費量は1・9倍。**すいか**の消費量・支出額はともに新潟市に次ぐ2位。

食用油の消費量は1位（支出額1位は佐賀市）。**ドレッシング**の消費量は1位（支出額1位は長野市）。**みそ**の消費量は3割多い。調理食品の支出額は1割小さく、弁当と冷凍調理食品以外は、どの調理食品も並みより小さい。飲料の支出額は2割弱小さい。酒類の支出額は少し大きい。外食の支出額は1割小さいが、外食での飲酒代は1割大きい。

熊本県　熊本市

2012年と2013年の平均値
各数値は「全国平均＝100」として指数化

全国平均より多く、高く買う品目

品目	数量	価格
あじ	113	108
たらこ	100	113
合いびき肉	142	102
みそ	129	100
緑茶	136	100
焼ちゅう	116	118
発泡酒・ビー*	152	100

全国平均より高く買う品目

品目	数量	価格
乾うどん・そば	66	144
いか	71	130
塩さけ	38	115
ねぎ	63	114
もやし	94	117
こんぶ	64	127
清酒	57	112

＊発泡酒・ビール風アルコール飲料

全国平均より多く買う品目

品目	数量	価格
たい	329	83
牛肉	133	89
鶏肉	127	97
さつまいも	133	89
さといも	172	77
干ししいたけ	164	92
他の柑きつ類	190	80
なし	140	87
すいか	177	82
メロン	171	98
食用油	144	92
ドレッシング	129	88

全国平均より支出額が大きい品目

品目	金額
ちくわ	127
まんじゅう	141
他の和生菓子	126
スナック菓子	126
外食：和食	133
外食：洋食	124

九州・沖縄地方

（出所）総務省ホームページ：『家計調査（2人以上世帯、2012・2013年）』

大分市
（大分県）

食料費は少しだけ小さく、品目別でみたエンゲル係数は最下位。米は消費量・価格とも1割低い水準。食パンと他のパンの消費量も1割少ない。めんは、2割少ない量を並みの価格で買う。**即席めん**の消費量は3割強多く、1割安い価格で買う。**もち**の価格は3割高い。**小麦粉**の消費量は3割多い。

生鮮魚介は、並みの消費量を少し安く買う。**いか**の価格は1・4倍強で1位。**かに**の価格は1・4倍弱。**たい**の消費量は2・5倍で6位。**あじ**は1・8倍強、**いわし**、**ぶり**、**さけ**は3〜4割強多い。**煮干し**の消費量は2・6倍で、消費量・支出額とも1位。

生鮮肉は1割多い量を少し高く買う。**牛肉**、**合いびき肉**の消費量は4割ほど強多い。豚肉は1割強少ないが、鶏肉は2割多い。「鶏肉の消費量では大分市が日本一」という話は昔のことで、ここ数年、順位をかなり下げた。加工肉への支出額は少し小さい。

生鮮野菜は少し少ない量を少し安く買う。**さといも**の消費量は1・6倍。**ごぼう**は3割多い。**ねぎ**、**もやし**の価格は2割高い。**干ししいたけ**の消費量は4・4倍強で、消費量・支出額とも1位。生しいたけの消費量も2割多い。生鮮果物は並みの量を1割安く買う。**みかん**、**他の柑きつ類**、**なし**の消費量は3〜4割強多い。

酢の価格は3割弱高い。菓子類の支出額は並みだが、**まんじゅう**の支出額は4割弱大きい。調理食品の支出額は1割小さいが、**弁当**、**冷凍調理食品**は2〜3割弱大きい。飲料の支出額は1割小さいが、**緑茶**、**紅茶**、**他の茶葉**は平均より多く高く買う。酒類の支出額は並みだが、**焼ちゅう**の消費量は3割多い。**清酒**の価格は2割高い。外食の支出額は並みで、外食での飲酒代は1割大きい。

大分県　大分市

2012年と2013年の平均値
各数値は「全国平均＝100」として指数化

全国平均より多く、高く買う品目

品目	数量	価格
いわし	144	124
ぶり	139	100
ぶどう	115	107
緑茶	104	122
紅茶	127	114
他の茶葉	110	117
焼ちゅう	132	100

全国平均より高く買う品目

品目	数量	価格
もち	55	132
まぐろ	28	114
さんま	77	111
いか	65	144
かに	73	136
ねぎ	83	119
レタス	86	112
もやし	93	122
こんぶ	78	115
かき（果物）	68	120
酢	84	127
清酒	72	119

全国平均より多く買う品目

品目	数量	価格
即席めん	133	90
小麦粉	130	95
あじ	184	96
さけ	134	99
たい	252	74
煮干し	258	93
牛肉	145	96
合いびき肉	142	97
さといも	161	78
ごぼう	131	90
干ししいたけ	444	70
みかん	134	71
他の柑きつ類	143	87
なし	138	89

全国平均より支出額が大きい品目

品目	金額
まんじゅう	136
弁当	126
冷凍調理食品	120
外食：他のめん類	126
外食：和食	134
外食：ハンバーガー	128

（出所）総務省ホームページ：『家計調査（2人以上世帯、2012・2013年）』

宮崎市
（宮崎県）

食料費は1割小さく、穀類の支出額は最下位。米は2割少ない消費量を、少しだけ高く買う。パンはいちばん安く買い、支出額は最下位。食パンも他のパンも、2割少ない量を安く買い、食パンは価格と支出額で、他のパンは支出額で最下位。めん類は2割強少ない量を並みの価格で買う。日本でいちばん、穀類を食べない。主食的調理食品の支出額は1割小さく、外食の支出額は1割弱小さいから、中食や外食で補うわけではない。

生鮮魚介は消費量・価格ともに1割低い水準。**あじ**の消費量は2倍で、5位。**かつお**は1・7倍弱、**いわし**は1・5倍強、**さば**は3割多い。ぶりは1割少ない量を並みの価格で食べる。まぐろは3分の2の消費量を4分の3の価格で買う。生鮮魚介の支出額トップ7に入る品目の構成が、高知市と同じ（順位は異なる）。生鮮肉は少しだけ多い消費量を1割弱安く買う。豚・**鶏肉**の名産地だが、豚肉の消費量は1割少ない。鶏肉の消費量は2割多いが、九州地方で4位（九州5位の大分市と僅差）。牛肉の消費量は1割弱少なく、**合いびき肉**は2割多く、他の生鮮肉は1・5倍。

生鮮野菜は、消費量・価格とも1割低い。主要野菜のなかに、消費量が2割以上多い野菜はなく、1割以上多いものが、はくさい、さといも。並みのものが、キャベツ、かぼちゃ、きゅうり、トマト。少ない量を高く買う野菜は、**ねぎ**、**もやし**、**さつまいも**。**干ししいたけ**の消費量は2・5倍弱。生鮮果物は並みの量を少し安く。**メロン**の消費量は1・9倍。**他の柑きつ類**は1・7倍。

菓子類の支出額は1割小さい。**そうざい材料セット**は1・8倍。飲料は1割強小さい。酒類の支出額は1割弱大きく、**焼ちゅう**は消費量・支出額とも1位。**発泡酒・ビール風アルコール飲料**の消費量は3割強多い。**ウイスキー**の消費量・支出額はともに最下位。外食の支出額は少し小さいが、外食での**飲酒代**は3割強多い。

宮崎県　宮崎市

2012年と2013年の平均値
各数値は「全国平均＝100」として指数化

全国平均より多く、高く買う品目

品目	数量	価格
あじ	199	104
いわし	153	107

全国平均より高く買う品目

品目	数量	価格
生うどん･そば	70	113
いか	66	113
かに	46	123
しじみ	57	123
塩さけ	29	121
ねぎ	66	121
もやし	72	124
さつまいも	93	112
わかめ	52	124
こんぶ	70	119
豆腐	87	111
すいか	66	116
ソース	74	113
緑茶	95	114
清酒	34	115
ウイスキー	20	121

＊発泡酒・ビール風アルコール飲料

全国平均より多く買う品目

品目	数量	価格
小麦粉	118	94
かつお	166	94
さば	131	87
干しあじ	161	81
煮干し	245	87
かつお節･削り節	120	81
鶏肉	119	96
合いびき肉	120	98
干ししいたけ	246	77
他の柑きつ類	169	84
メロン	188	93
みそ	127	93
砂糖	121	95
酢	129	95
焼ちゅう	246	98
発泡酒・ビー*	135	99

全国平均より支出額が大きい品目

品目	金額
ようかん	120
キャンデー	123
そうざい材料セット	180
外食：飲酒代	135

（出所）総務省ホームページ：『家計調査（2人以上世帯、2012・2013年）』

鹿児島市
（鹿児島県）

食料費は少しだけ小さい。米の消費量は1割以上少なく、価格は少しだけ高い。パンの消費量は1割少なく、価格は並み。めん類は2割少ない消費量を1割高く買う。

生鮮魚介への支出額は2割小さい。**さば**の消費量は1・6倍。**たい**は1・5倍強で、**あじ**は4割多く、**いわし**は3割弱多い。**かつお**、さけ、**いか**は、2割少ない量を1~2割弱高く買う。ぶりは消費量・価格とも少し高い水準。まぐろの消費量は半分以下。塩干魚介の支出額は3割小さい。「さつま揚げ」で知られるだけあって、**揚げかまぼこ**への支出額は2・6倍で、1位。

生鮮肉は1割多い消費量を並みの価格で買う。隣の宮崎県と並んで、豚肉と**鶏肉**の名産地だが、豚肉は並みの消費量を少し高く買う。鶏肉は2割強多い消費量を少し高く買い、消費量は3位（支出額では、福岡市に次いで2位）。牛肉の消費量は1割弱小さく、他の生鮮肉は2割弱多い。ハム、ソーセージ、ベーコンは少ない量を少し高く買う。

生鮮野菜は並みの消費量を1割安く買う。さすがに、**さつまいも**の消費量は3割強多いが、他に2割以上多く買う生鮮野菜はない。**もやし**の価格は1・5倍。**干ししいたけ**の消費量は2倍弱。生鮮果物は1割少ない消費量を少し安く買う。**かき（果物）**の消費量は4割多く、**他の柑きつ類**は3割弱多い。**もも**、**メロン**は2~3割高く買う。

酢の支出額は1位（消費量1位は和歌山市）。調理食品の支出額は1割小さい。飲料の支出額は並みだが、**乳酸菌飲料**の支出額は1位。酒類の支出額は1割小さい。**焼ちゅう**は1・6倍強の量を飲むが、隣県の宮崎市（消費量・支出額とも1位）に差をつけられている。ただし、焼ちゅうの価格は1位。清酒の消費量・支出額はともに最下位。外食の支出額は並みだが、**飲酒代**は3割大きい。

鹿児島県　鹿児島市

2012年と2013年の平均値
各数値は「全国平均＝100」として指数化

全国平均より多く、高く買う品目

品目	数量	価格
いわし	126	124
さば	161	100
たい	154	103
かつお節・削り節	112	111
鶏肉	124	102
合いびき肉	132	108
他の柑きつ類	127	100
しょう油	105	118
酢	135	113
緑茶	121	118
焼ちゅう	163	126

全国平均より高く買う品目

品目	数量	価格
乾うどん・そば	79	117
かつお	80	113
いか	78	117
もやし	95	148
わかめ	67	127
こんぶ	69	124
だいこん漬	73	126
もも	41	128
メロン	68	125
ソース	78	116
紅茶	51	147
他の茶葉	90	119

全国平均より多く買う品目

品目	数量	価格
あじ	141	98
さつまいも	133	81
干ししいたけ	196	93
かき（果物）	138	68
食用油	125	94
ケチャップ	120	97

全国平均より支出額が大きい品目

品目	金額
揚げかまぼこ	262
ふりかけ	134
まんじゅう	160
チョコレート菓子	142
弁当	127
そうざい材料セット	152
ココア・ココア飲料	139
乳酸菌飲料	179
乳飲料	130
外食：中華そば	122
外食：飲酒代	128

（出所）総務省ホームページ：『家計調査（2人以上世帯、2012・2013年）』

那覇市
（沖縄県）

消費支出額と食料費はともに2割ほど小さく、最下位。**米**は、1割多い消費量を1割強高く買う。パンとめん類の消費量・支出額は2割前後低い水準。生鮮魚介、野菜、果物などで、かなり少ない量を高価格で買う品目がめだつ。本州から離れていて、沖縄県の市場規模が小さいので、輸送コストの高さが物価を押し上げ、実質的な食料支出額はさらに小さくなっている。このあたりは、東京都区部や京都市での高価格とは意味がまったく異なる。

生鮮魚介の支出額は4割小さく、最下位（魚介類全体での支出額も最下位）。**まぐろ**の消費量は1・5倍。ぶりは全国平均のたった3割の消費量で、最下位。魚介については、太平洋側・東日本グループに入る消費パターン。**かつお節・削り節**は消費量・支出額ともに1位。**魚介の缶詰**の支出額も1位。塩干魚介の消費量は5分の1。生鮮肉は並みの量を2割安く買う。牛肉は少し多い量を4割強安く買い、価格は最下位。他の生鮮肉の消費量は1・9倍弱。**ベーコン**の消費量は1・5倍弱で1位（価格は最下位で、支出額1位は長崎市）。**他の加工肉**の支出額は1位。

牛乳の消費量は最下位。他方で**粉ミルク**の消費量・支出額はともに1位。生鮮野菜の支出額は1割小さい。**にんじん**は消費量・支出額・価格のすべてで1位。**キャベツ**、**はくさい**、**もやし**、**じゃがいも**、**たまねぎ**、**きゅうり**の価格は1位。**ピーマン**は消費量が1位（支出額1位は横浜市）。**他の野菜のその他**は消費量・支出額とも1位。沖縄ならではの島野菜がつくる独自の食文化。

生鮮果物の消費量は3割弱少なく、価格は1割強高い（1位）。消費量が半分以下の果物として、なし、ぶどう、もも、メロン。他の果物の消費量は6割弱多く1位。**豆腐**の価格は1位。**ソース**、**マヨネーズ・マヨネーズ風調味料**の価格は1位。**弁当**の支出額は1位。飲料の支出額は並み。酒類の支出額は4分の3。外食の支出額は2割強小さい。

沖縄県　那覇市

2012年と2013年の平均値
各数値は「全国平均＝100」として指数化

全国平均より多く、高く買う品目

品目	数量	価格
米	110	113
粉ミルク	283	107
だいこん	103	117
にんじん	139	114
食用油	128	105

全国平均より高く買う品目

品目	数量	価格
即席めん	80	112
キャベツ	71	144
はくさい	67	153
レタス	94	121
もやし	78	171
じゃがいも	88	126
たまねぎ	94	134
きゅうり	68	126
豆腐	81	165
りんご	63	124
みかん	68	117
すいか	61	123
バナナ	79	128
食塩	83	117
マヨネーズ・*	54	115
ソース	55	135
砂糖	76	133

＊マヨネーズ・マヨネーズ風調味料

全国平均より多く買う品目

品目	数量	価格
中華めん	127	86
まぐろ	152	73
かつお節・削り節	747	57
合いびき肉	119	91
ベーコン	146	68
ピーマン	132	93
他の野菜のその他	196	85
干ししいたけ	162	98
こんぶ	136	86
梅干し	140	88

全国平均より支出額が大きい品目

品目	金額
魚介の缶詰	249
他の加工肉	270
スナック菓子	131
弁当	141
ハンバーグ	142
ココア・ココア飲料	152
ミネラルウォーター	166
外食：ハンバーガー	131

（出所）総務省ホームページ：『家計調査（2人以上世帯、2012・2013年）』

おわりに——〝地産地消〟の光と影

TPP（環太平洋パートナーシップ）協定に反対する人たちが、ポイントのひとつになっている「牛肉・豚肉の貿易」に関連して〝地産地消〟をアピールすることがあります。なんとなく納得している人も多そうですが、本書後半の「47都道府県庁所在市別 食生活データ編」をよく読むと、大きな疑問を抱くはずです。

たとえば、牛肉と乳製品の生産で1位の北海道では、畜産関係者の一部が地産地消を訴えていますが、じつは、北海道庁所在市の札幌市民は、全国平均より少なくしか牛肉を食べず、牛乳などの乳製品の消費量も少ないのです。北海道全体でみても——日本の他の地方（東北、関東、……九州、沖縄）より少ない——いちばん少ない牛肉消費量になっています。

「魚介中心の食生活だから、肉が嫌い」というならまだ理解できますが、札幌市民は、豚肉では消費量日本一です。地方別でみても、北海道が豚肉の消費量日本一です。北海道は豚肉の生産でも上位に入りますから、豚肉を問題にするつもりはありません。しかし、じつは地元の人たちは肉好きなのに、北海道の牛肉が地産地消だけでは売りさばけないことは明らかで、その原因のひとつは北海道の人たちの牛肉消費の少なさ（相対的な牛肉嫌い）にあります。

他方で豚肉と鶏肉では、九州の人たちに同じような生産と消費のギャップがあります。しかし、だからこそ、北海道の人たちは九州の人たちなどに牛肉や乳製品を売り、北海道では生産していない品目をあれこれ買うためのおカネを得ることができます。九州の人たちも、北海道の人たちなどに豚肉と鶏肉を売り、九州では生産していない品目を買うことができます。

「地産地消が大切だから、自由貿易に反対する」という主張は、生産地のまさに地元の消費者でさえ、説得できていない内容です。地産地消は本質的に「狭いエリアでの物々交換のすすめ」です。しかし、現代の消費者は、他地域から石油を買えなければ、牛乳を使って発電を試みるとか、あるいは、自動車を買えなければ、牛車で我慢するといったことは、あまりに馬鹿げていると、誰もがよくわかっています。

世界一の魚好きを自負する日本人ですが、多くの子どもが大好きな「さけ（サーモン）」は、たいてい輸入品です。生産した農産物の大部分は地元以外に売り、それで得たおカネで自分の子どもには回転寿司で輸入品のサーモンを食べさせ、地元の人たちの多くが地産地消を支持していないことを知りながら、他の地域の人たちに「地産地消の大切さ」を説くのは、いくらなんでも身勝手です。

ＴＰＰに反対するのは自由ですが、価値観としての地産地消を消費者に押しつけるのは得策ではありません。上から目線で消費者の行動に注文をつける生産者が、この消費不況下で生産物を売るのはむずかしいと認識し、地元にかぎらず、好んで消費してくれる地域の人たちと組んで、消費を盛り上げることを考えるべきです。

他方で、自然な結果としての地産地消には、品質をアピールする効果があります。たとえば、山形市民は、東北地方では珍しいほど牛肉を食べます。これは「地元の人たちが好んで食べているのだから、山形県産の牛肉は美味しそうだ」というイメージにつながります。果物のももでは、福島市の消費量が圧倒的な1位です。このデータをみて、筆者は「福島県産のももは美味しそうだ」と感じました。

とはいえ、テレビCMなどで多くの企業がやっているように、消費者目線でのアピールが有効です。だからこそ、好んで高く買ってくれる消費者、好んで多く買ってくれる消費者を探し、そうした消費者の〝本音での高評価〟を広く伝える工夫を考えるべきです。産地の近くで探してもかまいませんが、購入行動で高評価を示してくれている消費者を探して、消費拡大をめざして連携したいなら、消費地を安易に限定すべきではありません。

いろいろな可能性――地産地消が自然に成功している場所がみつかる可能性もふくめて――を他の消費者に強くアピールできる消費者や消費地を探すために、『家計調査』は役に立ちます。そして、本書でみたように、家計調査のデータに基づく分析や結論は、とても強力です。

……日本ではまちがいなく強力なのですが、海外ではどうでしょうか。

経済統計がある程度以上整備された国では、家計調査がおこなわれています。この点について、総務省統計局はつぎのように解説しています。

家計調査は多くの国で実施されていますが、我が国のように大きな規模で経常的に調査し毎月結果を早期に集計・公表している国はありません。我が国の家計調査は、長い期間にわたって継続して毎月実施されており、国内における利用ばかりでなく、国際的な研究にも貴重なデータを提供し続けています。多くの国では、家計調査を物価指数ウエイトの資料を得るために行っており、調査の周期も5年又は10年おき、あるいは不定期というのが通常です。例えば、アメリカ、イギリス、イタリア、カナダは毎年調査を行っていますが、ドイツ（旧西ドイツ）、フランスでは5年おきに行っているにすぎません。

【総務省統計局『家計調査のしくみと見方』（2005年）より】

他の多くの国では、「物価指数ウエイトを決めるための資料」として調べているだけなのに、日本は「国民の消費生活をくわしく知るための資料」として調べています。そのため、日本の家計調査は、同様の調査では〝世界トップ〟の質と量を誇ります。

いろいろとマーケティングの参考になるデータですが、ビジネスに活かさなくても、日本各地の消費生活のちがいがわかるだけで、十分におもしろいはずです。本書で活用したデータは、家計調査の膨大なデータの一部です。まだまだ〝使えるデータ〟がたくさんあります。

筆者としては、家計調査のなかのデータを今後もいろいろと紹介する本を執筆したいと思いますが、家計調査のデータは公開されていますから、読者が自分で調べてみることもオススメします。ひとりでも多くの読者が、本書をきっかけに、日本人の消費生活データに興味をもってくれることを願っています。

【参考文献】

総務省『家計調査』 ※年報に附属のCD、総務省ホームページからデータを入手
総務省統計局『家計調査のしくみと見方』
吉本佳生・阪本俊生『禁欲と強欲 デフレ不況の考え方』(講談社、2010年)
吉本佳生『日本経済の奇妙な常識』(講談社現代新書、2011年)
吉本佳生『日本の景気は賃金が決める』(講談社現代新書、2013年)
吉本佳生『L70を狙え! 70歳以上の女性が消費の主役になる』(日本経済新聞出版社、2014年)

マーケティングに使《つか》える「家《か》計《けい》調《ちよう》査《さ》」
世界最大《せかいさいだい》の消費者《しようひしや》ビッグデータは「宝《たから》の山《やま》」だ

2015年7月14日　第1刷発行

著者　吉本佳生《よしもとよしお》

発行者　鈴木　哲
発行所　株式会社講談社
東京都文京区音羽2-12-21　郵便番号112-8001
電話　03-3945-4963（編集）　03-5395-4415（販売）
03-5395-3615（業務）

装幀者　二ノ宮 匡（ニクスインク）
印刷所　慶昌堂印刷株式会社
製本所　株式会社　国宝社

ISBN978-4-06-219375-7
N.D.C.365.4　293p　19cm